古玉今論

——兼良渚"玉石文"考

徐梦梅 著

上海文化出版社

中国玉文化的追梦人（代序）

徐梦梅先生是知名的古玉器收藏鉴赏家、中国玉文化的资深研究者。我与他相识于1975年，那时我和上海人民出版社的几个同仁在位于皖南的上海后方"小三线"深入生活，曾组织编辑了一部反映上海"小三线"的短篇小说集《忻山红》，作者都是"小三线"工厂里的文艺青年，他也在其中。分别之后双方再无联系，孰知我们却在30年后的2005年夏天，有缘邂逅于秦皇岛的北戴河边。回上海不久他来出版社探望，送了一本他当年出版的中国玉文化研究专著《古玉新经》，我惊喜于他在玉文化研究领域取得的成就。

徐梦梅先生是我国提出中国玉文化申遗的第一人。他在书的自序中写道："中国传承数千年的以玉雕工艺为载体的中国玉文化是举世无双的艺术瑰宝，我以为完全可以向联合国教科文组织申请纳入可传承性的世界文化遗产。"他不仅以个人名义向国家有关部门履行了中国玉文化申遗的填报程序，而且还对中国玉文化的保护提出了一些建议，如筹建中国玉文化博物馆；组织各方面专家科学系统地编写《中国玉文化史》，并可作为高校的一门选修课；组建和完善全国各地的玉雕协会，摸清家底，保护玉雕工艺的传承人；加强对玉石矿产资源的管理和保护；设立"中国玉文化节"或定期举办"中国玉文化博览会"，让玉文化产业走向世界。那年他请我写一篇帮助"鼓吹"中国玉文化申遗的评论，我对徐梦梅先生"弘扬玉文化精神"十分感佩，便写了《由玉文化说文化遗产的保护》一文。我认为中国玉文化属于杰出的"人类口头和非物质文化遗产代表作"，理应积极申报，只是由于我国可以"申遗"的项目较多，看来需要"排队"。如他所说，我们同时还需要采取多种措施，对玉文化加强保护与发扬。几年后，他又在《中国玉文化申遗断想》的文章中写道："在中华文明中有许多足以让国人提升文化自信的东西，中国玉文化无疑是名列前茅的国粹，我们理当让其走出国门，走向世界。"徐梦梅先生玉文化申遗的执着之情跃然纸上。

徐梦梅先生应《新民晚报》约稿，从2012年始为"夜光杯"副刊撰写研究中国玉文化专题的文章。我以为在其许多颇有见地的文章中，最具突破性意义的是《良渚"玉石文"》。此文发表于2019年7月7日，恰好是良渚古城遗址在联合国申遗成功的第二天，引起众多关注。良渚"玉石文"是指书契在良渚文化玉石器上的文字，以文字载体来命名，与殷墟"甲骨文"（书契在龟甲、兽骨上的文字）相对应。为了印证此观点，他曾带了一些刻有奇异符号的良渚玉器来我家，让我过目欣赏，并给我这个门外汉上课"扫盲"。他带来的玉器，除琮、璧、钺、璜等型制外，还有由多片玉板组成的玉册，每片玉板上都刻有文字符号，笔画多为横、竖、撇、捺、折五种，与汉字书写相似。玉板的上下两端中间钻有小孔，可以用绳穿缀连接。面对这些时代特征明显、包浆自然、玉质糯熟、雕工精美的良渚玉器，又听了他对那些奇异符号的释读，说明良渚后期的"玉石文"已经发展到比较成熟的阶段，只是目前还无人能破解它的含义。2019年恰是殷墟"甲骨文"发现120周年，据说那些刻有字符的甲骨物件早有出土，并在民间流传了几百年，被称作龙骨，但只是作为一味中药材传世，学界很长时间都没注意到甲骨文的存在，一直到清代末年，始被金石学家、收藏家王懿荣研究发现，从而形成"一片甲骨惊天下"的景象。从1928年开始，民国政府在河南安阳殷墟组织了十多次考古发掘，甲骨文是商代文字的观点，进一步得到了充分证实。徐梦梅先生在数十年的古玉器鉴藏实践中，接触到不少刻有奇异符号的良渚文化玉石器，他注意并有幸收藏到不少类似的玉石器实物，经过多年潜心研究，发现并在国内率先提出良渚"玉石文"的学术观点，无疑是有重大意义的。尽管当今对良渚玉石的文字符号的含义尚不能破解，因而对历史上是否存在"玉石文"，有着不同的看法。但是，近些年的发现与研究，更多的人倾向良渚时期有文字，历史学家李学勤说："不承认其为文字是很困难的。"如同商代甲骨文从发现到公认有一个过程一样，良渚"玉石文"的破解和确认也会经历一个时间段。一旦徐梦梅先生首先命名的良渚"玉石文"的字意得到破解和确认，我国的文字史将由三千多年推前到五千多年，更为吻合我国的五千年的文明史。古印度、古埃及和古巴比伦都发现了距今五千年前后的古文字，我们中国不仅三千多年前就有传承有序的殷墟"甲骨文"，在近五千年前也已有了较成熟的良渚"玉石文"，中国源远流长的古文字史在世界四大文明古国中，同样闪烁着悠长而灿烂的光辉。

徐梦梅先生与共和国同龄，是个中国玉文化的追梦人。他说，现在国人都在为实现"中国梦"

而奋斗，他名字中也有个"梦"。他眼下准备把多年来在"夜光杯"上撰写的玉文化研究文章搜集整理成册，再编著一部《古玉今论》出版。近年来，人民网、凤凰网、神州网及"今日头条"等20几家网站都转载了他有关研究良渚"玉石文"的文章和信息资料，有些网站还根据数据统计，将他的这组文章评定为优质。他将对良渚"玉石文"继续作深度探索，希望能有更多的突破，这是他人生暮年一个大大的梦。

我由衷地期待他的《古玉今论》完美出版，良渚"玉石文"研究结出新成果。同时也希望有关部门和专家能加强对良渚"玉石文"的关注与探讨研究，并进一步让"玉石文"获得国家考古资料的充分证实。祝颂徐梦梅先生早日梦想成真，这个"梦"也是我们大家的"梦"。

江曾培

2020 年 10 月 9 日

江曾培先生简介

江曾培，笔名：晓江，1933 年 10 月 27 日生，安徽省全椒县人。评论家，出版家。长期从事新闻出版工作，曾任《新民晚报》记者、政法文教部主任，上海文艺出版社社长、总编辑、党委书记，上海文艺出版总社社长、党委书记，上海市出版工作者协会主席，中国出版协会常务理事，上海市政协委员。著作有《江曾培文集》《江曾培隽语集萃》《江曾培六十年杂文选》等多种。

徐梦梅登门拜访江曾培，与其共同研究探讨良渚"玉石文"

目录

古 玉 今 论

中国玉文化"申遗"断想

中华民族素有玉石情结，国人爱玉是骨子里的喜好。

现有田野考古告诉我们：中华民族有五千年的文明史，而琢玉、用玉的历史至少可追溯到八千年前。无怪乎一些专家学者提出要在我国远古史的"青铜时代"前，介入一个"玉兵时代"（玉兵是指用玉或美石制成日常用具和生产工具），或称"玉器时代"。

中国古代的玉器有着丰富的历史文化内涵。玉是一切美好事物的象征。清代学者俞樾在《群经评议·尔雅》中曰："古人之问：甚美者则以玉言之。"凡是有玉字构成的字都是贵重的东西，如：宝、珍等；用玉组成的词都含有赞美之意，如：玉颜、玉成、金玉良言、亭亭玉立等；玉是古代伦理道德的标准，"君子比德于玉"。古人从玉所特有的温润缜密等自然属性生发开来，经过演绎和归纳将其人格化，赋予玉以种种美德。以孔子为代表的儒家文化更是将"玉德"的观点发挥到淋漓尽致；玉器是等级权力的象征。在宋代以前玉器一直是达官贵人独享的专利。史前社会里只有部落首领方可佩玉，并执象征权力的玉器，如良渚玉器中的"玉钺"等。到了周代，始出完整的用玉礼制，按不同官阶佩玉、执玉，等级观念更为显现；玉器是宗教神明的使者。古人在行祭祀和巫术活动中，琮、璧等一些特定的玉器被视为与天地沟通的礼器或法物。中国历史上发生过许多与玉有关的事件，最著名的是有关"和氏璧"的一系列典故，使得博大精深的中国玉文化史更显精彩。

笔者玩玉、研玉有年，对古老、神秘、深奥、多彩的中国玉文化赞叹不已，略有心得，有感而发。遂于 2005 年在拙著《古玉新经》一书中率先倡议："中国传承数千年的以玉雕工艺为载体的玉文化是举世无双的艺术瑰宝，完全可以向联合国科教文组织申请纳入可传承性的世界非物质文化遗产。"

中国是产玉大国，和田美玉名扬四海，玉雕工艺数千年延绵不断。史前红山文化玉雕想象丰富，器型奇美，好比写意画；良渚文化玉雕造型规准，纹饰精细，恰似工笔画，两者风格迥异，共执史前玉雕工艺之牛耳。商周以降，朝代更替，砣具发展，工艺创新，玉雕作品斗艳争奇，美不胜收。可以毫不夸张地说，周汉两代玉器之精品，无一败笔，令当今玉雕大师也难以企及。古代玉雕工艺最终以精美绝伦的清代"乾隆工"收官。

笔者以为：时下（北）京派玉雕传承清宫御作，恢宏大气，有皇家遗韵；扬州玉雕积淀深厚，以大型玉山子见长，无可替代；（上）海派玉雕中西兼容，俊俏飘逸，时代感强烈；台湾玉雕根植于卑南文化的沃土，善用色彩对比，多精美细腻的工笔小品，颇具地方特色。此四地玉雕可谓是中国当代玉雕工艺之代表也！

在 2010 年上海世博会上，台湾震旦馆以"中华玉文化，城市新风格"为主题，别具一格地对中国玉文化进行诠释，让人耳目一新。受此启迪，同年夏天，笔者便分别呈书海峡两岸文化部门，提出"海峡两岸联手为中国玉文化'申遗'的建议"。为中国玉文化摇旗呐喊声在网上传播后，得到了众多的呼应。

中华民族的复兴，不仅是经济的，更重要的是文化的复兴。伟人毛泽东说过：只有民族的，才是世界的。在中华文明史中有许多足以让国人提升文化自信的东西，中国玉文化无疑是其中名列前茅的"国粹"，我们理当让其走出国门，走向世界。一旦"申遗"成功，由此带来经济、文化上的效益和影响力将是无法估量的。

我们期待着，并努力着。

中国玉文化之保护

笔者在提出为中国玉文化"申遗"倡议的同时，还生发出对此"国粹"保护的思考。2005年在填写《上海民族民间文化保护工程试点申报表》时，就如何弘扬中国玉文化，保护和发展中国玉雕工艺，提过几条建议，现略加整理，抛砖引玉如下。

一、筹建中国玉文化博物馆。博物馆历来被称为"凝固的历史"和"古董的仓库"，是社会文明程度的一个象征，同时也是文化产业和发展旅游的重要资源。据有关资料统计，2011年我国新增博物馆三百九十五座，超过一天一座，其中却少见玉文化博物馆。民间虽有一些与玉有关的私人博物馆，但难有足够的规模；而国家创办、并稍有规模的玉文化博物馆则屈指可数，仅有如：新疆历代和田玉博物馆、浙江良渚博物馆及上海博物馆中的玉器馆等。北京故宫藏玉近三万件，台北故宫藏玉一万二千余件，因多种原因，大部分深锁库房，无法一一展出。因此，笔者郑重建议：由国家投资，民间协助，在合适的地区筹建中国玉文化博物馆，从而全方位、多角度且具有权威性地把中国古老、神秘、深奥、多彩的玉文化展示给世人。

二、组织各方面专家科学系统地编写《中国玉文化史》，也可以此为教材，作为高校的一门选修课，让广大青年学子也能"普及"玉文化的知识。在一些高校或高等职业专科学校里开设"玉雕工艺系"或"玉雕工艺专业"，培养专业人才。

20世纪70年代前后，上海玉石雕刻厂的工业中学，曾挑选一些有艺术天分和灵气的小学生进校，对他们进行系统的美学理论、绘画基础和玉雕技艺的培训。如今这批"科班"出生的学生中，已有不少人成为玉雕行业中声名显赫的大师级人物。然而此类专业学校如今早已不复存在了。

三、组建和完善各地的玉雕行业协会，加强对玉雕艺人的管理和服务，摸清各地区玉雕行业现状，建立重点民间玉雕作坊档案。对不同玉雕流派（尤其是京派玉雕、扬州玉雕、海派玉雕和台湾玉雕）的传承人要重点予以关注，为其玉雕技艺建立影像资料；其代表性玉雕作品的创作和流通要有记录，必要时由国家收购收藏；还要提供条件，给予适当的支助，鼓励其收徒传艺，使不同流派的玉雕技艺后继有人。

四、加强对玉石矿产资源的管理和保护。玉石矿产是不可再生的自然资源，在经济利益驱使下，近些年我国一些玉石矿产资源遭到破坏性开采。新疆和田市玉龙喀什河大桥溯流而上一百千米的河道里，最多时曾聚集三十万人、三千台挖掘机，古河道被挖地十米。如此近似疯狂的采挖，使和田籽玉濒将淘尽。闻悉台湾花莲玉矿，由于多年过量开采，业已近于停产状态。中国玉文化也须走可持续发展之路，要为子孙后代着想，对玉石矿产的采挖不能"竭泽而渔"。

五、设立"中国玉文化节"或定期举办"中国玉文化博览会"。大力开发中国玉文化产业，发展社会经济。2008 年北京奥运会"金镶玉"奖牌，使中国玉文化以独有的风采向世界作了"惊艳"亮相。中国当代的那些精美的玉雕工艺品、玉雕酒具和玉制保健用品等正受到越来越多的含欧美在内的世界各国人民的关注和喜爱。这里头是大有文章可做的。

美石为玉

有一次与朋友喝茶聊天，笔者谈到准备写篇"美石为玉"的短文，他很诧异："玉，石之美"（许慎《说文解字》），这是中国玉文化知识中最基本的常识，何须老生常谈，了无新意？听完说明，朋友释然而笑，表示赞同。

中国的玉是中华民族的先民从许许多多的石头中挑选出来的"石之美者"。上古时，先人在制作使用石制工具时，发现了一些比普通的石头更硬、更好看的石头，于是就用来琢磨加工成其他石制品，还用来做日用器物和装饰品。华夏先祖对美石的认识过程，经历了数千年，乃至整个石器时代。历史上被挑选过的石头可能有几百种，《山海经》中记有玉石产地有 149 处，《康熙字典》中有玉名 135 种。最终优胜劣汰，岫玉、水晶、玛瑙、青金石、珊瑚、绿松石、孔雀石、独山石、蓝田玉、酒泉玉、车磲、和田玉及翡翠等被选中入册。这些美石具有温润莹洁、坚韧缜密等特点，是中国玉文化史上的传统玉材。

生活繁衍在昆仑山北坡的古羌人，可能是最早发现、认识和利用和田玉的，先经部落间的交换流通，后来慢慢流入中原。人们逐渐发现美石中，以昆仑山产出的最佳，赞美昆仑山是"惟天下之良山，宝玉之所在（《穆天子传》）"。于是和田玉从美石中脱颖而出，源源不断输入中原，并成为历代王朝的帝王玉。《周礼·考工记》曰："天子用全，上公用龙，侯用瓒，伯用埒。"《说文解字》释：全为"纯玉也"，龙为"四玉一石"，瓒为"三玉二石"，埒为"玉石半"。官员等级不同，用玉也不同。推测上述的"全"，指的是和田玉，其余均是指其他地方的玉材。汉魏时期，把和田玉称为"真玉"。李淳风在《墨庄漫录》记："其色温润如肥物所染，敲之其声清引，若金磬之余响，绝而复起，残声远沉，徐徐方尽，此真玉也。"

在漫长岁月中，国人对玉的认识是跟着感觉走，未曾想过、也无法知道它们的材质成分，玉大多以产地命名。直到 1863 年，法国科学家德穆尔在对大量流失到法国的清代皇室玉器进行分析时，认为玉分两种："NEPRITE"和"JADEITE"，20 世纪初日本学者将其译为"软玉"和"硬玉"，此观点被中国地质矿物学奠基人章鸿钊先生接受，作为矿物学的标准沿用至今。德穆尔分析的"软玉"即是和田玉，"硬玉"即是翡翠。窃以为他完全不了解在中国被视作玉的还有很多种类的矿物。经现代科学检测，和田玉与翡翠的硬度基本相同，"软玉""硬玉"之分显然也不妥。

国人已经知道中国的玉从矿物学上分析，其化学成分和物理性质都是不一样的。如玛瑙属于二氧化硅隐晶质玉石，摩氏硬度 6.5-7；青金石属于方纳石族玉石，摩氏硬度 5-6；水晶属于二氧化硅玉石，摩氏硬度 7；独山玉属于黝帘石化斜长石，由多种矿物构成的玉石，摩氏硬度

7；和田玉属于透闪石类玉石，摩氏硬度 6.5-7；岫岩玉可分成两类，一是蛇纹石类玉石，摩氏硬度 2.5-6；二是透闪石类玉石，硬度与和田玉差不多；翡翠属于钠铝硅酸盐类玉石，摩氏硬度 6.5-7。

国人还知道类似和田玉透闪石成分的玉，不仅新疆有，在我国吉林、山西、山东、安徽、四川、云南和台湾等二十几个地方都有发现。随着地质勘探，又找到了许多新矿，如青海格尔木、江苏溧阳和内蒙古敖汉等。近些年还发现了其他矿物成分的玉石，如云南的黄龙玉、广西的鸡血玉等。

受德穆尔的影响，时下不少人对中国的玉之认识发生歧义，甚至认为只有透闪石的和田玉才是真的玉，其余都是假的玉。正确的答案是：透闪石的和田玉是美石中的美石，玉中精英。中国人眼里的玉是独特的，它已经超越了矿物学的范畴，用这样的观点来认识，对中国玉文化的探本寻源和持续绵延的发展都有不可估量的意义。

"美石为玉"，尔与中国玉文化同在！

玉出昆岗

"横空出世，莽昆仑，阅尽人间春色"。昆仑山，又称昆仑墟，在中国道教文化中被誉为"万山之祖""万神之乡"。中国古代许多神话传说如"夸父追日""西王母女神"及起死回生的"灵芝仙草"等故事都与昆仑山有关。其西起于帕米尔高原，横贯亚洲中部，从新疆、西藏地界入青海，全长 2500 千米，平均海拔 5600 米。"玉出昆岗"（《千字文》），昆仑山盛产美玉，是中国玉文化最重要的发祥地之一。

昆仑山玉矿形成于五亿多年前，是中酸性岩浆侵入镁质大理岩和白云石大理岩中，在一定温度、压力等极其苛刻的地质条件下成就的。其后约在四千万年前，欧亚板块和印度洋板块无比剧烈的碰撞，产生了喜马拉雅山造山运动。昆仑山隆起，原来在地层深处的玉石矿被抬升至海拔四千至五千米的高度。

昆仑山在新疆境内绵亘 1800 千米，在其山之北坡的和田、且末、莎车等地段，远古时先民就发现了玉矿，到商周已被大量开采利用，其中以和田一带的玉矿最著名，故人们便将昆仑山北坡出产的玉，统称为新疆和田玉。

世界上闪石玉矿可分为透闪石和阳起石两类，和田玉属透闪石类。其特点是透闪石的含量极高，一般在百分之九十五以上，高品位的白玉要达到百分之九十九左右。和田玉极少杂质，细腻、不易破碎。压碎钢铁每平方厘米需施压 4-5 吨，而和田玉则需 6.5 吨以上。曾看到用和田玉做成的健身球，可像网球一样，往水泥地上拍打而不碎。和田玉颜色以白、青白、黄、墨为多，色正玉润者"黄如蒸栗，白如截脂，墨如纯漆"。和田玉中还有极少量的红玉和更罕见的蓝玉。世界各地也有一些同类的透闪石玉矿，然而都是含铁量较高的碧玉，俄罗斯、韩国等国虽有白玉，但质地差矣。和田玉乃玉中之最，中华瑰宝。

20 世纪 90 年代初，在昆仑山东坡，即青海境内的格尔木一带，沿青藏公路沿线 100 多千米高原丘陵的纳赤台和野牛沟等处也发现了玉矿，业内将其称为青海玉、昆仑玉或青海昆仑玉。格尔木的几处产玉地，距新疆的且末直线距离不过 300 千米左右。科学家分析认为：格尔木地区的玉与和田玉有相似的地质构造背景，只是在产出特征、物理性能方面稍有不同，其也以透闪石为主要成分，完全符合对和田玉的定义。业内玉石玩家这样区别和田玉和青海玉的主要差异：前者呈半透明，温润度高，质地纯；后者透明度好，玉质稍干，多水线。

昆仑山东坡的玉矿开采条件相对比北坡方便，且量大质好，其发现是 20 世纪 90 年代玉石界的一件大事，也缓和了新疆和田玉的市场供求矛盾。2008 年的北京奥运会，青海昆仑玉被定为"金镶玉"奖牌用玉后，更是名声扶摇。2010 年 10 月，青海省将镌刻有胡锦涛主席题写的"中国南极昆仑站"站名的青海昆仑玉碑赠予中国海洋局，此碑被安置在南极内陆冰盖最高点地区的中国南极昆仑站永久矗立，意义深远。

笔者以为：新疆和田玉与青海昆仑玉都源自昆仑山的玉矿，同属透闪石玉，只是内部成分稍有不同。好比孪生姐妹，同出一母体，"遗传因子"相同，稍有个性差异，似应正名。两地玉矿同脉，可统称为"昆仑玉"（此也是和田玉之古称）。"新疆和田玉"以主要出产地命名，简称"和田玉"。那么青海昆仑玉也可对应称"青海格尔木玉"，简称"格尔木玉"。如直呼青海玉或青海昆仑玉概念不清。

昆仑山巍峨，有阳刚之美；昆仑玉温润，有阴柔之丽。昆仑山是中华民族心中的圣山。两千多年前楚国三闾大夫屈原曾遥对昆仑山抒发了无比浪漫的诗人情怀："登昆仑兮食玉英，与天地兮同寿，与日月兮同光。"愿在昆仑山这个神话的摇篮里，诞生出更多的中国玉文化传奇……

（图左）战国 —— 青玉璧：璧径5.0厘米，厚0.8厘米。
（图右）战国 —— 红玉璧：高6.4厘米，宽7.8厘米，厚0.7厘米。

（图左）战国 —— 黄玉璧：高8.8厘米，璧径5.6厘米，厚0.8厘米。（图右）战国 —— 蓝玉璧：高8.0厘米，璧径5.8厘米，厚0.7厘米。

（图左）商代 —— 墨玉牛：高4.2厘米，长10.8厘米。（图右）商代 —— 白玉兽：高2.1厘米，长6.6厘米。

为岫岩玉正名

岫岩玉因产于辽宁岫岩而得名，始于金。最早的玉名见自西汉《尔雅》："东方之美者，有医无闾之殉玗琪焉"，《尚书》中又谓"夷玉"，据考证医无闾是辽东的一座山名。汉人郑玄注："夷玉，东北之殉玗琪也。"

岫岩玉质地细腻温润，色泽艳丽，是一种极好的玉雕材料。岫岩玉其可分为三大类：一是蛇纹石玉，就是平时人们说的岫玉。出产于岫岩县城西北40千米处的瓦沟，当地称"瓦沟玉"。因铁、锰、钴等其他物质有侵入，使其呈现出多种颜色，以深浅不一的青绿色为主，还有橙红、暗红、黑灰等色，玉质细润无杂质，有透明和不透明的，是雕琢玉石工艺品的极佳玉材。由于其玉矿产量大，受供求关系的影响，玉价显低，以至于被不少人误为低档玉了。

二是透闪石玉。主要产于岫岩县偏岭镇细玉沟的白沙河等河床里，当地称"细玉沟玉"。其是亿万年前透闪石玉矿裸露地表部分，被风化成大小不同的碎块，随山洪冲入河里滚磨而成。人们又称其为"河磨玉"或"石包玉"，有黄白、墨绿、青灰等色。经测定绝大多数"河磨玉"透闪石含量在百分之九十八以上，其玉质纯净、坚韧、油脂感极强。在《岫岩县志》中称其为"无根之玉"，最佳者"色白如猪脂"。明末宋应星《天工开物》中记："朝鲜西北太尉山有千年璞，中藏羊脂玉，与葱岭美者无殊异。"著名考古专家夏鼐先生认为：岫岩县处于朝鲜西北，其地山岭可能是"太尉山"的余脉。"葱岭"推测是昆仑群峰里某山之古称，现在泛指帕米尔高原，"葱岭美者"也许就是昆仑山出产的和田美玉。"千年璞"无疑指产于岫岩县河谷里的"河磨玉"。和田玉中的羊脂，岫玉中的猪脂，比喻物虽异，却都是动物脂肪，足见两种玉质油性相当。笔者藏有一件红山文化的"人祖"玉器，水滴眼，宽额角，似外星人。"色白如猪脂"的玉质上布满红色沁丝，是人见人爱的开门之物。"河磨玉"在岫岩地区狭窄的河谷中，储量本来不多，如同和田玉籽料采一块少一块。故业内人士认为其是"当今中国最珍贵、最稀缺的玉石资源"。在附近的山上也发现了透闪石玉矿，这种挖掘下来的山料被称作"老玉"。

三是蛇纹石和透闪石混合共生的玉矿，此类情况多数不讲，知道即可。

岫岩玉是中国玉文化史上开发最早、最悠久的玉种。1983年于辽宁海城小孤山仙人洞，在距今一万两千年的旧石器遗址中出土了三件浅绿色玉质、用打制工艺制成的砍砸器，是迄今发现最早的人类使用岫岩玉的证明。被学界认定是中国玉文化之源、八千年前的内蒙古兴隆洼文化遗址的玉器也都是岫岩玉。在五千多年前北方红山文化时期，岫岩玉的开发利用更是达到巅峰。考古发现在黄河中下游及长江流域等新石器文化遗址出土的玉器中，也大多有岫岩玉物件。在"神玉"时期，岫岩玉是当仁不让的主角。虽然和田玉在商周之际崭露头角，至汉代成了"王玉"时期的宠儿，但是岫岩玉在皇家用玉中仍时有踪影。汉代"金缕玉衣"的玉片大多是岫岩玉，明定陵出土的玉器中有不少用岫岩玉雕琢，清代是岫岩玉采掘盛期，清宫遗宝里更有大量精美的岫岩玉艺术品。

正如《中国文物鉴赏·玉器卷》所载："几千年来，中国人民使用岫岩玉从没间断过，最具代表性的辽西出土新石器时期的红山文化玉器用料全部为岫岩玉。从商、周、春秋战国到西汉，一直到今天，岫岩玉制品随处可见。"现在岫岩玉的年产量占据全国玉石总产量的百分之六十以上，岫岩玉的雕刻工艺品和装饰件在国内和国际市场上都有很好的销路。

然而在许多国人的眼里，岫岩玉也许仍没有新疆和田玉那样耀眼和出彩，其所蕴含的深厚文化价值和巨大经济价值也许被远远低估。岫岩玉默默无闻走过了至少八千年的漫长路程，见证了并将继续见证中国玉文化的辉煌发展和无穷魅力。岫岩玉，我们要还你一个响亮的名字：中华第一玉！

蓝田问玉

蓝田玉也是中国玉文化中的传统玉材，有些学者将其归入中国的四大名玉（另三种是和田玉、岫岩玉和独山玉），此乃各人各说，无关紧要。唯有区别的是其他名玉的开采利用在历史上都是流传有序，考古出土的玉器也很多。而关于蓝田玉开采利用的史料却甚少，还曾在历史上消失了一千多年，几十年前新发现的蓝田玉矿是否即古时之玉尚有争议。

《汉书·地理志》载："美玉产处京（长安）北蓝田山"，蓝田位于秦岭山脉以北。2010年岁末在蓝田新街仰韶文化遗址中出土了五千多年前的玉条、玉石块和笄、环等玉饰品，还发现了石钻类的治玉工具，可能是迄今所知古人最早开发蓝田玉的实物佐证。学界较认可的古代蓝田玉制品主要有两件，一件是在西安汉茂陵出土的镶嵌在墓门上的四灵纹玉铺首，有35厘米见方，用一块完整的苹果绿色玉料雕成，重10千克左右；另外一件是藏于西安碑林的隋代玉佛像，高两米，经多年摩抚，其胸、膝部已显现不透明的黄绿色玉质，并认为这是迄今所见古代最大的蓝田玉制品。据一些学者考证：唐代定都长安，和田玉从西域万里迢迢运来，已无法满足皇室贵族对玉雕饰物和工艺品的需求，于是就近的蓝田玉就充当了补缺角色，唐玄宗曾令"采蓝田绿玉为磬"。唐代以后政治、经济中心转移，蓝田玉使用渐衰，此后千余年间不见开采，玉矿湮灭，被人遗忘，以至于"今蓝田不闻有玉"（宋《本草图经》）。明代宋应星更是在《天工开物》中说："所谓蓝田，即葱岭（昆仑山古称）出玉之别名，而后也误以为西安之蓝田也。"还有人认为"蓝田只是和田玉在东输途中的一个集散地"。

窃以为蓝田玉之所以曾消失千年，却仍享千古美名，主要得益于两个原因。一是传说大名鼎鼎的秦始皇传国玉玺系用蓝田玉所做，《玉玺谱》记："秦传国玉玺以蓝田水苍玉为之"；二是唐诗里有不少吟咏蓝田玉的佳句，最著名的当是李商隐《锦瑟》中的"沧海月明珠有泪，蓝田日暖玉生烟"。古人认为蕴玉的山，会在日照下升腾起一种霞辉，年少时读了此诗，如同感于李白的"日照香炉生紫烟"，印象极深，期盼有幸能目睹这种奇异的自然景观。素有"熟读唐诗三百首"文化传统的国人因此普识蓝田玉。

20世纪70年代末，在蓝田县的玉川、红星乡一带发现了玉矿，色彩斑斓，有绿更有白。采矿点位于公王岭后面的玉川山，交通便利，开挖容易，出矿块头大，探测储量有一百万立方米。许多学者都庆喜找到了古代的蓝田玉。为此我曾与申城资深玩家汉兴兄研讨过，取得不少共识，试作三问。

一问：水苍玉何处寻？蓝田水苍玉是一种"似水之苍"深青色的玉。战汉时期中原的玉工已深谙和田玉之美，选择水苍玉作为秦朝传国玉玺用料自有道理，相信当时此水苍玉的玉质定可与和田玉相媲美，推测蓝田玉里应该会有透闪石质地的玉，只是时至今日缺乏考古的证明。

二问：蓝田玉老矿今安在？古代蓝田玉雕实物出土极少，古玉藏家手中也是罕见，迄今还未找到古人开采蓝田玉矿的遗迹。猜想历史上蓝田玉产量稀少的原因或许与其产状有关。近两年有地质学家去蓝田考察后发表了新观点，认为蓝田玉老矿成因与和田玉相似，应该是"一窝一窝的，而不是一片一片的"。其沿着矿带稀落地蕴藏在秦岭深处，发现难采也难，绝不会像新发现的蓝田玉矿如此量大到可用机械开掘。

三问：新发现的蓝田玉矿该如何称呼？据科学测定此玉矿属于细粒大理岩，按矿物成分及外观特征可分为五类：第一种为白色大理岩；第二种为米黄色蛇纹石大理岩；第三种为黄色蛇纹石大理岩；第四种为苹果色蛇纹石大理岩；第五种为带状透闪石化蛇纹大理岩。但它们的玉质完全不及岫岩的蛇纹石玉，严格地说只能以石视之。为区别于古代的蓝田玉，似称作"蓝田的玉"更妥。

惊现"敖汉玉"

"敖汉玉"是近年来发现于内蒙古赤峰敖汉旗地区的透闪石玉矿，然而在学界引起了极其高度的关注，用"惊现"两字表达，是因为对红山文化玉器研究者来说不啻是一个"爆炸性的消息"。

我国北方红山文化玉器考古问世七八十年以来，学界主流观点一直认为这些玉器的玉材大多来源于辽宁岫岩。对于岫岩玉的开发利用史籍里有记载，考古发掘中有证明。正如一位台湾的玉文化学者所说："岫岩是到目前为止，在东北经勘探得知的唯一透闪石玉矿位于地区，岫岩玉料烘托着红山诸文化的神秘内涵，隐喻着中华文化的传播路径，导引了华夏民族用玉的文明传统。"

但仍有些探索的声音在学界回响。如敖汉是我国的文物大县，著名小河西文化、兴隆洼文化、赵宝沟文化和小河沿文化都发现于此地。其还是红山文化遗址的集密区域，考古出土玉器有 500 多件，作为红山时期的一个采玉用玉中心，应有自己的玉源；如 1971 年在赤峰三星他拉村发现的碧玉龙，被誉为"中华第一龙"，其玉质细腻温润，但至今还未毫无争议地在岫岩玉中找到相对应的玉料；又如敖汉地区离辽宁岫岩相隔千里，生活在这里的红山族群为获取玉材，能否会跋山涉水，跨越地理屏障与岫玉产地的部落发生直接或间接的联系？有许多问题尚需探讨。

中科院考古研究所自 2009 年开始，会同地质部门先后组织了百余人的勘察队伍，在敖汉旗境内进行了长达四年的寻找玉料的艰辛历程，共发现了三十多个诸如透闪石、蛇纹石、叶腊石、玛瑙和玉髓等矿点。其中有两个透闪石玉矿，经检测其透闪石含量都在百分之九十以上，最高达到百分之九十九，品质极佳。颜色有白、黄白、黄绿、墨绿色等，大多呈微透明和不透明状，硬度 6.5 左右。蛇纹石玉矿中的蛇纹石含量达百分之五十左右，颜色以黄和黄绿色为主，硬度 4.5 左右。经与岫岩玉对比分析，认定两者有大致相同的地质背景和成矿模式，矿带在敖汉境内长达 50 千米。

于是久悬在笔者心中的一个疑惑似乎有了答案：十几年前曾在北京潘家园古玩市场见到有个来自内蒙古赤峰地区的农民，地摊上摆满了各种形状的红山玉器，有些是对的，也有些是老料新工的。那次印象最深的是其中一块墨绿色的碧玉原石，玉质沉重细腻，约莫有两三千克重，虽然一下子看不明白，但总觉得与一些红山玉器的玉质很相似。摊主说是在当地的山沟里拣来的，山的名字叫努鲁尔虎山。我把这个陌生的山名记了下来，后查资料得知此山属燕山山脉的东段，位于内蒙古和辽宁省的交界处，平均海拔近千米，山势逶迤，在敖汉境内有 90 千米长。此山矿藏丰富，有金、铁、铜、煤、萤石等。奇巧的是努鲁尔虎山的边缘几与一些史前文化区域吻合。

如东端的查海遗址、北坡的兴隆洼和赵宝沟遗址，南面的辽宁朝阳县有众多大大小小的红山文化遗址，著名的红山牛河梁遗址就处于山的腹地。据说红山文化玉器考古与发现初期就有人提议在努鲁尔虎山中探寻玉矿，由于种种原因，思想认识和物质准备不足，一直没有成行。现在回想起来，当年见到的那块墨绿色原石莫非就是"敖汉玉"了。

这个有点迟来的发现轰动了学界，2014年年初在北京召开了"敖汉玉新发现与玉文化起源座谈会"，与会专家们认为："敖汉玉"的发现夯实了"就地取材"的推断，证明了红山文化玉材来源的多元性，并称或可在我国的几大传统名玉中添上"敖汉玉"的名字。可以毫不怀疑地说：远古先人琢磨玉器，年代愈早，"就地取材"的概率愈高。在兴隆洼文化遗址出土，包含那对精美的玉玦在内的已知我国最早的这批八千年前的玉器会是敖汉玉吗？那件五千年前的三星他拉玉龙也会是敖汉玉的吗？类似的问题和推测接踵而来。

笔者后来认识了几个东北地区红山文化玉器的收藏者，有机会就红山玉器玉料来源进行探讨。他们告知"敖汉玉"其实民间早有所闻，当地人称其"努鲁玉"。可分为"努鲁树玉"(树化石)、"努鲁玉髓"(当地俗称"火石")、"努鲁碧玉"和"努鲁山玉"(当地俗称"本地玉")。笔者因此大胆提出：红山玉器的用料以"敖汉玉"为主，"岫岩玉"为次的观点，他们大多表示赞同。深信随着科考的深入和检测手段的进步定会有更多的惊喜，兴许还会有颠覆性的发现，我们且拭目以待。

被淡忘的青金石

青金石矿物学上是蓝色方纳石的变种，属于半宝石类。世界很多地方有出产，如美国、加拿大、苏联、智利、蒙古、印度、巴基斯坦、阿富汗等地。产量也多，近年在巴基斯坦又探寻到储量丰富的矿床。让人费解的是青金石矿在我国境内迄今未有发现，而其居然也列入中国玉文化史上的传统玉材。

青金石名源于拉丁语，两河流域的古埃及、古巴比伦在五六千年前就已开采利用，其当时是各国皇室交往中相互赠送的重礼，在著名"带诅咒"的图坦卡蒙法老墓中出土的皇冠、耳饰、手镯、戒指上都镶嵌有大量青金石。古埃及人相信佩戴青金石能减轻抑郁症，还以青金石入药，用以医治曾在两河流域蔓延的一种三天发作一次的"间三日疟"怪病。

中国古代青金石有璆琳、金精、瑾瑜、青黛等称谓，佛教中称吠努离或璧琉璃，是佛家七宝之一。学界多数认为其是通过丝绸之路从西部毗邻阿富汗传入中国。阿富汗是世界最著名的青金石产地，品质也最优；有说北方的贝加尔湖也是我国青金石的另一条来路。有文字可考其早在四千年前就传入中原，《尚书·禹贡》中记载西方的雍州小国曾多次向夏代中央王朝进贡璆琳（青金石的波斯音译），雍州小国就是现在的阿富汗，但至今考古还未见到过夏代青金石的制品。考古发掘最古老的青金石饰品在春秋时期的曾乙侯墓中出土，湖北出土的战国越王剑的剑格上镶嵌了蓝绿宝石，绿色的是绿松石，蓝色的就是青金石。汉代以后青金石雕刻工艺已有相当高的水平，出土物渐多，最出名的如徐州东汉彭城靖王刘恭墓里的鎏金嵌青金石等杂宝的砚盒。由于青金石美丽的蓝色，我国很早就把其作为彩绘用的矿物颜料，如敦煌石窟等处的佛像人物的彩塑，历尽千年风霜，青色艳丽如新。有典籍记录宋朝几代皇帝都是青金石迷，其宫里祖传的宝物中有一只青金石"鹦鹉杯"就是宋徽宗宣和年间来自阿富汗的贡品。但是以青金石制作的战汉古玉器却罕见，笔者玩玉数十年，唯见过几件开门的：如北京某古玩城中古董商展出并注明是非卖品的那只战国青金石翼兽形圆雕件；上海某玉友腰上挂了件汉代青金石"宜子孙"出廓系璧，每每示人，总让笔者羡慕不已，忍不住要多看几眼。

明清时期青金石开始大量从阿富汗输入。清设立"青金石税"，新疆叶尔羌商人贩青金石入嘉峪关要征收进口税，大的青金石片征银八分，小的征银四分。清代是我国青金石开发利用的鼎盛期，因"青金石色相如天，或复金屑散乱，光辉灿灿，若众星之丽于天地"（《石雅》），被尊为"天石"，用以礼天。《清会典图》曰："皇帝朝珠杂项，唯天坛用青金石，地坛用琥珀，日坛用珊瑚，月坛用绿松石。"根据典制规定，皇帝在祭天时也要佩挂青金石朝珠。清宫造办处的能工巧匠雕琢的青金石摆件、器皿、山子，让人叹为观止。20 世纪 60 年代，我国进口了大量的青金石，并与和田玉、翡翠、珊瑚、松石同为五大工艺品的高档材料，偶有佳作出现。

可惜的是青金石在国人的记忆里始终是蒙眬不清的。也许它是泊来品，不够接地气；也许是它在中国玉文化史上从未有过出彩的表现；也许是它产量太多、价格贱微；也许是近几十年来国内粗制滥造的青金石工艺品实在太多，让人视觉疲乏，不屑一顾；也许是和田玉和翡翠的地位实在强势，小觑了青金石。诸如此类的理由似乎还有。国人有点忘了青金石，洋人可一直没有忘，君不见：时下宝格丽、卡地亚等国际著名品牌正纷纷瞄准商机，推出用纯净无瑕的极品"帝王青"青金石制作的珠宝饰品，并以不菲的价格打入国内市场，使人耳目一新。其实青金石饰品早在南北朝时就从中亚地区传入中原，如西安隋朝李静训墓中的颇具波斯风格的镶青金石金项链、河北赞皇东魏李希宋墓中与东罗马金币同时出土的镶青金石金戒指等。中国玉文化史上的传统玉材，现今却被西方欧洲的时尚品牌利用，也应了"古为今用"的老话，不啻是件趣事。历史从来不会简单地重复，我们也许会从中得到某些启迪。唉，被淡忘的青金石……

被湮没的"二马玉"

"二马玉"是指甘肃省肃北县马鬃山玉矿和临洮县马衔山玉矿所出产的玉。因同在甘肃境内，当地人简称"二马玉"。"二马玉"的透闪石含量最高的可达百分之八十左右，油脂性强，大部分不透明，主要色调有浅绿、墨绿、黄、青黄、白、灰白及青花等，玉质内常泛有"饴糖色"和黑色"藻丝状纹理"，业界俗称"蚂蚁脚"或"松花沁"，其中以鸡油黄和白色两种透明度较高的玉料质地最佳。"二马玉"是在中国玉文化史上必须提到的名字，可惜鲜有人知，因为国人言玉必称和田，它被湮没于新疆和田玉的盛名之下。

"二马玉"是中国玉文化史上最早被开发利用的透闪石玉材。在齐家文化的考古中发现了大量的玉器，如：璜、刀、铲、戈和镯等，经鉴定其玉料基本上是甘肃境内的地方玉，其中以"二马玉"为主。史前时期用玉大多是"就地取材"或"就近取材"，后来随着生产力的提高，先民们才可能会到就近蕴有玉石的矿山上去采挖。马衔山玉矿南面九千米处的峡口镇，多年前夏秋时节山洪暴发后，会有黄绿色的小玉石籽料块被冲到地面上来，当地百姓还常去捡拾。2011年甘肃省考古所对马鬃山西北二十千米处的一个玉矿遗址进行了调查和发掘，最终确定该矿遗址的开采年代为战国至汉代，它是我国迄今发现的最古老的玉矿遗址。更有研究文章认为，此玉矿在商代早期便已经开始采掘。

"二马玉"是我国古代通过"玉石之路"从西域输入中原的主要玉材。时下很多人以为新疆和田玉在新石器后期就被开发利用了，其实不然。从史料可知，两汉时期来自新疆的玉石料仅限于和田籽料和部分山流水料，《史记》曰："汉使穷河源，其山多玉石。"说的就是汉代官府派人溯新疆玉河而上，去采拾籽料和山流水料的事情。受当时生产力的制约，无法开采山料。学界对新疆玉矿的山料最早的开采时间至今还争论不休。认为是唐代开采的，是依据唐代史料中有"取玉最难，越三江五湖至昆仑之上，千人往，百人返，百人往，十人至"。但有人对此段文字提出质疑，如："取"字并无开采之意，而是表示获取和得到；"千人往"这段话是表示由于路途遥远、条件艰苦、战乱掠劫等因素，导致大量运输人员的伤亡。有认为和田山料是从明代开始采掘的："今时玉材较古时多，西域近出大块劈斗玉料，谓之'山材'"（明·高濂），"明代最初山料开采地，也是新疆最早的山料开采地，应在塔什库尔干的大同乡玉矿"（《文物天地》2018.6）。

考古发现：河南安阳、山东滕州等商代遗址出土的玉器中有不少内部散布褐色蚂蚁脚的透闪石玉；山西曲沃、陕西凤翔和江苏徐州等战汉墓中出土了大量白色透闪石质地的玉器，玉器颜色偏白，结构略松，内部泛有饴糖斑，这些玉器的玉料完全符合"二马玉"的特征。由此可知，从商周迄汉，大量"二马玉"经"玉石之路"运往中原，成为历代皇家玉雕的主要用材。

战国时期的商鞅提出"农战"策略，开始在西北广大区域屯垦戍边，汉王朝更是把此策略作为巩固边疆，保障"玉石之路"畅通的重大措施，还设置西域都护府进行管辖，从而加强了民族团结和文化交流。西北地区的玉雕风格也受到中原文化的很大影响。

国内传统古玉收藏家以中原老三代玉器为首选，而申城藏家玉茂先生却独具慧眼，收藏了许多用"二马玉"雕琢的颇具西北地区特色的战汉玉器。这些玉器多为黄绿色，偶有白色，玉质温润，包浆厚实，品相极佳。其战汉纹饰明显，还充满雄浑洒脱之气。动物圆雕粗眉大眼、四肢强壮；高浮雕出廓璧龙飞凤舞、翻越璧沿，出廓部分多非对称图案；玉琮在战汉时期中原已是少见，而西北地区的以云纹铺底的四灵纹玉琮却独有一功。笔者赞叹不已，誉之为"西北风"玉器。战汉玉器是中国玉文化史上的一个高峰，其以中原风格为主，"西北风"等相呼应，展现出玉雕艺术多元化的风格，证明华夏各民族文化在两千多年前就已经交汇融合。

众多考古资料证明，中国玉文化史上的玉料来源是多元的，我国甘肃、青海和陕西等西北地区也有不少透闪石玉矿，"二马玉"是这些地方玉材的佼佼者，它曾长期是汉代以前玉雕用料的主角，在中国玉文化史上可与和田玉、岫岩玉和蓝田玉等传统玉材相媲美，绝不可等闲视之，千万不能被遗忘！

汉——龙凤纹出廓璧：（白玉）最宽 23.8 厘米，璧径 16 厘米，厚 1.1 厘米。

汉 —— 龙凤纹觥：（青黄玉）高 19.4 厘米，宽 10.8 厘米。

汉 —— 螭纹高足杯：（青黄玉）高 18 厘米，最宽 12.5 厘米。

汉 —— 瑞兽驮角杯：（青白玉）高 8.5 厘米，最宽 19.5 厘米。

被唤醒的金丝玉

　　金丝玉沉睡于新疆准噶尔盆地亿万年，在大漠连天，风沙蔽日的戈壁滩上，与黄土砾石为伍，无人知晓。2000年年初被人无意发现，发现者从中挑了几块颜色好看的拿到广州玉石市场去卖，受到经济头脑灵活的玉石商人的热烈追捧，寻踪而来，最终找到了出产地。

　　现探明金丝玉主要分布于克拉玛依市管辖的乌尔禾镇周边100多平方千米阶地、沙漠中，是远古河流经长距离搬运的次生矿床，以籽料形态裸露散落于地表之上，大抵呈半透明状。颜色五彩纷呈，有"栗子黄""烟纱青""蛋白皮""乌鸦皮""大红袍""沙漠黑"等，其中黄色最多，红色最贵，"鸽血红"为极品。

　　金丝玉定名可是煞费苦心：始以地形命名为"戈壁玉"，后从发现地称其谓"克拉玛依玉"，最终因其多色黄似金，品质最佳者通体温润凝灵，玉石内有似萝卜皮内层的丝丝纹理，且又发现于丝绸之路的古道上，才有了现在这个斯文高雅的称呼。

　　2012年中央电视台《寻宝》专栏"走近克拉玛依"节目，向国人介绍了金丝玉这个新玉种。2013年克拉玛依市荣获"金丝玉之城"的称号，这是继"石油之城"之后又一张文化名片；同年八月，首届中国珠宝首饰展览会上，有两万多件金丝玉玉雕艺术品参展，其中60件历届大赛的获奖精品美不胜收，获得好评。2014年8月，首届"翼龙奖"金丝玉大赛在克拉玛依市举办。这些有计划的系列活动，让原本默默无闻的金丝玉，名声大振，现在新疆是"南有和田玉，北有金丝玉"，行情看涨。

　　金丝玉史籍上不见经传，考古中却有所发现。在新疆孔雀河下3800年前的古墓中出土了金丝玉饰品；现藏伊犁博物馆精美的"镶嵌红玛瑙虎柄金杯"是丝绸之路上出土的重器，有些专家经重新鉴定认为金杯镶嵌物应是金丝玉；近年还在当地民间发现了战汉时代金丝玉兽形押印等。当地金丝玉研究者有说，神秘消失的楼兰古国，曾经流行金丝玉饰品，因而把金丝玉珠比喻是"楼兰公主的眼泪"；更有人考证说，《山海经》中女娲补天取五色石的不周山在"昆仑山西北"，也就是现在的天山中西段周围，与金丝玉产地相合。笔者以为上面当地民间的两说缺乏依据，有生拉硬扯秀文化之嫌。

　　现在人们给了金丝玉太多的赞誉之词："它具有翡翠的硬度却不同于翡翠的冷艳，它具有和田玉的致密却不同于和田玉的阴柔"，"它饱含富贵之气，极尽阳刚之美"。友情提示这个中国玉文化大家族的小兄弟：初出茅庐要有自知之明，切莫欲与兄长试比高。在中国玉文化的排行榜上，和田玉和翡翠永远是老大，无法超越。

　　对于金丝玉的拓展之路，十分赞同海派玉雕大师的观点：金丝玉作为"材料走市场，想要被认可，最关键的就是要把文化形象树立起来。让别人认可它的视觉效果，带给人一种愉悦的感觉，这样别人才会关注这个材料，材料有文化价值的提升，才能带动经济价值"。

金丝玉色彩丰富，细腻干净，还有宝石光，小料宜做首饰类的珠宝，大料可雕艺术品。曾见到一块以黄为主的五色石，黄色琢成鸡身，红色为鸡冠，褐色恰是尾羽，白色藏于鸡腹，隐绺露彩，巧夺天工。新疆本土金丝玉雕刻艺术家的《石油魂》《葡萄熟了》《圆梦》等代表作，都是利用金丝玉俏色进行巧雕，人物形象生动，神情丰富，寓意深刻，颇有地方特色，这些玉雕佳品得到业内首肯，传为佳话。克拉玛依市现是全国最大的金丝玉集散地，有关部门还制定了《新疆金丝玉地方标准》，金丝玉在矿物学上属于隐晶质石英质玉，归入二氧硅类玉石，摩氏硬度6-7，与玛瑙、水晶、黄龙玉等都一样是玉髓。

据说时下金丝玉雕刻工艺品不仅国内有市场，还沿丝绸之路销往中亚、西亚和欧洲等地。因为从一些考古资料中获知，在亚欧历史上金丝玉不仅中国人喜欢，而且外国人也喜欢。哈萨克斯坦的贵族古墓中出土过多个镶嵌金丝玉的金护腕；4000多年前埃及图塔卡门法老的墓中也随葬了用金丝玉雕琢的"圣甲虫"（其是古埃及人崇拜的昆虫，有护身的法力）。于是金丝玉被媒体宣传成东西方文化中所共爱的珍贵宝石，也成了进入国外市场极具影响力的商业广告。

被唤醒的金丝玉，睁开睡眼便已明眸诱人，日后风采，当充满期待！

琥珀吟

琥珀是世界上最轻的石头，密度只有 1.1 左右，能浮于饱和食盐的溶液中，其掂重量似塑料，毫无玉石的压手感，却有着玉石的温润和剔透，让人好生诧异。有研究者作了粗略统计，唐宋以降吟咏琥珀的诗词居然有 200 余首，读懂这些诗句，疑惑也就迎刃而解了。

诗词中有不少是吟咏琥珀成因的。"曾为老茯神，本是寒松液"（唐·韦应物）；"入土同时成琥珀"（宋·舒岳祥）；"千岁化琥珀"（宋·苏轼）。琥珀是近亿年前松柏科植物的树脂被掩埋在土中，经过漫长的地质时期，在压力和热力的作用下，最后固化而成，因此琥珀又称为树脂化石或松脂化石。"松胶黏琥珀"（唐·白居易）；"琥珀不须问，中心多化蚊"（宋·梅尧臣）。琥珀是太古时代的瞬间凝聚，当树脂从高处静静滴落的一刹那，偶尔会不可思议地把树下的蚊子等昆虫或草叶包裹其中，有内含物的琥珀定格了邃古历史，极其珍贵。如在缅甸发现过一块天然的昆虫琥珀，其内部有只正在攻击黄蜂的蜘蛛，而此种圆蛛早已灭绝；科学家还从琥珀中发现了被完好"封印"在琥珀中的两株花朵，属于一种灭绝的菊类植物。

诗词中还有很多是吟咏琥珀杯的。"琥珀盏红疑漏酒"（唐·刘禹锡）"情厚重斟琥珀杯"（唐·冯延巳）；"琥珀杯空夜未央"（宋·李弥逊）。《红楼梦》中也有好几处，如"琥珀杯倾落露滑，玻璃槛纳柳风凉"等。从诗文中得知琥珀杯从唐代以来就有了，记得数年前笔者曾在《新民晚报》专栏写过篇《名传千古夜光杯》的玉文化文章，就王翰《凉州词》中的夜光杯材质作了些漫谈。后来广州有个从事地质教学和研究的学者还专门来信告知，他经过多年考证，《凉州词》中的夜光杯应是用欧洲波罗的海琥珀做的。但是古诗中写了那么多的琥珀杯，却未见过任何唐代的实物。现藏南京市博物馆的用紫红色血珀雕琢的明代渔翁荷叶杯，1974 年出土于江苏江宁，是至今仅有的琥珀杯考古记录。受古诗的影响，当代琥珀雕刻艺人有时会涉及类似题材。近年有件用纯洁无瑕的黄色金珀琢成的龙纹杯在中国玉石雕刻作品"天工奖"中获得银奖。因琥珀半透明，通常呈微黄至微褐色系，古诗中还有将琥珀比喻美酒的。得奖者可能是受了李白"兰陵美酒郁金香，玉碗盛来琥珀光"的诗句的启示，萌生了雕一个琥珀杯，让"琥珀杯盛琥珀酒"的创意。

"琥珀珍难得"（宋·郭印），现在学界有人把琥珀也归入中国玉文化的传统玉材，窃以为此观点可以探讨。首先琥珀的工艺品在我国悠久的玉文化史上从未有过引人瞩目的亮点。现考古发现最早的琥珀制品是在三星堆遗址中一件刻有阴线蝉纹的心形坠饰，其一面阴刻蝉背纹，另一面阴刻蝉腹纹，上端有凹槽，中有通天孔，可以穿绳系挂。现存洛阳文物考古研究院的"血珀骑羊俑"的小圆雕件属于战国时期罕见珍品。在汉墓中也出土了少些兽形佩、司南佩，还有琥珀指环和印章等，但大多是不起眼的小东西。

其次在我国将琥珀作为专用玉材的雕刻史仅百余年，且规模小、不成气候。中医认为琥珀有通淋化瘀、宁心安神的作用，明清时期多用于入药，如：琥珀通淋丸、琥珀茯苓膏、琥珀珍珠散。东北的抚顺是我国琥珀的主要产地，与煤矿共生，光绪二十年（1901 年）年琥珀才被开采利用。十年后当地几个木雕艺人改行搞琥珀等雕刻。民国《抚顺县志》记：时有"石炭（煤精）、煤璜（琥珀）器物作坊二十户"，主要琥珀工艺品是朝珠、手串、印章和鼻烟壶等。近年因原料枯竭等因素，仅剩个体作坊十来家，从业者只有数十人。时下市场上见到的琥珀原石大多是缅甸、多米尼加、波罗的海的泊来品，可见琥珀雕刻工艺发展的后劲不足。

再次现代琥珀工艺品在我国属于另类收藏，问津者甚少。直到 20 世纪 80 年代末，受台湾地区宗教文物市场利好的影响，琥珀佛珠、手串和原石挂件等收藏才开始在以中国内地为主的东亚文化圈内流行。狭小的市场需求和简单的品种也是琥珀不能列入中国玉文化传统玉材的因素。

黄龙玉也疯狂

黄龙玉是十几年前，在新疆和田玉、缅甸翡翠价格扶摇直上时，也跟着疯狂过的一个新玉种。

本世纪元年人们在云南省龙陵县苏帕河一处待修建堤坝位置的河床里发现了许多色泽莹润的石头，其以金黄色为主，形状硕大，来自广西的建筑工人认为与其家乡出产的黄蜡石相似，当地人就把它当作奇石收藏，也有人还把其贩到两广地区当观赏石交易，挣些小钱。2004 年，芒市有个玉石商从龙陵收购来的黄蜡石中挑选了一块质细色佳的料，加工成手镯，大出意外地转手卖了八百元高价，消息不胫而走。周边玉石商人纷至沓来采购黄蜡石，将玉化程度高的料雕琢成貔貅、观音等传统的摆件工艺品，大获其利。当地百姓看到商机，河里的石头挖光了就沿着苏帕河往上游探寻，终于在小黑山地区找到了原生矿，就进行了大肆挖掘。人们兴奋不已，因这种石头黄色的居多、红色次之，发现于龙陵县，其中质地细腻温润的胜似美玉，于是就给起了个好听的名字：黄龙玉。

为加强宣传影响，地方上编撰出版了一本专门介绍黄龙玉的杂志，不遗余力地给以大手笔的造势。如：黄龙玉弥补了中国玉史无黄、红为主色调玉石的空白。我们是炎黄子孙、长着黄色的皮肤，流淌着红色的血液。我们中华文明发端于黄土地、黄河水，是龙的传人。我们的国旗、国徽皆由黄红两色构成。黄龙玉的主色调表现了中国数千年的诉求，是中国玉文化寻找了万年的色彩。又如：和田玉的主色调是白色，象征纯洁高雅；翡翠受推崇的是绿色，象征生命不息；黄龙玉的黄红两色象征富贵吉祥，它们都肩负着传承和发扬中国玉文化的使命等，赞誉之词无以复加。

黄龙玉在短短几年间便名声大噪，以玉石新贵的身份出现在世人面前，价格从发现初始的几十元一卡车，飙升到精品要几万元 1 千克，极品价按克计算。大有欲与和田玉、翡翠三分秋色的走势，成为玉界热议的话题，争议接踵而来。

此玉石新贵乃何许物质也？从矿物学讲，黄龙玉属于二氧化硅类玉石，自然界分布很广。因其内部结晶的不同还可细分。其与石英共生，结晶粗者为石英，细者为玉髓。黄龙玉是玉髓，属于隐晶质矿物，与玛瑙同类。由于内部还含有铁、铝、锰等金属元素和大量微量元素，因此呈现的颜色比较丰富。其硬度为 6.5，与和田玉、翡翠接近，可以雕琢精细的工艺品。让人啼笑皆非的是，有些人在侈谈玉文化的同时，居然还在为黄龙玉是玉或是石，这个中国玉文化最基本的常识争论不休。其实答案非常简单：从现已形成共识的矿物学角度上来说，黄龙玉非玉也；从中国"美石为玉"的传统理念来说，黄龙玉美玉也。

黄龙玉若要从中国的玉石大家族中脱颖而出，绝非是生硬地贴几张玉文化标签，牵强地谈几句中华民族对色彩的审美取向所能奏效的。福建田黄石的深沉的黄色，浙江昌化鸡血石鲜艳的红色，早就被国人认可了两三百年。中国早已有四大名玉（和田玉、岫岩玉、南阳玉、绿松石）的排行榜了，它们至少有着七八千年的深厚积淀。黄龙玉问世仅十来年，几乎是一张白纸，没有什么文化底蕴。

黄龙玉其究竟有多少蕴藏量，据最新资料统计，现已探明的储量为四十万吨左右，实在是太稀少了，因为这是黄龙玉能否长久持续发展的基础。其在文化的修炼上，还须接地气。目前见到的黄龙玉雕大多是中国玉雕工艺的常见题材，缺乏个性，似可在云南多民族的地域文化上予以拓展，要另辟蹊径，闯出与众不同的新路子，做好这些事谈何容易？

黄龙玉疯狂了几年，最终尘埃落定，价格理性回归。现在是名气有了，身份也有了，此新矿种在2001年被收录进中国《珠宝玉石名称》的国家标准中。在云南保山龙陵也开设了类似翡翠公盘的黄龙玉公盘，证明它已经得到了市场的认可。云南当地政府还在加紧对黄龙玉矿藏资源的探查，并对已发现矿藏的开采限量控制。期待这个初出茅庐的玉石小兄弟而今迈步从头越，要经得起漫长岁月的时间考验，开创出个性鲜明的黄龙玉雕刻风格，中国玉文化史自会给它公正的定论。

南红正红

　　玛瑙是中国玉文化史上的传统玉材，珍珠玛瑙向来是国人眼中珍贵宝物的代名词。玛瑙在汉以前称作"琼"或"赤玉"，当时少见开采，大多来自印度、波斯等西域诸国的贡品中。后传入的佛经《妙法莲花经》中载："马脑，梵语云遏湿摩揭婆"，"色如马脑，故从彼名"。译经者也许认为"马脑"名词欠雅，就取谐音从玉，巧译成玛瑙，一直沿用至今。

　　玛瑙属玉髓类矿物，"坚而且脆，刀刮不动"（明《格古要论》），硬度 7 以上，比新疆和田玉还高。现探明玛瑙矿藏在我国分布甚广，其有绚丽多彩的颜色和花纹，是名符其实的美石。在我国新石器文化遗址中就常有玛瑙制品发现，譬如辽宁牛河梁红山文化遗址出土的三角形镞等细石器；浙江马家浜文化遗址出土的玦和镯；江苏北阳营文化遗址出土的璜以及安徽凌家滩文化遗址出土的钺和圆雕豕等。商周时期，玛瑙大多被碾制成管珠类的饰物。唐宋以降大多被雕琢成杯、碗、盅等生活器皿，著名的如西安博物馆的镇馆之宝镶金嘴兽首玛瑙杯；内蒙古辽代窖藏菊花纹玛瑙杯；台湾故宫博物院收藏的清宫遗存宋代玛瑙带托葵花式小碗和清代三螭耳三梅花足杯等。因玛瑙矿产地众多，对以上玛瑙器物的玉源尚无法弄清，譬如镶金嘴兽首玛瑙杯极具波斯风格，究竟是当时西域的贡品还是唐代匠人的作品，至今仍是无解之谜。

　　南红是我国西南地区云南保山、甘肃迭部和四川凉西出产的一种颜色红艳、质地细润的玛瑙统称，尤以云南保山的为佳。明代徐霞客对云南玛瑙山这样描述："上多危崖，藤树倒罥，凿崖进石，则玛瑙嵌其中焉。"据说其矿源在清乾隆时枯竭封闭，20 世纪 80 年代有关地矿部门按《徐霞客游记》所示，在保山附近找到了湮失的老矿，曾采挖过几年，后因品质不好作罢。云南古滇国墓葬中出土了很多扁圆多棱玛瑙珠等饰物，有红、白、灰等色，大多半透明，呈玻璃光泽，早在汉代滇人就已经开始玩红玛瑙了。南红在藏传佛教中属于佛家七宝之一。因为它在藏文化中有驱邪避难的作用，至今还留有许多藏民佩戴南红饰品的风俗。

　　南红颜色吉祥喜庆，符合中华民族的审美意向，深获人们喜爱，时下追捧者甚众，价格也不断走高。南红毛料从过去的几十元一千克，涨到几十元一克。友人经营着一家珠饰小店，有用锦红、玫瑰红、朱砂红、樱桃红等上品南红做的佛珠和手串卖，价格不菲，生意蛮好。品茗闲聊间，常见时尚青年男女光顾。听说有人为了收南红老珠，沿着玛瑙山周围的村落，一路寻觅到云南哀老山深处。那里的少数民族相信南红珠可通神避邪，有戴南红珠项链，着缀南红珠披肩的习俗，其中不乏祖传之物。这种色相俱佳的骨董老珠在古玩市场是炙手可热的好货。

　　近几年，民间南红收藏投资热潮涌动，在四川凉山的西昌形成了国内规模最大的南红交易市场。其原石毛料外有层厚薄不等的风化皮壳，像块普通石头，猜测判断玉质的好坏，全靠经验和运气，有点类似翡翠的赌石。坊间盛传有人两百元吃进的原石，剖出极品锦红料，转手卖出数十万元高价，最后请大师雕琢成工艺品，变成几百万的个案。于是出现了"击鼓传花"式的商业运转模式，买了原石谁也不想剖，谁也不敢剖，逐次加价地卖出，不知何时发生最后一棒的"无言的结局"。数年前北京举办过一个"稀世之珍 南红归来"的高规格珠宝交易展，珍品南红首饰数万元一克，令人瞠目结舌。

南红正红，虽然其中或许也有推手炒作，但与黄龙玉大起大落的疯狂很不相同。黄龙玉是中国玉文化大家族中初出茅庐的小阿弟，南红却可凭借深厚的底蕴，来个老曲新唱。况且正宗上品的南红料渐稀，而南红的雕件又大多是珠子、首饰和佩件等小玩艺，有大众化需求的市场。黄金有价玉无价，因此南红会以慢牛行情持续升温，而绝非红极一时！

木化石的传说

木化石是玉石中的精灵，它有一个美丽的传说。

相传佛祖释加牟尼在涅槃时，陪待修行的生灵万物也欲追随同去，刹那间金光万丈，山崩地裂。佛祖升了天，众多追随者因法力不够而沉入地下深埋，其中有些树木因沾佛气，便化为玉石。佛祖是南亚人，故木化石大多产于缅甸、马来西亚和中国等地区。当地百姓有幸挖到木化石，就不加任何雕琢，保持自然形态，将其供奉在厅堂院子里，领受佛气，镇宅避邪。

木化石是大自然的造化，洪荒森林的"涅槃"。在近两亿年前与恐龙同时代的侏罗纪、白垩纪，原始森林遭泥石流、火山灰、暴风沙及地壳错位诸因素被摧毁掩埋。在岩土、压力、温湿等极苛刻的地质条件下，树木的有机体被二氧化硅部分或全部替代，于是就变成了木化石，不但保留了树木的原始形状，还能见到树皮、年轮和虫洞。硅化特别好的称硅化玉，属玉髓类，晶莹剔透，色彩斑斓。缅甸的硅化玉最佳，因其前身不是普通的松柏类，而多为紫檀、鸡翅和柚木等名贵树种。据说缅甸硅化玉将被纳为世界自然文化遗产，现已禁止挖掘。木化石如同一部无字天书，对研究地球物理、古代气候、古生物和生命起源都有着非常重要的科学价值。

我国著名木化石的出产地有新疆奇台县、辽宁义县、四川自贡、江西上饶、浙江新昌、永康及海南岛中北部等。新疆奇台县的石树沟，在 11 平方千米的面积内，裸露于地表的木化石多达千株，世界罕见。其中有一株木化石长达 38 米，根部直径一米二，为当今发现最长的巨型化石，已被入选世界吉尼斯纪录。数年前在辽宁朝阳一带偶尔能找到鸡血木化石，因该处的木化石在形成过程中有少量树木被辰砂填充、交代，便衍生出与众不同的鸡血木化石。其玉质通透滋润，摩尔硬度达到 7，打磨抛光后显现大红、紫红、淡红的浓烈颜色，呈片状、块状、星点状分布，绚丽多彩，乃为奇品，堪与缅甸硅化玉媲美。

我们的先祖早就认识了木化石。《山海经》中称其为"不死树""文玉树"和"圣树"。唐玄奘从印度取经回来，带回三宝："贝叶梵文真经、佛祖如来肉身舍利子和西域回纥神木"，此神木就是出自新疆的木化石。浙江永康有个家喻户晓的松化石（木化石之古称）的典故："唐建中元年（公元780年），道仙马自然于桐霍山回永康城北延正观，指庭前松曰：'此松已三千年，当化为石，已而果然。'"（《正德永康县志》）唐诗人陆龟蒙在《二遗诗》中注："石若何？松之化石也，永康之地多名山，中饶古松，往往化而为石。"永康的道路、街镇历史上皆以松石冠名，松石路名延续至今。

笔者曾发奇想：奇异的木化石会成为我国先民曾利用过的雕琢玉材吗？孰料多年后居然"奇想成真"。玉友汉兴兄收藏颇丰，不久前在其府上见识了一件木化石玉器：商晚期的圆雕跪人。

玉跽人高七厘米许，黄褐色玉质，前半部分有大片黑色水银沁，臣字眼，蒜形鼻，膝间饰以阴线网格纹，开门的一眼货。汉兴兄早年得此物于山东济南。查史料东周编纂的《尚书·禹贡》记载：在古代九州之一的青州出"铅松怪石"，后人考证"似玉非玉、似石非石之物"就是木化石。在明代阎士选《松石记》中也有印证："古青州一带的东海大竹岛中有松化石。"在济南花鸟市场的地摊上常会有从当地拣挖来的木化石卖。山东地区有悠久的商文化历史背景，商代以前的玉雕用料大多为就近取材。因此推测，此木化石玉跽人当系山东地区商代之玉雕遗物，罕见珍品。

木化石也是名副其实的美石，但由于非常稀少，因此在中国玉文化传统玉材的清单里没有它的大名。但我们有理由相信上述那件木化石商代玉器肯定不会是孤品，在存世的历代古玉器中还会有，只是尚待发现而已。

商——跽坐人（木化石）高 7.4 厘米，宽 3.5 厘米，厚 3.3 厘米。

木化石跽坐人背面

煤精漆黑

　　煤精又称煤玉或黑玉，它是远古森林中那些油质丰富的坚硬树木，如柞、榆、松、柏等因地壳变迁中沉积于地下，经过地质时期的高温高压后碳化成的结晶体。其质轻细韧、漆黑发亮，是与琥珀同族的一种有机宝石，主要成分是炭和有机质。煤精几乎都与煤矿伴生，但却比一般煤轻。优质的煤精材质要求颜色黑而亮，块度大且无裂纹，非常稀少。我国煤精分布较广，唯抚顺西露天矿和山西阳泉的煤精品质最佳。

　　煤精是中国玉文化的传统玉材，煤精雕刻有着悠久的历史，有众多出土记录。如：1973年在沈阳新乐遗址出土的煤精珠子和耳饰距今已有七千多年，在我国玉石利用史上仅晚于岫岩玉，排名第二；在内蒙古赤峰夏家店文化层里（相当于中原的夏商时期）发现了大量的煤精雕件，如管珠、竹节、双孔扁片、环、斧形器和人面佩饰等；陕西沛县和茹家庄的西周贵族墓中分别出土过煤精玉环和玉玦；河南刘家渠等汉墓出土有煤精羊、狮子等动物雕件。最著名的一件煤精文物是1981年在陕西旬阳老城东废墟中重见天日的北魏大司马孤独信的"煤精多面体组印"。此印呈八棱多面体，共有二十六个印面，在其中十八个正方形印面上阳刻有十四个印章，如"臣信上疏""大司马印""独孤信白书"和"信启事"等，计四十七个字，并以楷书入印。堪称国宝级煤精制品，中国第一印是也，学界对此印的功能与意义有颇多研究。笔者曾去西安陕西省历史博物馆近距离观察过这多面体印章，从其色泽和光亮度分析，总觉得此印章似乎不像是用煤精制成的，其材质有点类似"煤根石"。"煤根石"是煤的一种石化现象，主要成分是硅、铝、钙和镁等，大多呈灰黑色，也有略带蓝灰色的。其色泽亮度均不及煤精，硬度却高于煤精，是我国传统的篆刻印材之一。清代陈目耕《篆刻针度》曰："煤精石，色黑而质坚韧，体轻有似乌犀出秦中可作印。"窃以为此文中的煤精石指的就是"煤根石"。有关人士可能是受了误导，把煤精石等同于煤精了。这只是一孔之见，具体的结论尚须上手细看，测比重和化学成分。

　　清代是煤雕艺术的高峰期，凡是有煤矿的地方都有煤雕。光绪《呈贡县志》曰："墨玉，乾隆年间出段家营，最受雕刻，光华如漆，今犹作器皿。"段家营是云南的一个煤矿，墨玉是煤精的别称；陕西《安定县志》曰："墨玉，出魏家湾，性似木，黑而轻，可雕作玩器。"北京《房山县志》曰："墨玉，系一种煤石，能制成烟袋嘴、烟壶等物。"在民间收藏中时能见到传世的清代煤精工艺品，如手镯、小佩饰、山子摆件等。

　　当代煤雕以辽宁抚顺和山西阳泉最著名。清代末年煤精雕刻作为一门手工技艺伴随着抚顺煤矿的开采，稍后不久便在周边地区出现。百余年来其以家族式传承和带徒授艺的方法代代相传，发展至今已有七代传人。由于其优质的原料与独特的雕琢工艺，抚顺煤雕曾蜚声海内外，

2008 年入选第二批国家非物质文化遗产名录。时下抚顺煤雕正结合地区经济拓展新思路。如欧洲诸国有把煤精作为珠宝原料的漫长历史习俗，现已与法国签订合作协议，拟请法国人来设计，利用抚顺的雕刻技艺，生产具有欧洲风格的煤精旅游工艺品，从而跨出走向世界的第一步。

阳泉煤矿开采史相传很悠远，明代学者顾炎武认为："女娲氏炼五色石以补天，今其遗址在平定之浮山，此即后世烧煤之始。"阳泉煤雕开发很短，才十几年，可是发展很快。其集我国各路玉雕流派工艺之大成，推陈出新，煤雕作品曾多次夺得中国工艺美术"百花杯"金奖。2010 年颇具中国传统特色的两件煤雕佳作"云龙纹缕空花瓶"和"凤鸟纹缕空花瓶"，获得联合国教科文组织颁授的"世界杰出手工艺品徽章"。

漆黑的玉石、中国的煤雕，定将焕发青春、独辟蹊径，以其别具一格的魅力，在中国玉文化史上留下浓墨重彩的一页！

水晶之恋

国人对于水晶有着别样的恋玉情结。

国人恋着水晶，是因为"其莹如水，其坚如玉"，在中国玉文化的所有传统玉材中，唯独水晶最冰清纯洁。水晶古称"水玉"。《山海经》中有多处记载："又东三百里，曰堂庭山，多水玉"；"丹山出焉，东南流注于洛水，其中多水玉"；"逐出水焉，北流注于渭，其中多水玉"。水晶还别称"水精"，《广雅》有巧解："水之精灵也"；明代药典《本草纲目》称："莹洁晶光，如水之精英"；"水晶心寒无毒，主治惊悸心热，能安心明目"，将其入药。

国人恋着水晶，是因为水晶是最早被中华民族的先祖开发利用的玉材。数年前，中科院考古所对北京周口店距今五十万年的猿人洞遗址的某些地层进行抢救性发掘，从出土的四千多件石制品中，发现有不少用"锤击法"加工成的水晶刮削器和砍砸器。此后新石器时代水晶制品就更是多见，如红山文化玉器中就有用红、白水晶制作的人物、动物的圆雕件。在古代水晶艺术品中，值得一提的是 1990 年于浙江丰山镇石塘村战国墓中出土的那只水晶杯：高 15 厘米，敞口、斜壁、圆足外撇，素面无纹，通体抛光，是用纯净度极好的优质白水晶以极娴熟的玉雕工艺琢成。其造型与老百姓家里喝水的筒状玻璃杯几乎完全相同，经科学测定是战国时期用天然水晶制成，让人匪夷所思。现在这只绝无仅有的战国水晶杯已被列入我国不得出境参展的 64 件古代文物重器之一。

国人恋着水晶，是因为经检测水晶的主要成分是二氧化硅，在所有天然矿石中它的磁场最纯正。据说任何光和能量透过水晶的衍射，会得到无限放大。因此大小不同的水晶球和珠子是最受欢迎的工艺制品。人们相信将大的水晶球摆在电视机旁边或其他合适位置，可以讨个"有求必应"的口彩，能聚能量、降辐射、镇宅保平安。小的水晶珠可以打孔串成项链和手串。考古发现，水晶项链最早出现于距今四千多年前的山东大汶口文化时期。天然水晶具有特殊的"压电效应"，水晶珠佩戴时与人体摩擦会形成微弱电磁场，能活血通经，安神静心、祛病益健康。因此，到了唐代水晶饰品已在民间非常流行。有诗为证："水玉簪头白角巾，瑶琴寂历拂轻尘。"（唐·温庭筠）。

国人恋着水晶，是因为水晶有着丰富的文化内涵。水晶的颜色美丽，有白、黄、绿、红、粉、黑、茶和紫等，不同颜色的水晶有不同的意义。古欧洲人对水晶也是情有独钟，紫水晶地位最高，被犹太人定为圣城耶路撒冷十二块奠基石之一。水晶在《圣经》中代表"二月生辰石"，延用至今。水晶在我国佛教中奉作七宝之一，认为晶莹剔透、幻化神异，闪烁灵光的水晶，能普渡众生，故尊称"菩萨石"。水晶佛珠被视作瑰宝，不久前，有玉友拿出一串 108 颗的白水晶佛珠让笔者鉴赏，从两面对打的喇叭孔等工艺特征可定为辽金之物，罕见的是在每颗珠的两端各刻有四个不同的符号，既非篆书也非西夏文，这些符号是否代表佛教中的某种含义，值得探究。

　　国人恋着水晶，是因为我国水晶资源丰富，已探明的100多处水晶矿藏，遍布28个省。江苏北部的东海县储量大、开采易、品质好。1958年挖出块重近4500千克的"水晶大王"，作为第一批自然宝物被国家地质博物馆收藏。水晶虽属于半宝石，但物美价廉，深受普通消费者的欢迎。江苏东海开发加工水晶已有数百年的历史，是名符其实的"中国水晶之都"，现在还是世界水晶贸易的集散地，并力图把水晶经济做大做强，定期举办"东海水晶节"，推进水晶产业向规模化、品牌化和国际化发展。若到那里去购水晶工艺品，一定会听到关于"神牛送宝"和"水晶仙女眼泪"这两个美丽的民间传说，给国人的水晶之恋平添了些许神奇和浪漫。

孔雀石美

孔雀石是一种美丽的石头，大多呈不透明的深绿色、且具有浓淡多变的条带和同心环状花纹，这种奇纹异彩是独一无二的。它在古代有绿青、石青、曾青、白青、碧青、碌石、石绿等近二十个曾用名，众多称谓何时统归为孔雀石之名却无人知晓。业界通常认为："孔雀石由于颜色酷似孔雀羽毛上斑点的颜色而得名。"笔者费了番工夫查寻出处，也一无所获。只是知道国人把孔雀奉作吉祥鸟，孔雀开屏象征福善、喜庆。我国地质学的奠基人章鸿钊先生的《石雅》成书于 19 世纪初叶，其中仅有寥寥数言："今又名孔雀石，其色美，故俗以为珍玩。"因此推测孔雀石之名至迟始于清末，至少也叫了百余年了。

国人对孔雀石的印象首先是与铜矿联系在一起的。考古发现我国的铜冶炼滥觞于新石器后期，在湖北石家河文化遗址、甘肃永靖县辛店文化遗址和山东诸城龙山文化遗址都出土过红铜器残片、铜炼渣和孔雀石。湖北大冶的铜绿山是我国著名的孔雀石产地。清《大冶县志》曰："铜绿山在县西马叫堡，山顶高平，巨石对峙。每骤雨过后，有铜绿如雪化小草点缀土石之上，在铜绿雪花之下就有铜矿。"1973 年在此地发现了古矿遗址，铜矿附近的炼炉遗存、磨碎的孔雀石块和大量矿渣，证明在三千多年前殷商先民就利用孔雀石寻找铜矿，并就地形成采矿、冶炼、铸器一条龙的生产工艺，创造了辉煌的青铜文化。

其次，孔雀石还是最早被我们先祖利用的矿物颜料。西汉墓中的壁画和彩绘陶罐的绿色用的全是孔雀石，敦煌莫高窟壁画中的绿色近两千年后依然鲜艳明丽。再后来的传统中国画"石绿今画工用为绿色者"（《本草纲目》），"螺青点为莫山色，石绿染成春浦潮"（陆游）。藏传文化的唐卡艺术上五彩缤纷的色彩，也全部用包括孔雀石在内的矿物颜料绘就而成。

孔雀石在我国风水学中是五行属木的吉祥物，具有促进思考、集中注意力的作用，能祈福避祸，提运势，所以常被国人制成小饰件随身佩戴，或做成风水摆件安放于厅堂的合适位置。孔雀石还是一味中药，在《神农本草经》等古代中医典籍里列为上品，认为其味酸、性寒、有小毒，"主益气、止泻痢"，还可治风热目疾、耳内恶疮。

许多国人可能不知道孔雀石也属于一种古老玉料，是中国玉文化的传统玉材。迄今为止发现最早的一件孔雀石饰品是 20 世纪 50 年代在龙山文化的郑州洛达庙遗址出土的，迄今已有四千多年的历史；在河南殷墟妇好墓中的玉器中有孔雀石圆雕跪坐人和孔雀石簪。商代中后期有些青铜器物上镶嵌着一些绿色小石片，通常被人认为是绿松石，笔者发现其中有不少应是孔雀石。此两种矿石都含有铜的成分，外表很相象，但含铜量大相径庭，孔雀石高达百分之六十，而绿松石只有百分之八左右。此后历代或多或少地有孔雀石玉雕件被发现，但大多为小器物，且这些孔雀石制品总是与产地相关联：如广东阳春盛产孔雀石，在汉代南越王墓中就有不少作镶嵌用的孔雀石饰品；江西九江、宜春也出孔雀石，其周边地区就时有古代孔雀石制品发现。北宋博物学家苏颂在《本草图经》记："信州（今上饶地区）琢为腰带器物及妇人服饰。"现在民间收藏中尚能看到一些较大的明清孔雀石艺术品，如佛像、山形笔架、灵芝盖盒、玉如意、高脚杯和鼻烟壶等。

美中不足的是作为玉料的孔雀石大多硬度不高，缺乏宝石光泽，较为脆弱，不易雕琢，经不起碰磕。其雕刻艺术品的效果相应见拙于其他玉材，故时下少有加工大器者，大多琢磨成珠类手串和戒面小配饰件等。孔雀石成因与喀斯特地貌的石钟乳颇相似，沉积物千姿百态，有柱状、片状、针状、蜂巢状、葡萄状、钟乳状和晶簇状等，体量相差甚多，大的重几吨，小的如握拳头，是我国传统的观赏名石。

珊瑚颂

每每说及珊瑚，耳际便油然响起流传了半个多世纪的《珊瑚颂》的熟悉旋律："一树红花照碧海，一团火焰出水来，珊瑚树红春常在，风波浪里把花开。"

"一树红花照碧海"。珊瑚在一个很长的历史时期中，被世人认为是海中的珍贵植物，值得以明珠美玉来陪衬。曹植有诗云："明珠交玉体，珊瑚间木难。"其实它是地球上最古老的海洋生物，由无数微小的珊瑚虫聚集而成，生长在水质清澈、温度适中的深海区。珊瑚虫会吸收溶解在海水中的碳酸钙形成骨骼，并不断向四周"生长"，终而成了树枝形状，俗称"珊瑚树"。世界上有两个珊瑚重要产地，一个是地中海地区，还有一个是日本和我国的台湾及南海诸岛。

我们的祖先很早就认识了珊瑚。最早见于著录的是两千多年前的《山海经》："珊瑚出海中，岁高二三尺，有枝无叶，形如小树。"采集珊瑚最早见于著录的是《新唐书·西域传》："海中有珊瑚洲，海人乘大舶，堕铁水底。珊瑚初生磐石上，白如菌，一岁而黄，三岁赤，枝格交错，高三四尺。铁发其根，系舶上，绞而出之，失时不取即腐。"

"一团火焰出水来"。珊瑚吸收了海水中的铁、锰、镁等元素后会显现出不同的红色。最好的"阿卡级"牛血红珊瑚有着火焰般的色泽，这种水与火完美结合的生命之树极受人们珍视。西方基督教文化中红珊瑚被称为是"耶稣鲜血蜕化而成"，在文艺复兴时期有大量与红珊瑚有关的宗教题材的画作。东方的藏传佛教视红珊瑚为如来佛的化身，列入佛教七宝，是护佑平安的吉祥物。珊瑚生长在两百至两千米的深海区，现代用潜水器和蛙人去采挖已是不易，何况唐代用的是沉铁钓拉的原始作业法，不仅非常困难，而且还会把礁石上的珊瑚树弄得残损。一棵完整的红珊瑚树枝柯扶疏，红艳如火，喜庆吉祥，颇具观赏性，在古代就是价值连城的珍贵物品。历朝皇帝都视为国宝：汉武帝喜以珊瑚玉树盆景供奉在神堂之中；乾隆二十六年皇太后七十圣诞，贡品中有"玉树珊瑚栀子南天竺"一盆。历代富豪也收藏珊瑚树当摆设，并作为财富的象征：南朝《世说新语》记晋人石崇与王恺两人斗富，就是比谁家的珊瑚树多。明清两朝大贪官被抄家时，严嵩家产中"有珊瑚树六十多株"，和珅家"有珊瑚树十棵，高达三尺八寸"。

珊瑚是中国玉文化传统玉材中唯一的有机宝石，却是最少用于雕琢的。完整的珊瑚树罕见，舍不得动刀；只有那些断枝残桠才会被用来刻东西。可是珊瑚虫群体生长极缓，成活七年以上的其主干也仅一厘米粗，只能制些小件，稍大一点的就得拼接。且珊瑚硬度不高，还不宜作细活。因此古今中外最常见的珊瑚制品就是珠子。珊瑚珠颜色越红越珍贵，清代只有一、二品官员的顶戴才能用珊瑚珠，清皇帝在大典时必须佩挂一串珊瑚朝珠。法国等西欧贵族在 18 世纪最流行的奢侈品就是珊瑚项链。去台湾旅游，常会看到宋美玲"二战"期间出访欧美的照片，其佩戴台湾大东山出产的宝石级红珊瑚耳钉、项链、手链和戒指，在深色旗袍的映衬下光彩夺目，几乎成了台湾珊瑚的最佳商业代言。

窃以为珊瑚对于中华民族更有非凡的意义：从 2014 年 6 月 24 日《人民日报》刊文"听，南海之名"中悉，唐代先民采挖珊瑚的珊瑚洲，就是我国南海的东沙群岛。三国东吴的孙权曾派人去那里勘察并命名，它证明了南海诸岛自古以来就是我国的领土；我国新疆哈密曾发现过近万年前的珊瑚珠，考古认为其可能是从地中海一带传入。新疆地区自古以来就是东西方经济文化交流的枢纽站，它充实了我国"一带一路"伟大战略构想的历史内涵。

红珊瑚在国际上已被列为海洋珍稀濒危动物，呼吁要保护海洋生态环境，让"珊瑚树红春常在，风波浪里把花开"！

世界的绿松石

绿松石在中国玉文化的四大名玉（和田玉、岫岩玉、独山玉和绿松石）里也许是国人认知度最低的。前三种名玉（独山玉又称南阳玉）都直截了当以产地冠名，而绿松石却没有，对其前世今生可能知道的人更少。收藏界视作小宗收藏，问津者不多。

绿松石在我国有多处产地，如河南淅川、陕西白河、青海乌兰、安徽马鞍山、新疆哈密及湖北、江苏、云南等地，但数湖北的最好。湖北绿松石古称"荆州石"或"襄阳甸子"。绿松石之名始于清，因其结核状原石"形似松球，色近松球，故以为名"（《石雅》）。矿脉主要分布于武当山西端、汉水以南的鄂西北一带，又以竹山、郧县、郧西的为佳。

竹山虽是小县，但境内矿产丰富，仅绿松石矿脉就有十三条，地质远景储量五万吨，据说占我国绿松石总储量的百分之七十，被业内誉为"绿松石之乡"。竹山秦汉时称上庸，得名于女娲抟土造人、炼石补天的典故。相传这儿有座谓"天梯"的灵山，峰巅因女娲取土被削平。"其上平夷，故曰上庸，乃补天之梯也，在今竹山县西七十里，上庸山是也"（《竹山地名志》）。传说女娲用于补天的黄、白、赤、黑、绿五彩石，分别是竹山出产的金、银、铁、煤和绿松石。竹山现是我国数处女娲文化中的一个重要景点。

绿松石是我国最古老的传统玉材之一。已知最早的绿松石制品是出土于河南郑州大河村仰韶文化遗址（距今五六千年前）的一对28厘米长的鱼形雕件。在中原地区的商周墓中更是多见，最著名的是河南偃师二里头遗址出土的由两千多片各种形状的小绿松石嵌在由竹、木材料构成框架上的大型龙形器上，还有用绿松石镶嵌的兽面纹青铜牌饰两枚。1965年在竹山400千米之外的江陵望山出土的那柄名扬四海的战国越王勾践青铜剑的剑格的其中一面也用绿松石装饰。

由于绿松石形成时的特殊地质条件，成矿大多为结核状，被岩脉的基质所包裹，单体都很小，100多千克的更是罕见。现陈列于人民大会堂湖北厅的国宝级绿松石雕件"李时珍采药图"也仅重30多千克。似乎绿松石从古到今主要用作镶嵌物和小饰件。如镶嵌于青铜，见上两例；镶嵌于玉器，齐家文化玉器中常见；镶嵌于象牙，妇好墓里的象牙杯即是。在现代生活里的小饰件如手串、吊坠、戒面等更是随处可见。西藏和内蒙古地区不产绿松石，但在其民族生活区中却是最受珍视的宝石和护身物之一，几乎人人佩挂绿松石饰物，值得探究。

世界上也有不少绿松石产地，如伊朗、美国、俄罗斯、埃及、阿富汗和澳大利亚。绿松石大多是天蓝、绿蓝、绿色，其纯洁绝美的色泽同样受到世界上许多民族的宠爱。在五千多年前的埃及皇后木乃伊的手臂上戴有两对绿松石包金手镯；十几年前到我国巡展的埃及国宝中那件精美的绿松石人物圆雕让人记忆犹新。古印第安人认为绿松石是大海和蓝天的精灵，会给远征的人带来吉祥与好运。绿松石在西方被公认为"十二月诞生石",是"幸运之石",象征胜利和成功,土耳其还把它奉为国石。欧洲人出门旅游常佩绿松石饰物,可防摔跤和保护座骑安全。

可见绿松石是东方中国人和西方人共同喜欢乃至崇尚之物。从矿物学得知,东方的玉石大多属于多晶质矿物,西方的宝石大多属于单晶质矿物,而绿松石属于半宝石。于是中国的玉文化圈与西方的宝石文化圈间就有了个以绿松石为代表的交集,是两种不同文化沟通的桥梁。一座颇具秦汉风格的"国际绿松石城"前些年在湖北竹山落成,我们期待打出全球牌的绿松石,凭借深厚的女娲文化和上庸古国文化,或许能成为中国玉文化走出国门的使者,给世界一个全新亮相。

绿松石前不是少了个冠词吗?何不补上个"WORLD":世界的绿松石。

洁白的砗磲

砗磲是生活在海洋中的最大贝类，大者直径有一米半，重300多千克。其厚达七八厘米的外壳表面有沟槽，状如古代车辙。《本草纲目》记："车渠，海中大贝也。背上垄文如车轮之渠，故名车沟，曰渠。"我国的西沙和南沙是世界著名的砗磲生长栖息地，黄岩岛贝尤为著名。砗磲是海洋中的"老寿星"，生命周期长达数百年，其死后贝壳沉积海底，在高压低温和无氧的环境下，经过漫长的地质年代，贝壳中的碳元素被二氧化硅所替代，成了砗磲化石。尔后又继续变质、重新结晶为"蛋白石玉髓"，即"玉化砗磲"。三国魏文帝曹丕在《车渠碗赋》中写道："车渠，玉属也。多纤理缛文，生于西国，其俗宝之。"有专家考证：我们的先祖认为车渠也是宝石，于是从明代开始，在此两字边加了石字旁，称作砗磲（《明史列传》）。"玉化砗磲"是地球上最洁白无瑕的物质，其白度10。东方民族将其列为佛教七宝（砗磲、金、银、玛瑙、珊瑚、琉璃、琥珀）之首；西方民族将其与珊瑚、珍珠、琥珀并列为四大有机宝石，天主教和基督教用其装圣水进行洗礼，称"圣水之贝"。

砗磲能否列入中国玉文化的传统玉材，业界各执己见，尚无定论。笔者归纳了两条理由：一是砗磲被开发利用的史料寥如晨星。现在引用最多的是汉代《尚书大传》中讲的周文王被商纣王囚禁，散宜生用包括车渠大贝在内的一批奇珍异宝敬献纣王，以赎回周文王的典故："之江淮之浦，取大贝如车渠，陈于纣之庭。"砗磲生于我国的南部海洋中，当时的捕捞手段极为落后，能在大洋深处捕捞到砗磲，千里迢迢运到中原，当属珍稀之物。此事只能说明当时商人已经认识了砗磲，但还没有开发利用为玉雕材料。明代沈括《梦溪笔谈》中的"海物有车渠，蛤属也，大者如长箕，背有渠垄，有蚶壳，故以为器，至如白玉，生南海"，可能是我国最早的用砗磲壳加工成玉器的文字资料了。

二是有考古记录出土的、汉代以前的砗磲玉器的实物也是少之又少。笔者玩玉数十载，在坊间的古玉器藏品中曾偶见一些类似古代工艺的砗磲制品：如齐家文化的砗磲人形器、三孔刀；汉代的砗磲贝币和人首鸟身佩等。但大多数人不以为然，少有收藏。现存于广州博物馆的西周砗磲管可能是目前学界认定的我国玉文化史上最早的砗磲制品。四川汶川、理县、茂县的羌民族生活区出土的砗磲古珠，是目前数量最大的有考古记录的古代的砗磲制品。史学家认为：以白色为表征的多神崇拜是羌族原始宗教的显著特点，并从两千多年前战国时期传承至今。古羌人对当地所产的"龙溪玉"视而不见，对来自几千千米外的、白色度最高的砗磲却情有独钟，将其琢磨成珠，用以佩挂或装饰，成为中国古珠史上的一个特例，值得探究。

"玉化砗磲"有人比喻为是"海洋里的和田玉"。材质虽佳，但取不出大料，只能雕些小摆件和文玩类玉器，更多地是琢成手镯和珠子类的东西。清代是砗磲利用的鼎盛期。"六品官砗磲顶"（《清史稿·本纪》）。藏传佛珠多砗磲材质，有的还包铜或用绿松石、红珊瑚镶嵌出神秘的佛家符号，认为"使用砗磲佛珠念经可得数倍功德"。现存中央民族大学博物馆的清代"麻布贯头贝珠衣"，在其对襟、下摆等处缝满了成串的砗磲小贝珠，计六万余颗，重十来斤。这是台湾高山族最华丽贵重的服饰。当代收藏圈里也涌动着一股追捧砗磲工艺品的暗流，海南潭门是我国砗磲开采、加工和销售的最大集散地。

洁白的砗磲，虽其在历史长度与文化内涵上稍逊一筹，但从其产地的特殊性和民族化的视角分析，窃以为它可忝列于中国玉文化传统玉材的范围。

玉都岫岩

倘若在国人中作一个"中国玉都在什么地方？"的问卷调查，兴许百分之九十五以上的人都会不假思索地回答："新疆和田。"问卷人说："错，正确答案是辽宁岫岩。"

我国自古有许多出产玉石的地方。千百年来素有"玉石之都"美誉的新疆和田几乎是家喻户晓，评为"中国玉都"似乎没有悬念。可是辽宁岫岩却以其产量之大、用玉历史之悠久的独特优势，出乎意料之外却又在情理之中地夺取桂冠，2007年在北京人民大会堂举行了"中国玉都"的命名仪式。

岫岩满族自治县位于辽东半岛的北部，在其4500多平方千米的土地上层峦迭嶂，河流纵横，有着极丰富的矿产资源，镁矿储量世界第一，岫岩玉矿储量中国之首，现玉料年产量占全国总数的近七成。岫岩玉是中国玉文化史上最古老的玉材，内蒙古兴隆洼文化遗址发现的一批玉器，现知大多数用岫岩玉琢成，中国玉雕工艺由此肇始。

岫岩玉素以单体硕大无朋著称。20世纪60年代初在东山露天采矿场的地层下掘到一块色彩斑斓、无杂质绺裂、玉质极佳的"玉石王"，重260多吨。周恩来总理闻讯后，专门作了保护国宝的批示。限于当时运输能力等原因，经过了33年的漫长等待，"玉石王"才得以"起驾"，落座鞍山，并于1995年雕刻成高达33米的"世界第一玉佛"，现身"玉佛苑"。正面为结跏趺坐的释迦牟尼、背面为手执净瓶的渡海观音。臻善臻美的工艺，极尽巧雕之能事，凸显出斑斓的玉色，使玉佛更显庄严殊胜。此后未几，又在岫岩山谷里发现了一块高25米，重达6万吨的巨型玉体。据悉地方政府拟投入数亿资金，就地雕琢一组讲述佛经故事的佛像群体，建成一个集园林、岫岩玉雕为主题的旅游景点，向世人展示中国玉文化史上空前绝后的恢弘巨作。

从鞍山去岫岩镇不过百十千米，一个名符其实的玉的世界，映入眼帘的全是玉器批发市场和加工作坊。岫岩玉雕始于清道光，有条玉石街，雕技出众的要数江保堂为首的"八大匠"。岫岩玉雕以素活见长，民国时期李得纯做的"素活李"玉器较有名气，常见的小型素活件有杯、壶、炉等，但发展缓慢，直至20世纪80年代素活工艺始入鼎盛期。1985年在第五届中国工艺美术品"百花奖"评比中，通体碧绿、纯洁无瑕的"华夏灵光塔薰"膺获金杯奖，成为当代岫岩玉雕的素活杰作，国家玉雕珍品。

素活工艺难度极高。在选料上注重因料施工、剔脏去绺、巧用俏色。器物造型上讲究平稳对称、圆润光滑、华贵典雅，是中国传统审美观在玉雕艺术上的完美体现。发祥于辽河流域的红山文化玉器大多光素无纹，也属素活。在空白了近五千年后才出现的岫岩玉雕，却还以素活闻名。两者工艺上的共性是偶然巧合，还是有着某种启迪和传承，史籍上未见记载，尚待研习探究。

笔者发现：岫岩的玉真多，多得连温泉池的四壁也常用绿色蛇纹石玉垒砌；岫岩的玉真多，多得使人担忧。玉器店里少见精品，粗劣的玉雕件琳琅满目。蛇纹石玉的手镯、吊坠和佩饰等标价仅数元，批发还可打折，不知工价几何，玉器竟贱到蔬菜价。这不啻是岫岩玉的悲哀，也是对中国玉都名声的亵渎，我们无言以对。若要"将努力把岫岩打造成中国最大的玉雕艺术品集散地，中国玉文化研究中心"，那么就请珍惜岫岩不可再生的玉矿资源吧！莫蹈新疆和田"玉河之殇"的覆辙，莫要暴殄天物，限量有度地开采，忌大批量生产，走精品路线，让玉雕工艺品提升到合理价位，或许是一帖医治的良方。

岫岩玉雕已被列入我国第一批非物质文化遗产名录。多年前开始举办岫岩中国玉文化节，设立了玉雕"玉星奖"，旨在激发全国玉雕艺人的创作热情，把岫岩打造成全国玉雕人才的培养基地，推进玉雕产业的发展。期待着根植于深厚玉文化土壤里的岫岩玉雕，不断汲古创新、博采众长、彰显北方玉雕古朴大气之风。

初到和田

玩玉的人，对于"玉石之都"和田是一生中必须要去的地方。这座位于新疆最南端的历史文化小城，汉以前生活着欧语系、藏语系及羌、月氏等古老的土族人。汉代即称"于阗"，是西域三十六国之一，丝绸之路南道重镇。公元前一世纪佛教由印度传入，曾有过辉煌的佛教文化，历史上的一些著名高僧，譬如晋代法显、唐代玄奘等都云游来此弘扬佛法，至今尚能见到丰富的佛文化遗迹。明末清初始谓"和阗"，20世纪50年代改称"和田"，80年代初建立县级市。

怀着一睹和田风貌的宿愿，十几年前的一天，我从乌鲁木齐坐了一夜火车，清晨甫抵库尔勒，便随着接站的朋友，驱车穿越世界第二大沙漠——塔克拉玛干沙漠，直奔和田。沙漠公路很窄，随着沙丘起伏不平，左右都是风吹堆积的砂土。公路两旁的沙漠中种着幼小的沙生耐旱植物，有十几排黑色橡胶管沿路伸展。在每棵植物边，都有一个出水孔，夜间泵房抽水，点点滴滴地浇养植物。这是节能的"滴灌"技术，幼苗成活后，就可以用根须从沙漠深处汲取水分。途中仅有一个驿站，来往车辆旅人可在这儿加油、补水，吃拉面和大盘鸡，只是价格都比城里贵。

车到和田已是晚上八点光景，下榻于市中心团结广场的一个小酒店。晚饭后欲去广场附近的和田玉铺看看，虽然此地比北京时间晚两个小时，可商店都已关门打烊，啥也没看到。广场一带灯不亮，人稀少。有座巨大的毛主席亲切接见库尔班大叔的雕塑，小学时就知道这个故事了。西南一隅，见到一块石碑，外部垒砌似城墙垛状，顶端插有五星红旗。石碑上赫然用小篆刻了八个大字："五星出东方利中国"。我们的祖先很早就认识了太阳系中的金、木、水、火、土五大行星。长沙马王堆三号汉墓里出土了一部帛书《五星台》，详细记述了五大行星的运行规律和相应的占卜内容。认为五大行星同时出现在东方时，是大吉之天象。大沙漠腹地有个被称作"东方庞贝"的尼雅遗址，1995年10月在一座汉晋夫妻合葬墓中，出土了一块棉织护臂，在色彩艳丽的图案中用小篆绣有"五星出东方利中国"的文字，与"五星红旗""中国"暗含，令世界震惊。专家分析，建国初选择五星为中华人民共和国国旗的图案，肯定是有深刻寓意的，五星红旗被国际权威旗帜专家定为世界上最好的国旗之一。现这块棉织护臂已被列为64件不得出国巡展的国家重宝之一。

回到酒店的大堂里小憩，墙上挂着一幅毛泽东《浣溪沙·和柳亚子先生》的书法，不少游客在听一个当地的导游娓娓讲述与此有关的故事。

在和田地区驻扎有一支出生在井冈山，长大在南泥湾，转战大西北，最后屯垦戍边昆仑山的人民解放军英雄部队。1949年7月，该部队某团的1800名官兵，为争取时间，舍远道而取近路，穿越死亡之海的大沙漠，进军和田，平暴剿匪。创造了我军沙漠日走90华里，用17天时间，徒步1580华里的急行军纪录，受到了野战军最高领导的通令嘉奖。次年国庆观剧，毛主席引此战例，欣然命笔，写下了"一唱雄鸡天下白，万方乐奏有于阗，诗人兴会更无前"的壮丽诗篇。这个团的全部官兵从此就在和田落地生根，一辈子也没离开半步，直到离休。在穿越沙漠五十周年纪念日前夕，兵团党委来慰问，听取他们的要求。有的说至今再没有到过和田，可不可以去看看？有的说从未坐过火车，能不能去坐一趟？后来兵团就组织这些健在的老兵集体乘机去乌鲁木齐观光旅游。听罢，不禁动容。

现学界对和田玉产状，除山料、山流水料和籽料外，又增加了戈壁玉。这是一种新发现的沙漠砾石，是古河床的玉石籽料暴露在戈壁滩上，经风吹雨打、日晒冰冻，亿万年而成，外有磨蚀痕，硬度大，有些玉质优于和田籽料。

翌晨，在朦胧中我们轻轻地走了。初到和田，到了离和田玉最近的地方，却没有见到一块和田玉，不免有些怅然。然而却听到了一则关于将五星红旗升起来的共和国英雄的故事，他们功勋卓著，却默默无闻，一无所求。他们具有玉石般的高尚品德，是散落在亘古荒漠中的戈壁美玉！

又见和田

再次去和田，那是不久前的秋天。在团结广场一带努力寻找旧时的记忆，只有毛主席亲切接见库尔班大叔的雕像和"五星出东方利中国"的石碑依然矗立在原处。阔别十多年的和田早已面目全非，老建筑几乎都没有了，就连当年下榻的小酒店也不见踪影，代之以一座拔地而起的豪华星级酒楼。四周全是高楼大厦，东面为热闹非凡的商业区，其间有许多大大小小的和田玉专卖店，不乏令人养眼的好玉石，只是价格也贵得让人乍舌，应了"产地的要比非产地贵"之商业怪象。昔日和田人"赶着毛驴出门"，而今有了钱的和田人都喜欢买车，只见路上车水马龙，红男绿女，一派繁荣盛景。

这些年来和田市政府不仅利用得天独厚的玉石资源，发展经济，富裕了百姓，而且更在弘扬玉石文化上下功夫做文章，对和田市建设有个整体打造规划。尤其是自 2003 年始，创办起一年一度的玉石文化旅游节，吸引了国内外八方宾朋。在玉龙喀什河边的玉河广场上，筑起了一道高三点三米、长达九十米的和田玉文化墙，颇具特色。玉石文化墙以汉白玉石材砌就，正面塑以高浮雕图案，背面撰以文字释意。其撷取了中国玉文化史上十九个代表性场景，生动形象地展示了和田玉的灿烂历史。如屈原吟诗图、于阗人昆山采玉图、玉石之路——和田玉出入中原示意图、玉龙河官采图、穆天子载玉东归图、唐代于阗王遣使献玉带图、清代官采山玉图、乾隆书赞和田玉图等。

玉石文化墙的最后一幅图是"和田玉集市"。集市的维语称"巴扎"，和田玉集市当地称"玉石巴扎"。据史学家考证，和田的玉石交易活动在两千多年前的战国时期就已出现。《管子》中的"禺氏之玉"，就是以售玉部落"月氏"（谐音）来命名的。听说在 1985 年前，和田还没有玉石巴扎，都是私下交易。改革开放后，经济搞活了，才出现了玉石巴扎。这趟终于有机会去看了几处，时下大抵每周有两天玉石巴扎。一天是周五，恰逢当地维吾尔族百姓从大清真寺做完礼拜出来，就聚集在大清真寺前的广场里，取出随身携带的玉石，相互欣赏比斗，交换和买卖，一些玉贩也参与其中，久而久之便成集市。还有一天是周日，正巧是当地的赶集日。市里好几个大集市里都有玉石巴扎。那里的摊位较多，质差的大原石铺块塑料布堆在地上；稍好一点的玉石用清水养在塑料盆里；最好的用纸包着，揣在怀里或锁在身边的箱子里。常会碰到一些小玉贩子，手握几块玉石，闷声不响地四处兜售，当地朋友提醒不买不要乱询价。此处玉石鱼龙混杂，真假难辨，常有巴基斯坦玉及俄料、韩料，甚至还有粗看极似白玉的人造乳化玻璃混杂其间。这里的买家主要是不太懂行的外地游客。

尚有个被笔者戏称为"一线玉石巴扎"，其在玉龙喀什河洛甫县总闸口处的两岸，几乎每天都有交易。前几年"挖玉大战"时，人气极旺。来自天南海北的玉石商到新疆进货，首选此地。在这儿可以直接从挖玉人手里买到玉石，价格也相对便宜，且他处的假冒玉石也少有出现。不过要想买到极品和田玉，还得悠着点，买卖双方都不会轻易出手，且多做熟人生意。玉石摊位沿河岸延伸，有三四里长，人群熙攘，来回走走看看，要用小半天时间。笔者替同游者选了三块只有指甲大的小白玉籽，花了三千多元还算是便宜的。自己却一块没买，无非感受一下氛围而已。巴扎里面也有卖吃的，烤羊肉、手抓饭、肉包子等风味小吃应有尽有。尝过"烤三蛋"，即是用木炭灰烬煨烤的鸡蛋、鸭蛋和鹅蛋。熟了剥壳，撒上孜然、辣椒粉、细盐等调料，别是一番滋味。

夜幕降临，华灯初上。团结广场成了市民的休闲中心，有许多中老年妇女随舞曲瑞彩翩跹，透着古韵。孩童们在边上玩皮球，耍轮滑。仰望天穹，月朗星稀。地上灯光、天上星光相映成辉，如同置身内地一般。这里的瓜果很好吃，甜得让人心醉。和田，中国玉文化里的第一都市，愿你明天更加美好！

玉雕之乡

镇平是中国的玉雕之乡，其位于豫西南腹地，辖于南阳市。"南阳有豫山，山山出碧玉"（北魏郦道远《水经注》），此山便是伏牛山东部余脉的独山，所出之玉谓独山玉或南阳玉。其色多绿、白、紫，其中最佳者碧如翡翠，业界称"南阳翠"。

独山玉是中国玉文化史上的传统玉材。近二十年前，在距今六七千年的南阳黄山新石器遗址发现的斧、铲、镰等玉质工具，经检测和考证是现知最早的独山玉雕琢品。安阳妇好墓出土的大量玉器中也有用独山玉制成的。秦时独山玉佩饰在皇宫中流行，李斯《谏逐客书》中提到的珍宝"宛珠之簪"，就是用南阳（宛是南阳的简称）玉珠镶嵌的发簪。东汉科学家、南阳人张衡在《南都赋》中赞誉家乡美玉"其宝利珍怪，则金彩玉璞，随珠夜光"。有专家从史料中推断：独山脚下的沙岗店村，秦汉时称"玉街寺"，乃是加工销售玉器的遗址故地。《镇平县志》记："元明时代，玉雕技术、玉雕工艺由北京、苏州等地传入中原腹地。"清末民初是独山玉雕刻的鼎盛期。20世纪初，当地玉雕艺人仵永甲以其精湛雕技和奇特构思成为独山玉雕刻史上的百年领军人物。

镇平玉雕用材从不拘泥于独山玉，素来是因雕选材、因材施雕。有昆仑玉、岫玉、玛瑙、翡翠、孔雀石、水晶、绿松石，还有俄罗斯玉、阿富汗玉、马来西亚玉等几十种玉材。1914年镇平一批销往海外的汉白玉雕件如：玉镜、玉挂屏、玉帽架、玉桌面和玉椅面在美国旧金山的万国商品展销会上成为洋人喜爱的抢手货。

镇平玉雕博采南北之长，苏扬派的婉约细腻和京津派的雄厚豪放浑然一体。近半个多世纪来，镇平玉雕不乏引人注目的珍品：如陈列于北京人民大会堂的翠玉"九龙花薰"、被中国美术馆收藏的独山玉雕"鹿鸣同春"以及获得工艺美术"百花奖"的双层转动翡翠特大花薰"哪吒闹海"等。1999年澳门回归祖国时，河南省政府赠给澳门特别行政区的"九龙晷"，重500多千克，其是在一块优质独山玉上用浮雕、透雕、镂空线刻等技法雕成。中间是一个磨盘状的古代天文仪日晷，其下四周九龙回旋，呈现出绿、紫、黑、白等斑斓色彩，形韵具佳，生动表达了河南人民庆贺祖国昌盛、民族团结、九九归一的喜悦心情。

镇坪在本世纪初建起了我国第一座中华玉文化博物馆。颇具现代风格的乳白色建筑，作S形的布局。共有玉史长廊、玉作坊、玉石大观、大师榜、精品园六个展区。向世人展示了中国历代琢玉工具、玉雕工艺流程、世界各地的玉石标本、史前历朝的古玉器和当代镇坪玉雕精品。入内参观，当地年轻的女讲解员出于对故里美玉的爱怜，总会如数家珍地向游客宣传：千古名玉和氏璧的材质有可能是独山玉。笔者以为此乃和氏璧材质之争中的一家之言。此观点认为和氏璧是隐于璞中的美玉，独山玉在战国前已经开采，其主要矿物成分是斜长石，外表也易风化成璞。史料中有说和氏璧"正而视之色碧，侧而视之色白"，独山玉也显现出如此特征。还推测卞和可能就是镇坪人，因南阳曾是楚国重镇，至今镇坪附近还有卞庄、和营两个自然村，两个生僻的姓氏如此巧合凑在一起，必有个中原因。

古老的伏牛山深处流出一脉水，叫赵河，赵河缓缓淌过镇坪，在此汇成一个湾，现成了"玉雕湾"。"村村尽闻机器响，家家一片琢玉声"，曾经洗濯过秦汉玉器的赵河水呵，而今又见证了镇平玉雕的兴旺繁荣。始于1993年的"中国镇坪国际玉雕节"，每年都吸引了来自天南海北和世界各地的众多商客。时下镇坪是我国最大的玉雕生产加工集散地，并因此荣膺文化部颁布的中国城市新锐名片。评选组委会纵观镇坪玉雕的历史和发展，给予高度评价，一锤定音："玉雕之乡，名归实至。"

走近格尔木

格尔木又称噶尔穆,蒙古语意为"河流密集的地方"。其地处青藏高原腹地,平均海拔2800米,雄踞世界屋脊,是我国地域最大的县级市,辖区面积12万平方千米,与福建省相当。昆仑山和唐古拉山横贯全境,古为羌地。现是青藏公路、铁路的重要枢纽。20世纪90年代初,在距格尔木不远的昆仑山脉中发现了储量丰富的透闪石玉矿,以往不太引人注目的格尔木随着格尔木玉(业内多称其为青海玉或昆仑玉)而声名鹊起。

那些年头,格尔木市为发展经济,动员百姓进山找矿。当地蒙古族群中祖祖辈辈流传:在昆仑山中有五彩斑斓、取之不尽的宝藏。1992年郭里穆德乡的几个村民外出放牧时,在离格尔木一百多千米的三岔河附近一个叫"万宝沟"的山上,发现了山坡里稀稀落落散落着一些美丽的石头,拣来送检,结果令业界大惊,蕴藏于昆仑山中亿万年的宝藏格尔木玉终于重见天日。人们相信"万宝沟"绝不是徒有虚名,兴许就是远古先民对其后世子孙的某种暗示。此后几年又在格尔木周边相继发现了纳赤台、野牛沟及拖拉海西沟等玉矿。

格尔木玉透闪石成分与和田玉相同,颜色以白玉、青白玉和青玉为主。玉质细润,产出块度大,少数可达"羊脂白玉"级。还有一种白玉,其上常有绿色,业界称"白挂翠",唯格尔木玉独有,乃为极品。如与和田玉相比,只是油脂感和质感度稍逊。格尔木玉不仅以其巨大的白玉产量、优良的质地和较为便利的开采条件,成为二十多年前轰动中国玉石市场的一件大事。而且也诠释了过去的一些学界疑问,如一些地质专家曾从昆仑山的地质构造及和田玉形成地质条件推断:透闪石玉矿应沿着地质带向昆仑山东端延伸,现在得到了印证。又如格尔木玉矿有一种特殊的产状,业界称为"皮料"。其是散落在矿脉附近山体土层表面、以独立状态存在的残坡玉石。有黄皮和黑皮,玉质堪与和田山流水料媲美,当年发现者捡拾的就是"皮料"。1956年在三岔河地区新石器遗址中有一种玉质精美的"刮削器",当时大多认为其源自新疆和田玉。1971年在当地另一史前遗址中发现有个陶罐中装着些奇特的小玉石,考古学家不知其为何物。现在难题都迎刃而解,这些玉石都属格尔木"皮料"。

格尔木玉有着悠久的开采历史。距今四千多年前我国黄河上游的齐家文化、马家窑文化、喇家遗址和都兰古墓等处,都发现了用格尔木玉雕琢的玉器成品和半成品。十几年前笔者多次去过甘肃兰州黄庙古玩市场,在一个有着鹰般锐利眼睛的维族老汉店里,买过几件齐家文化玉斧,五六厘米见长,上端厚且中间有个对打孔,下端薄而起刃,玉质缜密温润,有白色和青绿色等,手感很沉,是玩玉者极爱的佩挂之物。老汉见笔者来了几趟,专拣玉斧买,并对其材质赞叹不已,不仅给识货者报了个优惠价,还颇为得意地轻声一句:"地方料,不会输给和田的。"是的,地方料，不会输给和田的地方格尔木料！

　　曾在昆仑六月雪好景观的季节里，随朋友从格尔木驱车向南 160 千米，来到昆仑山口。抬望眼，雪山冰川高耸入云。东有玉虚峰，传是玉皇大帝妹妹玉虚女神的居处；西有玉珠峰，传是西王母女儿玉珠公主的化身。姐妹双峰在群山簇拥下，银装素裹，分外妖娆。山下那大片冻土层的草甸上，开满鲜艳的野花，迎风摇曳，煞是好看。朋友告知离此地不远的昆仑河源头的黑海，就是西王母宴请众神仙的"瑶池"。凝望着在阳光下闪烁着奇丽虚无色彩的冰川雪山，只觉得眼睛有点花，思绪也变得缤纷缥缈起来：昆仑女神西王母 2700 多年前赠与周穆王的八车玉石里，尚有格尔木玉乎？

喀什印象

喀什让人迷恋。它地处新疆的西南边陲，是世界上离海洋最远的城市，维吾尔民族的聚居地，占城市人口的百分之九十，古称"疏勒"，是一个多民族文化的历史都城。

每当提及喀什，首先想到的是"香妃墓"。近二十年前的一部《还珠格格》电视剧，让乾隆皇帝的爱妃红火了起来。相传这个通体散着幽香的维族女子，身处京城，但割舍不了对故土的眷恋，死后用马车历时三年，灵柩运回故里，葬在了伊斯兰教白山显贵阿帕克和卓及其家族的陵园。这座陵园充满浓郁的伊斯兰建筑风格，如宫殿般华丽。香妃墓丘上用蓝色玻璃砖垒砌，上面覆盖了各种图案的花布。有说此处只是衣冠冢，但已不重要，前来瞻仰的游客络绎不绝。

还会想到艾提尕尔清真寺，是中国最早和最大的清真寺。每逢穆斯林节日，前来做礼拜、朝觐的常有几万人，最多一次达到十七万人，寺里寺外被挤得水泄不通，故被誉为中亚的"麦加"。

喀什的新城区也是十分现代化了的，高楼林立，热闹非凡。但游客更喜欢去房屋破旧、满眼黄色的老城。那儿街巷纵横交错，曲径通幽，如入迷宫。还喜欢离老城不远的"高台民居"，千百年来，世代维吾尔族人在四十多米高的崖坡上筑起栖身之处，层层叠叠。在这里能见到最具地方特色的羊皮鼓店、土陶作坊、铁器铺、箱子铺和乐器铺，还有令人眼花缭乱的民族佩饰店。它们的杂乱无章和缤纷色彩，与老街的呆滞灰暗形成了强烈对比，又在充满诱人烤羊肉和孜然的香味里，被无比和谐地融为一体。

可是，几乎很少有人知道喀什还是中国玉文化历史里一个不能被遗忘的地方。喀什地区盛产玉石。"莎车国有铁山，出青玉"（《汉书·西域传》）。"去叶尔羌二百三十里，有山曰米尔台搭班，遍山皆玉，五色不同"（清《西域见闻录》）。叶城、莎车一带的密尔岱玉矿，与邻近的和田地区诸矿，共处一脉，玉石质地完全相同，以出产高品质、大块度玉料著称。北京故宫博物院收藏的国宝山子"大禹治水图"的玉料出于此矿。昆仑河之正源叶尔羌河从这儿流过，其是新疆的著名玉河，所产玉砾"大者如盘如斗，小者如拳如栗"。民间有"此河盛世出大块美玉"的传说。十年前在上游发现了一块重 3.7 吨的青玉，温润无瑕，呈扁平状，恰似一只昂首望天的大青蛙。业界评论这是近年来采到的最大最好的一块玉料。

喀什的步行街里就有许多玉石专卖店，还见到好几家店里有"祖母绿"宝石的戒指和坠饰卖，甚是诧异，这种绿柱石宝石一般认为是西方人的东西，怎么会在中国的玉石专卖店里卖。店主告知本世纪初在喀什地区的达布达尔乡海拔六千米的雪山上发现了这种宝石，当地人过去不知其为何物，谓之"绿色的玻璃"。国际宝石专家称这里是亚洲储量最大、质量最好的矿体。东方中国人尊崇的玉石与西方人宠爱的宝石同在喀什出产，莫不是大自然的造化，天工作美撮合，让喀什显现与和田别样的风采。

艾提尕尔清真寺附近的一些居民家，敞开着门，门槛后堆着不少待沽的玉石原石，大多为青玉、墨玉，都是在叶尔羌河水浅之时，去砾石滩中挖拣来的，价格只有专卖店里的三四成。笔者曾在那里买过几块巴掌大的墨玉籽料，其中有一块还是白玉底张的。后来大多送给了几个搞书画的朋友做了镇纸，留下一块置于案头，当玩石。每每抚摩，便会忆起喀什的风土人情和一些玉石的故事来。

喀什的全称是"喀什噶尔"，古突厥语中"喀什"意为"玉石"，"噶尔"意为"地方"。喀什在汉唐时是丝绸之路南道的枢纽，具有"五口通八国，一路连欧亚"的区域优势，是东西方文化的荟萃之地，自古就是和田玉的出产、集散地，中外商贾在此进行玉石交易，非常繁荣。也许是国人言玉必称和田，使喀什名字有点逊色，也许是这里太多异域风情的薄纱遮掩了其玉石般的容颜，现正是"掀起了你的盖头来"的时候了。

2011 年 9 月，喀什在上海举办了文化周活动，以"喀什噶尔——玉石聚集的地方"为主题，向世人展示了其绚丽多彩的玉石文化。现喀什正在传承历史，创办中国最大的和田玉交易市场，让喀什真正成为一个有着异域风情的、名副其实的玉石城，重拾玉文化之历史辉煌。

史前玉文明

史前玉文明是中华民族在历史发展中形成的一种独有的审美观念和文化现象，是中华文明的基石，是区别于世界上其他民族文化的符号。社会发展史的观点认为：社会文明的标志是城市的出现、文字的产生和国家制度的建立。中国的史前玉文明是社会文明前的曙光，最先照亮了中华大地。

中国的史前玉文明之光普照于整个新石器时期。大抵可将最具代表性的玉文明遗址划为三个时期。

早期（距今 8000—6000 年）有七处。兴隆洼文化：分布于内蒙古敖汉旗的兴隆洼、辽宁阜新的查海等地；新乐文化：分布于沈阳新乐周围；仰韶文化：分布于陕西渑县仰韶村周围的黄河中游地区；裴李岗文化：20 世纪 70 年代发现于河南新郑裴李岗；大汶口文化：1959 年发现于山东泰安大汶口和宁阳堡头村一带；河姆渡文化：1973 年发现于浙江余姚，分布于长江中下游地区；马家浜文化：1959 年发现于浙江嘉兴。

中期（距今 6000—5000 年）有五处。红山文化：1935 年首次发现于内蒙古赤峰红山，分布于内蒙古和辽宁等十九处，是兴隆文化的发展和继续；凌家滩文化：1985 年发现于安徽含山凌家滩；青莲岗文化：1951 年发现于江苏淮安青莲岗，分布于江苏新沂花厅、苏州、常州等长江和淮河下游地区；大溪文化：分布于四川巫山大溪一带；屈家岭文化：分布于湖北京山屈家岭的江汉平原地区。

晚期（距今 5000—3000 年）有七处。龙山文化：因 1928 年首次发现于山东章丘龙山镇而得名，分布于黄河中下游的山西、陕西、山东、河南、湖北和江苏北部地区；良渚文化：1936年发现于浙江余杭，主要分布于江苏南部、浙江北部的太湖流域，是马家浜文化和河姆渡文化的延伸；齐家文化：1954 年发现于甘肃和政县齐家坪，分布于大夏河、渭河上游；石家河文化：最早发现于湖北天门石家河，分布于长江中游地区；石峡文化：因广东曲江石峡遗址而得名，分布于北江、东江中上游地区，有些玉器如琮等具有良渚文化特征；卑南文化：1980 年发现于台湾台东卑南乡南王庄北侧，是台湾目前发现的最大最完整的史前人类遗址；卡若文化：位于西藏澜沧江地区，是我国海拔最高的史前文化遗址。

中国的史前玉文明北至辽宁，南到广东，东抵台湾太平洋西岸，西达青藏高原，在辽阔无垠的疆域上遍地开花，或花团锦簇、争奇斗艳，或星星点点、淡雅宜人，无与伦比的壮美。玉文明的源头在东北，黄河和长江流域的玉文明高度发达，并渐向四边辐射。由于社会生存发展条件和玉石矿产资源的差异，各地区玉文明的程度也不尽相同。如同属晚期的玉文明，良渚文化和齐家文化遗址里出了许多精美玉器，而卡若文化出土的玉器仅是少量斧和璜。又如最早的史前玉文明兴隆洼文化至少有八千年历史，而最晚的卑南文化只有三千年左右。从史前玉器的出土情况分析，早期以珠、管、环、玦、坠、指环、镯等小型饰物为多，还有玉质工具，如刀、斧、铲、凿等。中期以后出现琮、璧、璜等礼器和形态各异的人物、动物圆雕件。晚期已有了掏膛工艺的玉器皿。

作为社会文明标志之一的国家的"国"字，有古文字学者考证：历史上正体写法有四十多款，但构形表意功能上最有特点的是繁体的"國"，后汉时出现从口从王的"囯"，宋元后始有从口从玉的"国"。20世纪50年代开展汉字简化运动，要从"囯""国"两个字中遴选一个简化字，一开始有多种观点，正在犹豫不决时，郭沫若先生一锤定音，提出用"国"字，并动情地说要像珍爱玉一样珍爱我们的祖国。"国"字原有"普天之下，莫非王土"之寓意，造"国"字时不知有何蕴含？似可诠释成"普天之下，皆是玉土"，既与玉文明史实相符，又让两字呼应，岂不妙哉。

灿烂的史前玉文明，辉煌的中国玉文化。

探本穷源史前玉器

中国有八千年的玉文化史，这是目前学界共同认可的不争事实。20 世纪 80 年代中，在内蒙古敖汉旗的兴隆洼、辽宁阜新县查海等地发现了大量史前人类定居生活的村落遗址，经碳 14 测定时间约在距今 8200—7400 年之间，被称为兴隆洼文化。在遗址的一些居室墓葬里陆续出土了大量玉器，以装饰品为主，如玉玦（多为扁平圆环形，其间有一缺口）、长条形玉坠等。玉质细腻、硬度很高，大多是透闪石玉，说明兴隆洼先民不仅有对生活美的追求，而且已经懂得将玉材从石头中分离出来。兴隆洼文化的玉器是迄今为止考古发现的最早玉器，中国八千年玉文化史的说法由此而来。

笔者管见兴隆洼文化玉器不是中国玉文化史的终极源头，似乎还可溯流而上，探本穷源更早的史前玉器。理由有三：

其一，玉文化的萌芽期应是玉石不分的。先民们从生活居住周围的河滩、山谷处就地取材，捡拾一些有美丽色彩和坚硬质地的砾石来加工工具和装饰品，此时玉石材质比较庞杂，属于"彩石玉器"期。而兴隆洼玉器的材质较单纯，几乎全是透闪石、阳起石的软玉，即"真玉"。

其二，兴隆洼玉器的工艺水平较高，已非初级阶段。软玉硬度很大，加工困难，在没有金属工具的时代，采用某些软性或硬性材料作切割工具，以解玉砂加水为介质，开料、雕琢、抛光，有的还须打孔。许多玉玦加工极精致，在兴隆洼第 135 号墓葬出土的一双玉玦，玉晶莹剔透，工艺精湛，单个称重 30 克，几乎分毫未差，足见加工技艺很成熟。此时手工业应已与农牧业分离，部落里有专门从事雕琢玉石器的工匠。

其三，考古证实在东北地区夷玉文化板块的大范围内，已有更早玉器发现的案例。1930 年在今俄罗斯西伯利亚的贝加尔湖畔的布列特和玛利塔两个旧石器晚期（距今 24000 年左右）遗址中，发现了玉器工艺品。有细条形女神像、璧形饰、三角形饰、长条形坠以及珠子等。其材质有透闪石玉、蛇纹石、方解石和煤岩、片岩等。玉器以饰物居多，有的钻有小孔和锯出细槽。工艺粗犷，极有古拙原始之风。

贝加尔湖周围有着丰富的玉矿资源。如东萨彦岭的基托伊河与乌里克河两处透闪石玉矿、外兴安岭维季姆河的透闪石次生玉矿，此三处玉矿至今仍在开采，并大多输入我国，就是业界所称的"俄料"。俄罗斯西伯利亚贝加尔湖的两个史前遗址发现的玉器，在极其远古的年代与我国东北地区夷玉文化板块是否有着某种联系，尚不得而知。

国内有个著名玉文化学者曾十分自信地推断，中国应有一万年以上的用玉史。笔者充满钦佩地表示赞同，并沿其思路展开：一万多少年呢？"以上"的时空实在有点大。1981 年在辽东鞍山海城市东南的小孤山仙人洞，发现了距今一万两千年前的旧石器晚期文化遗址。在出土的上万件打制石器中，绝大部分采用脉石英砾石或其他岩石做原料，只有极少数用闪长岩、石英岩的玉石制作，其中有三件砍斫器，其颜色呈深绿色，经测定砍斫器的材质、硬度等都与岩境内细玉沟的老玉（透闪石玉质）相同，细玉沟与小孤山仙人洞仅一岭之隔。生活在小孤山周围的史前先民打制石器时，就到附近的山上或河边去寻找"美石"，无意之中发现了几块石头，颜色漂亮，硬度也好，于是就将其打制成砍斫器。当地先民的无意之举，却给中国玉文化史的研究出了一个值得探讨的课题。

综合各种因素和考古资料分析，窃以为：史前玉器的源头是多元的，玉文化发展的进程不尽相同，有共性也有差异性。既然已知我国史前玉器最早的源头在东北地区的夷玉文化板块，那么比其更早的玉器也只有在此地区范围内才可能被发现。只不过这个预料中的发现，也许会有某种巧合与偶然。

推测比兴隆洼有更早的史前玉器出现之时，手工业也许还未完全独立，琢玉技能虽不高，但必须是磨制的。玉器材质较杂，大多为装饰用玉。器型偏小、型制简单、风格粗略。其或许可追溯到新旧石器的交替时期，中国玉文化史的上限大约有一万两千年左右。

说"玉兵时代"

在中国玉文化的研究领域里，学界有个"玉兵时代"（也有称"玉器时代"，以下略）之说。即认为在我国的社会发展史中，可在石器时代与铜器时代之间插入一个"玉兵时代"。此观点的提出源于东汉袁康的《越绝书》，并常引用以下文字为证："轩辕、神农、赫胥之时，以石为兵，断树木为宫室，死而龙藏"；"至黄帝之时，以玉为兵，以伐树木为宫室、斫地"。从"以玉为兵"一词中，许多学者因此还纷纷考证我国史前文化时期的玉兵器种类。多年前在陕西还召开过一个涉及玉兵文化的研讨会。笔者也参阅不少资料，学后有感，偶得拙见。

"以玉为兵"的"兵"，并非专指兵器，从以上引证的文字中已经可知。"断树木为宫室""以伐树木为宫室、斫地"。明明讲的就是造房子和锄地，用的是石制的和玉制的工具。找来《越绝书》，再把这段文字完整读下去："禹穴之时，以铜为兵，以通平伊阙，通龙门，决江导河，东注于海。治为宫室，岂非圣主之力哉？当此之时，作铁兵，威服三军，天下向之，莫敢不服，此亦铁兵之神，大王有圣德。"前半部分讲的是大禹治水和造房子，用的是青铜工具。后半部分讲的是袁康所处的年代，用铁质兵器打仗的事。在冷兵器的时候，工具和兵器初始是没有严格的区分，甲骨文的"兵"字，就是用手握住斧头的象形文字。

"以玉为兵"在考古上缺乏足够的证据。黄帝所处年代大约距今四千六七百年光景，晚于北方的红山文化，相当于南方的良渚文化时期。从近半个世纪考古出土的玉器来看，玉工具较多的只有新乐龙岗寺和大汶口等几处文化遗址，但均早于黄帝时期。当时作为工具的玉斧和兵器的玉钺在型制上大体相近，但从良渚文化出土的不少玉钺来分析，基本上无使用痕迹，大多作为权杖和礼器使用。这并非说没有"以玉为兵"的可能。玉要比普通石头硬度高，制成工具或兵器肯定更锋利和耐用。《越绝书》中，同样用工具开采树木，"以石为兵"称"断"，"以玉为兵"称"伐"，字意不同。"断"截也，多靠用力；"伐"砍也，多靠刃锋，效果显然后者好。东汉的袁康把其以前古人使用的工具分成石、玉、铜和铁四个阶段，此观点可能更多的是出于个人对玉器的直觉，而缺少考古上的支撑。

"以玉为兵"的"玉"为何种玉？世界各国的考古发现，生产工具的发展经历了三个阶段，即石器（又细分出旧、新两个时期）、铜器和铁器。这是人类社会发展的共同规律，自19世纪初提出后，得到了国际上普遍认同。如要让学界都认同"玉兵时代"，那么此玉必须是矿物学上的"真玉"（以阳起石、透闪石为主要成分）。现发现的史前玉器中，虽有"真玉"，且世界最早的兴隆洼文化玉器大多数也是"真玉"，但其仍不是当时用玉的主流。现知史前的玉器还是以"玉石"为主，是中国玉文化史上的传统玉材，业界也有称其是"彩石"，现更多称其为"美石"。其在矿物学上仍是石，"以玉为兵"本质上等同于《越绝书》中的"以石为兵"，理所当然只能归入石器时代，只是我国在黄帝时期使用了许多美石制的器具而已。

"以玉为兵"的时间有多长？石器时代是人类发展史上最漫长的时期，占了整个人类发展史的百分之九十九的漫长岁月。旧石器经过了两百多万年，新石器有一万多年，我国的铜器时代如从夏朝开始计算，到战国铁器的出现并普及，也有两千多年。社会历史发展至今还是铁器时代，也有两千多年了。如果"以玉为兵"时代的观点在考古上得到支持，证据成立并无争议，那么从黄帝到夏，只有短短六七百年时间，仅是人类发展史上的瞬间片刻，与其他时代无法相提并论，几可忽略。因此插入一个如此短暂的"玉兵时代"，兴许历史学家也会有异议的。

中国玉文化三段史

纵观中国玉文化八千年的历史长河，可分为三段，即上游的神玉时期，中游的王玉时期和下游的民玉时期。

神玉时期是指在史前文化期的四千多年这段历史。在生产力极其低下的原始社会里，先民们认识自然，适应自然的能力极弱，对自然界各种现象无法解释并充满恐惧，认为宇宙万物皆有神灵存在。而集宗教、神权于一身的部落酋长们，又极需借助一种实物载体来作为与神灵沟通的媒介，从而展示自己的威严，实现统治。于是就找到了凝聚天地山川、日月精华的玉器。

此时的玉器是一种图腾崇拜。史前社会对动物的崇拜是一种普遍现象，如北方燕山以北，大凌河以西辽河流域红山文化的"玉猪龙"。这种猪首蛇身，首尾相接，弯成圆形的玉器，便是最具代表性的。红山先民把变形了的猪类动物作为神灵来供奉。一些专家认为"玉猪龙"是龙的雏形，中华民族对龙图腾的崇拜或许源于此。

此时的玉器还是祭祀天地的一种神器。如太湖流域良渚文化的玉琮（近似方形，中间有孔的柱形玉器）和玉璧（圆形且中间有孔的扁平玉器）。觋巫在祭祀作法时，以苍璧礼天，执玉琮与天地沟通，传达神的旨意。玉器被赋予了神秘的宗教色彩，部落的力量因此被聚集，增强了适应自然的能力，推动了史前社会的发展。

王玉时期是指从夏王朝开始至唐末的近三千年这段历史。夏是我国原始社会解体后成立的第一个国家。其沿袭了酋长制的一些统治手段，玉器的作用被沿用并赋予了新的意义。从那时开始，玉器走下神坛，充当王权的工具。河南偃师二里头夏朝遗址出土的玉圭（长条形平首式片状玉器）等代表权力等级的玉器证明，夏开创王权玉器之先河。

周代规范了玉器等级森严的礼仪制度。"以玉作六瑞，以等邦国。王执镇圭，公执恒圭，侯执信圭，伯执躬圭，子执谷璧，男执蒲璧"。每逢朝觐，从天子到诸侯，各执不同玉器，以示地位身份。汉承周礼。唐代礼制略有改变，其以玉腰带来区分官职大小。玉腰带只有皇帝、亲王和三品以上官员才能系戴，从七片到十三片不等，片数越多等级越高。最能代表王权的玉器莫过于从秦代开始，上篆"受命于天，既寿永昌"的传国玉玺。玉玺代表天命，没有天命是不能当皇帝的，此后两千多年，历代皇朝为争夺和寻找此玉玺，发生了许多血雨腥风和光怪陆离的传奇故事。

民玉时期是指宋代以后的历史。此时用玉出现"双轨制"。帝王宗法用玉依然故我，民间生活用玉闪亮登场。"旧时王谢堂前燕，飞入寻常百姓家"。玉器终于摆脱皇室贵族的独家垄断，大量融入民间。坊间出现了玉铺，推动了琢玉业的兴旺，玉器作为一种特殊商品进入流通市场，成为士庶百姓喜庆、佩戴、日用和收藏的重要器物。

　　民间玉器宋代以文玩著名。明代越加世俗，各种佩饰、缀饰、串饰等小件玉器成为主流。清代以玉为饰更是普遍，还出现大量与金、银、竹、木等材质结合的玉嵌件。明清两代小玉器洋洋洒洒流传至今，市场多见。

　　如今国泰民安，琢玉业百花齐放，推陈出新。玉器市场十分繁荣，民间敬玉、爱玉、佩玉之风益盛。世上无一件玩物和藏品能像玉器这般雅俗相宜和"亲民"，赏玉、盘玉及侃玉等情景已成为国人茶余饭后、旅途闲聊等市井生活的一道独特风景线。

　　中国玉文化的历史长河啊，你奔流不息从远古走来，你充满魅力展现无尽的风采！

"王玉"之源

多年前曾写过一篇《中国玉文化三段史》的文章，谈到中国玉文化的发展经历了"神玉"（史前时期）、"王玉"（夏代至唐末）和"民玉"（宋代至今）三个阶段，齐家文化玉器是中国"王玉"之源。

我国北方的红山文化玉器风格就像写意画，大气流畅，南方的良渚文化玉器好似工笔画，精美细腻，它们虽共执史前玉器之牛耳，但却不是"王玉"的直接源头。因为近六千年前的红山文化的区域范围主要在燕山以北的辽河流域，从未有过扩张的痕迹，它在距今五千年时突然消失，后来的夏家店文化与其有一千年左右的时间断层，红山玉器从此毫无踪影，成为中国玉文化史的千古之迷。至于考古中在殷商妇好墓和两周贵族墓中发现多件红山玉器，那大抵是后世的收藏，与红山玉器造作技艺的传承无关。距今五千年前后的良渚文化的区域范围主要在江浙的环太湖流域，良渚族群在鼎盛期曾向外扩张，持续与其他部落发生冲突，经考证其对周边文化的影响，向北至山东、河南等地区。大约在距今四千年左右，受外来势力的侵入和气候变化、海水倒灌等诸多因素的影响，良渚文化也突然消亡，良渚玉器也随之荡然无存。良渚文化的核心玉器之一的玉琮，在我国的黄河、长江和珠江三大流域沿岸如甘肃的齐家文化遗址、四川的金沙遗址和广东的石峡文化遗址等均有发现，那可能是良渚人在后期向四处迁移时传播的，惜仅是玉琮而已。

在学界有"二里头夏都说"。在河南偃师的遗址中共出土了千余件玉器，以刀、铲、钺、璋等大件玉器为主，其中一件最大的是七孔玉刀，长65厘米，宽近10厘米，刀身最厚处仅0.4厘米，制玉技能之成熟可见一斑。如果此遗址是"王玉"的发祥地，那玉器品种一定会比较多，特别是玉文化中的核心玉器如璧、环、琮等必须是要有的。但至今未见考古出土，甚至连玉珠、玉坠等小饰品也没有。因此推测，二里头文化不是夏朝玉器的发祥地，它现有的这些玉器的器型可能是受到它处史前玉文化的传播影响，借鉴吸纳而来，有的玉器是经长途辗转直接输入，有的则是当地玉工按外来玉器的形状模仿雕刻的。所以二里头文化也不是属于"王玉"之始。

齐家文化遗址分布于黄河中上游的临夏地区，它同众多的文化遗址一起，共同孕育了辉煌的黄河文明。齐家文化玉器以其特有的磅礴大气、雄浑拙朴、清丽多姿的风格，向世人展示了四千多年前中国玉文化的信息。齐家文化的广袤地域内，有着丰富的玉矿资源，其中用料最多、玉质最好的首推属于地方料的马衔山玉材。昆仑山脉延伸在青海境内的玉石矿，它们都是透闪石类玉质。齐家文化玉器代表性的品种有：琮、璧、环、刀、钺、璋和璜等，它对我国夏、商两代玉器有着直接影响。如在二里头文化的不少玉器，如多孔刀、出齿璋等与齐家文化同类玉器非常相似，且切割、钻孔和打磨等加工手段也与齐家文化玉作工艺相近。如商代玉器中最具齐家遗风的首推玉琮，多年前在朋友处见到一件光素无纹的灰白色小玉琮，透闪石玉质，包浆温润，大家都以为是齐家的。笔者因为有过类似收藏经历，作过深度研究，故一眼就认定是商器，当道出两者之间细微的差异后，藏友们都首肯附和。商代河南殷墟妇好墓出土玉器中，不仅有大量本朝的玉器，还有齐家文化的玉器。商代的玉璧、三璜连璧、出齿璋和喇叭形小玉勒的器型完全是齐家风格，只是有的上面多了些纹饰而已。

中国玉文化发展历史的"神玉"时期的玉器以红山玉器、良渚玉器和齐家玉器为代表，而黄河中上游齐家文化玉器则是"王玉"时期的直接泉源，其沿着黄河顺流而下，一路传播并扩张，在黄河中下游"天下至中的原野"上得到了更多的传承延续。陕西、河南、山东等地最终成了中国"王玉"的核心区域，从夏商至唐末，朝代更替，绵延不断。

玉文化的萌芽

中国玉文化的参天大树屹立于世界民族文化艺术之林，根深叶茂、葱绿苍翠、格外瞩目，我们不断追寻其在远古的第一颗萌芽。

20世纪80年代初，中科院考古所在进行文物普查时，于内蒙古赤峰市敖汉旗兴隆洼、林西县白音长汉和辽宁阜新市查海等处发现了新石器早期的人类文化遗址，距今约8000年，统称为兴隆洼文化。经多次发掘，共出土了百余件玉器。这些玉器大多呈黄绿、黄白和绿色。可分为工具类：如玉斧、玉锛和玉凿；饰品类：如玉玦、玉蝉、玉珠、玉管和玉匕型器。以小件饰品为主，玉玦最多，其呈扁圆环或短管状，中间有缺槽，出土时大多置于墓主的两耳边。专家认为这是迄今发现的人类最早使用的耳环，比伊拉克的某一文化遗址中发现的那对金耳环还要早三千年。这批目前所知我国远古先人最早雕琢的玉石工艺品，不仅标志着中国玉文化的萌芽，还向世人昭示了其丰富的文化内涵。

生产力的发展是玉文化萌生的第一要素。从考古得知，人类进化史上生产力发展各地区是不平衡的。而八千多年前我国东北的兴隆洼人已经熟练地掌握了磨制石器的技术。学会了开坯、琢磨、钻孔洞和抛光。从加工痕迹来分析，开料用的是以绳子加解玉砂的软性线切割法、打小孔用的是硬质实心钻、抛光用的是兽皮。在兴隆洼遗址135号墓出土的那对绿色玉玦尤为精致，其形状、大小、重量几乎完全一样。并出现了加工难度较高的圆雕作品，白音长汉遗址出土的玉蝉，工形俱佳，当之无愧地成为中华第一蝉。

玉和石的分离是玉文化萌生的物质基础。用石头加工出来的是石器，用玉加工出来的是玉器。在几万年前的远古先人用打制的方法加工石器，在就地取材时，偶尔发现一些砾石比较美丽，磨制工艺的运用，益能彰显出某些石材的美感，从此不仅会主动把颜色好看、硬度高的、光泽亮的石头挑拣出来，而且还会有意识地到周围山区去寻找美石，于是玉与石就慢慢有了分离。经检测，兴隆洼文化的这批玉器绝大多数是透闪石材质。查海遗址博物馆的一块展示牌上更是赫然写着：查海遗址共出土三十余件玉器。这批玉器经中国地质科学院地质研究所鉴定，全部是阳起石、透闪石软玉。这是目前中国及世界发现最早的玉器。

人类爱美意识的增长是玉文化萌生的催长剂。爱美是人类的天性。在近两万年前的北京山顶洞人旧石器遗址中就已出现了用穿孔的兽牙、海蚶壳、小石珠、小石坠和骨管制成的项链和头饰。到了新石器时代有了原始的畜牧业和农业，先人们在生活基本需要得到满足后，有可能来装饰自己，美化生活。因此在这批最早的玉器中，以玉玦等饰品为主也是顺理成章的事了。

学界通常把玉分成狭义和广义两类。狭义的玉称为"真玉"，它是矿物学意义上的玉，主要由透闪石、阳起石等矿物构成，以和田玉为代表。为区别于翡翠，根据19世纪法国矿物专家德莫尔的分类法，又可将其称为"软玉"。广义的玉似称"玉石"更妥，可以有几十种，我国玉文化史上的传统玉材有：独山玉、岫岩（蛇纹石）玉、蓝田玉、绿松石、青晶石、水晶、玛瑙、孔雀石、珊瑚和琥珀等。现有些学者认为：中国玉文化的萌芽唯以"真玉"是认。这未免太苛求于我们的先祖了，也不符合远古先民"美石为玉"的审美观。因此不敢苟同：兴隆洼人琢磨玉器，认识并找到"玉石"是必然的，而认识并找到"真玉"是偶然的。因为从地理上看兴隆洼和查海遗址离岫岩透闪石的主产地宽甸相对较近，至于遗址附近是否也有透闪石矿，可以"就地取材"尚是问号。

"人猿相揖别，只几个石头磨过，小儿时节"。兴隆洼人就这么率先一磨，磨出了千秋万古的中国玉文化。伟哉！

玉石与玉文化板块

在中国玉文化研究中，史前玉文化素来是学界最饶有兴趣的课题之一。从目前所知八千多年前兴隆洼文化的第一批玉器开始，在约有五千年之漫长的史前时期，众多玉文化遗址星星点点，似显散落，有学者从中梳理，提出了玉文化板块论。认为我国史前玉文化可以分成前期的东夷、淮夷、东越三大板块和后期的鬼玉、夷玉、华夏、荆蛮、羌玉五支亚板块。先民琢玉大抵都是"就地取材"或"就近取材"，在玉文化板块的区域里会有相应的玉石资源。

东夷玉文化板块的地区包括今山东、内蒙古和东北三省。其年代在距今 8000 至 5000 年间，属于以狩猎为主兼种植的经济。此板块以红山文化玉器为代表。在辽宁岫岩县偏岭山上、细玉沟坡地和溪流中出产的岫岩玉古称"殉玗琪"或"夷玉"，被誉为"东方之美者"，是此板块的主要玉源。岫岩玉是中国最古老的玉材，笔者认为其开启史甚至可追溯到一万两千年前辽宁海城仙人洞旧石器遗址中出土的三件用绿色岫岩玉打制的砍斫器。

东越玉文化板块的地区包括今江苏、浙江以及山东、安徽、广东的部分地区。距今 5300 至 4300 年间，属于以农耕种植为主的经济。距今七千年前的河姆渡文化、马家浜、崧泽、良渚文化的玉器是我国南方历史最早和最悠久的玉器。在江苏溧阳小梅岭和句容茅山出产的美玉古称"瑶琨"，被称为"玉之美者"和"石之美者"。明代的《格古要论》是我国最早的文物鉴定大全，有记："句容茆山石，白而有光，有水石。或有水路，或有饭糁，色好者与真玉相似。"在明末清初时就有奸商用茅山玉冒充和田玉在浙江杭州等地流通。清中叶后茅山玉采量骤减，逐渐湮灭，无人再提及。过去都以为此玉板块的用玉大多来自小梅岭，现经考古证明小梅岭玉并非是唯一的玉源。如河姆渡文化玉器大多是氟石，有说其出于浙江天目山区。良渚文化玉器的玉材比较复杂，有不少是其他地方的玉种，尚不知矿源。

淮夷玉文化板块的地区包括今长江中下游、安徽和江苏南部。属于农耕兼狩猎的经济。在此地区的玉文化以安徽凌家滩遗址玉器为代表，距今 5300 年左右。凌家滩玉器大多为透闪石，玉质极精美，有的出土玉器似新的一般，也有些是水晶和玛瑙的。可是这支重要的玉文化板块的玉源却至今还未找到，有说是来自其北面安徽肥东的大山里。

五支玉文化亚板块距今约在 4500 至 3800 年间，都是农耕经济，是中华文明拂晓时最后一缕史前玉文明的曙光。鬼玉文化亚板块地区主要包括今陕西、山西的北部和内蒙古中部，以陕西石峁遗址为代表。夷玉文化亚板块地区主要在今山东，以海岱龙山文化为代表。华夏玉文化亚板块地区主要在今山西的南部，以陶寺文化为代表。荆蛮玉文化亚板块地区主要包括今湖北和湖南两省的结合部，以石家河文化为代表。羌玉文化亚板块地区主要包括今甘肃、青海和宁夏，以齐家文化为代表。

　　据称以上的玉源，夷玉文化亚板块来自山东泰岱地区的"怪石"。在泰山脚下的玉石市场里，曾见过一些有精美天然纹饰的绿色玉石，其就是"怪石"的一种。当地人冠以"泰山石敢当"的名字，作为镇宅之石很是好卖。羌玉文化亚板块玉材丰富，古称"球琳"，就近有甘肃榆中、青海格尔木的玉矿，再远取之昆仑山，新疆和田玉最早的开发利用见于齐家文化玉器。其余的均未在当地发现玉矿，或是要取于数千里之外，或是要通过部落间的交流和战争才能获得。

　　上述八个玉文化板块，有半数的区域无玉矿，似乎不合常理。要形成风格明显的史前玉文化板块，必须具备两个基本条件：一是手工业与农牧业的分离，有了专司琢玉之人；二是附近有较丰富的玉源，否则巧妇难为无米之炊。因此，笔者推测：这些区域内一定会有玉石矿，只是至今尚未发现而已。

岫岩玉之传播

岫岩玉在中国玉文化史上的老大地位已是毋庸置疑的了。学界认为其不仅开发利用最早、绵延时间最长，而且传播地域极广。有专家根据各地岫岩玉玉器的出土等现有资料，把一个一个的点与辽宁岫岩串联起来，粗略勾画了岫岩玉从新石器时代到汉代的传播图，很有意思。

其以岫岩为中心，分别向北、西、南三个方向辐射。向北至吉林、黑龙江；向西至辽西和内蒙古南部，再折往南至河北、山西、河南和陕北；向南经辽东半岛和渤海的庙岛群岛至山东地区，再向南扩散至江淮及长江中下游地区，直到广东地区，几乎涉及我国整个东部的辽阔区域。细读传播图，似乎其重点还是以新石器时代玉器的出土资料为主要凭据的。如西线辽西和内蒙古南部指的就是牛河梁等文化遗址和兴隆洼、赤峰、敖汉等文化遗址；南线扩散到了山东地区的大汶口、龙山以及再南面的江浙地区的良渚等诸多新石器文化遗址。延伸至广东地区，可能是因为在海丰县出土了两件与良渚文化相似的玉琮，据说也是岫岩透闪石玉质。

研究讨论岫岩玉在史前是如何进行传播的，一直是人们最关心的话题。且不说在几千千米之外的江浙甚至更远的广东岭南地区，仅以西线的红山文化遗址为例。从地理上讲岫岩属于大红山区域范围，辽西的牛河梁与辽东的岫岩相距千里，内蒙古南部的赤峰与敖汉路程还要翻倍，不知远古的红山先民是如何获得玉矿的信息，涉水越岭到岫岩来采取岫岩玉的。无怪乎我国一个很资深的红山玉器学者也感叹："红山玉器主要原料若真来自岫岩一带，则两地千里，隔山又隔水，中间经过多少不同的氏族与部落集团，这可能意味着有一个不从事生产而只从事产品交换的阶级——商人的存在，从而促成社会第三次大分工，而不只是农业与手工业的分化了。"其意似乎是只有依靠"商人"的力量才能完成岫岩玉的传播。

当然也有学者提出了岫岩玉的传播是在原始部落中间"接力式"进行的。先是在红山族群中，以后再逐渐向四周辐射，以至于传到了几千里之外。众多的红山遗址的发现，证明红山族群中都是爱玉和琢玉的部落，这些部落相距不会太远。可能是离岫岩最近的一些部落发现了玉矿，便采集回来琢磨，加工成玉器。邻近的部落在与其交流沟通、甚至是进行战争时，获得了岫岩玉，于是岫岩玉就在红山族群内得到了传播。在星如棋布的红山遗址中大量岫岩玉器的出土，也许就是"接力式"传播的历史陈迹。即便如此，内蒙古南面的赤峰、敖汉等地的部落还是远了点，近年"敖汉玉"的发现，为"就地取材"或"就近取材"作了新的证明。

以上的传播方式可信度较大，岫岩玉传播到族群之外，乃至跨越海湾，传到毫无关联的几千里外的原始部落，是用何等方式进行，似需探讨了，如也是在逐个爱玉、琢玉部落间"接力式"地传播，那么沿途应有一路走来的脚印，会在许多相关遗址中发现岫岩玉器。可是至今少见考古证实。有意识的传播定会有数量的累积，广东海丰出土的那两只淡黄绿色玉琮，在其周边未发现有史前玉器工场的遗存，此玉琮有可能是通过某种途径偶然被带到此地的。

在岫岩玉传播的研究中也许会有其他的可能性。辽宁的岫岩玉的主要矿物成分是蛇纹石，我国境内蛇纹石矿产资源丰富。如新疆的托里县、甘肃的武山县和广西的信宜县等，其中一些小地方如江苏东海县的山左口、江西弋阳县的樟树墩、河南信阳县的卧虎等地出产的蛇纹石矿物结构和化学成分更是与岫岩玉非常相近。这些出蛇纹石玉的地方，不排除也会伴有透闪石玉。现有的检测手段是否无瑕可击等，我们都不得而知。此情况好比现藏于内蒙古敖汉博物馆里的那些红山玉器，原来说经检测是系用岫岩玉琢成的，现在就近地区发现了敖汉玉，据说敖汉博物馆里的红山玉器经检测又能与敖汉玉对应起来了，弄得吾辈等地质矿物学上的门外汉，如堕云里雾里，不知东西南北了。

遥望红山

红山文化玉器是古玉玩家们孜孜以求的藏品，因为它代表着我国北方史前玉器的最高水平。该文化遗址在 20 世纪 30 年代前后因发现于内蒙古自治区赤峰东北郊的红山后聚落遗址而得名。其以西拉伦河、老哈河为中心，分布面积达二十万平方千米，距今五六千年，有着以农业为主兼牧渔猎的经济形态，延续时间长达两千年之久。

很多年以来当地的牧民常于风雨之后在辽阔的草原上捡拾到一些动物状的小玉器和绘有"之"字型纹的碎陶片，尽称是古物，却不知道是何时的东西。1981 年有关部门开展文物普查，根据这些线索开展了大规模的调查，发现了近千处上古文化遗址，并对辽西朝阳的牛河梁红山文化遗址群进行重点发掘，有了许多惊人的发现，还出土了彩陶、"之"字型纹陶器和一大批玉质精美、造型生动的玉器，如龙、猪、龟、鸟、蝉、牛、勾云型器、箍型器等。于是过去众多的疑问有了答案，红山文化研究也从此进入一个新阶段。

牛河梁红山文化遗址群坐落于辽西山区连绵起伏的山岗上，在五十平方千米范围内有规律地分布着五千多年前的大型祭坛、女神庙和积石冢，此三个遗址依山势而建，按南北轴线布局，组成了一个雄伟宏大的祭祀中心。祭坛呈圆形，有三层，外垒石块，是红山先民祭祀天地和祖先的圣地。在女神庙中出土了一尊与真人相同大小的泥塑女神头像，圆额头、扁鼻梁、尖下巴，近似现代华北人的脸型，眼睛用绿色的玉珠镶嵌，显得双目炯炯有神。女神头像的发现，反映了红山人已从初期的自然崇拜、图腾崇拜进入到较高级的祖先崇拜，女神像可能就是红山先民祖先的写实形象。积石冢是红山先民的墓地，处于中心的大墓"唯玉为葬"，墓主耳朵戴的，身上佩的，手里握的全为玉器，这是十分罕见的现象。稍低级的墓有少量玉器或再加猪狗陪葬，再低级的墓用陶器陪葬，个别的小墓无任何陪葬品。证明当时的社会结构已出现了阶级分化和私有制，玉器是最贵重的财富，是拥有者权力和地位的象征，并有了专门为贵族阶层从事雕琢玉器的手工业。

还要提及的是在离女神庙一千米处有座被考古界称作"金字塔"的圆锥形小山丘，是用数十万立方米土石人工夯筑而成的，对此人工建筑的用途尚有争议。但其顶部平坦处，却是个炼铜遗址，有序排列着 1500 个水桶大小的炼红铜的坩埚。红铜是人类最早使用的纯金属，其后才是加入一定比例锡的青铜合金。这个遗址的发现证明红山先民在五千多年前就已经熟练掌握了冶炼铜技术，它有着独立的起源，完全可以否定某些学者所谓的中国青铜器冶炼术由西亚两河流域传入的观点。

精美大气、变化多端的红山文化玉器已足够让世人惊叹，但学界认为其更重要的意义还在于牛河梁红山文化遗址堪与埃及金字塔和印度亨觉达罗古文明等世界性的发现相媲美。牛河梁红山文化遗址庙宇、祭坛和墓冢三位一体，规格非常高。与同时期的其他文化遗址相比，最大不同是这里不是仅有一处或几处，而是由几十处遗址组成的遗址群。证明五千多年前这里存在着一个具有国家雏形的原始文明社会，一个崇玉爱玉的古国。也为历史上三皇五帝的传说找到了实物依据，与中华文明始祖黄帝在北方的活动有联系，从《山海经》的"轩辕国""轩辕丘"中都可以寻到相关的文字描述。著名历史学家断言："红山文化的时空框架，只有黄帝时期与之相应。"我们从小读历史就知道黄河流域是中华文明的摇篮，如今有了新的诠释，中华文明的起源是多元的，燕山以北的西辽河流域也是重要的发祥地之一。

遥望红山，红山古国离我们已有五千年之久远。看到了牛河梁红山文化遗址，红山古国分明就在眼前，其静寂地掩映在苍翠无边的松林中。松涛于风中轻声作响，似乎也在由衷地赞叹：伟大的中华民族，灿烂的中国玉文化。

玉龙和龙文化

红山玉龙的发现，不仅是中国玉文化史上的精彩华章，而且也为中华龙文化的探索研究提供了考古实例。中华民族自誉是"龙的传人"，但众多国人对龙的来龙去脉或许知之不多；学界对龙幻化形象来源的讨论也是意见纷纭。笔者陋见，似乎可归纳成两种主要观点。

一是"扬子鳄化身说"。距今五千多年前的红山文化时期，辽河和黄河流域的气候普遍温暖潮湿，到处都有扬子鳄的踪迹，《左传》中记："深山大泽，实生龙蛇。"此龙指的就是扬子鳄，它与蛇习性相近，活动于河湖沼泽地带。《说文解字》中记：龙"春分而登天，秋分而潜渊"，描写的是扬子鳄的生活方式，秋分后天气渐冷，遁入水下洞穴冬眠，春分后大地回暖，蛰伏一冬的它们便开始四出活动，此时的黄河流域也到了下雨的季节，于是就有了"二月二，龙抬头"的风俗。扬子鳄以鱼、蛙、蚌等为食，蚌壳内多有珍珠。传说扬子鳄争食相斗时，嘴里会吐出珍珠，"二龙戏珠"因此而来。

从一些史料得知，我国自帝舜始使用"干支纪年法"，最迟在东汉就出现了十二生肖，王充《论衡·物势篇》有"寅，木也，其禽，虎也。戌，土也，其禽，犬也。午，马也。子，鼠也。酉，鸡也。申，猴也"等，共提出了十一种生肖名；赵晔在《吴越春秋》补充"吴在辰，其位龙"。十二生肖都源于自然界中的实有动物，龙也不例外，即是扬子鳄。其具有龙的全部基本特征：披满鳞甲之躯、长颚大口和翘鼻、鼓凸的眼睛、强健的四肢及五指利爪、有横条纹的腹部、粗壮的尾巴。

二是"图腾演变说"。玉龙是由现实生活中的一些动物组合而成，由蛇身、猪首、扬子鳄的眼和马的长鬃组合而成，其是红山时期某个大部落的图腾，详见拙文《玉龙和图腾》。在八千多年前的兴隆洼文化遗址中发现了由石块和陶片堆砌的S型动物，其头部位置摆放了一个野猪头，这可能是最早的龙的形象；在七千多年前的赤峰赵宝沟遗址的祭坛上发现的一件陶尊上，刻有猪蛇合一、鹿蛇合一的图案，学界称作猪龙和鹿龙，其后颈上也是长鬃飞扬；在六千多年前的河南仰韶文化的早期大墓中，在男性主人身边有条用蚌壳堆塑的龙，此龙有前后双肢、利爪和长尾；在近六千多年前的湖北黄梅焦墩遗址发现一条用卵石摆塑的龙，有独角、三鳍、三足。

红山玉龙无足、无爪、无角、无鳞、无鳍，体现了早期龙的初始形象，蕴含着一种不可言喻的神秘美。学界对红山玉龙给予高度评价，认为其是"迄今为止发现的最具龙形的龙"；"中国崇龙的最标准形态，它的出现，标志着中国崇龙礼俗的最终形成。从崇拜各种动物到统一为玉龙，体现了中华文明起源的一个基本过程"。中华龙文化意识的形成来源于红山玉龙的观点已经被愈来愈多的中外学者所认同。

"轩辕，黄龙体"（《史记》），古有黄帝"乘龙升天"的传说。龙崇拜与祖先崇拜的结合，就是"龙的传人"之说形成的历史文化依据。龙的形象伴随着中华民族的起源，有一个漫长的演化发展过程，至汉代大致定型。宋《尔雅翼·释龙》中说龙有九似："角似鹿，头似驼，眼似龟，项似蛇，腹似蜃，鳞似鱼，爪似鹰，掌似虎，耳似牛"，这与现在描绘的相差无几。

　　龙是中华民族重要的文化符号，华夏银行的标志就是红山玉龙。红山玉龙学界又称"C形龙"，中国的英文字母的缩写也是"C"，居然是如此巧合。龙是威严的、又是吉祥的，它象征着融合和力量，代表着中华民族奋发开拓、自强不息的进取精神。无论在世界的哪个地方，只要有中华民族生活的地方，就有龙的形象和龙的文化。

　　美哉，红山文化的龙。壮哉，中华民族的龙！

红山文化——玉龙：高 21.2 厘米。

红山文化——玉龙：高 20 厘米。

玉龙和图腾

中华第一龙是红山文化时期最高等级的图腾。

在五千多年前的原始社会中，红山先民认识自然的能力极其低下，对风雨雷电和山洪暴发等现象十分恐惧；对飞鸟不坠、游鱼不息、蝉蜕不死等生物的存在方式无法理解；他们在日常生活中还不时遭受到野猪猛虎的侵袭伤害，他们就企图寻找一个能保护部落平安的神灵。这种神灵大多是自然界里的飞禽走兽，并将其供奉起来，于是就有了最原始的图腾崇拜。

红山文化玉器多写实的作品，如龟、鹰、蛙、蝉、兔等。而"中华第一龙"在自然界里却找不到与其相似的动物，完全是红山先民的臆造组合。传说是在史前部落的战争中，在内蒙古赤峰地区有个强大部落兼并了其他的弱小部落，用现在的话来说，为增加"凝聚力"，这个强大部落就把其他部落的图腾进行"优势整合"，取长补短，"中华第一龙"就给创造出来了。它有着蛇的身躯、猪的嘴鼻和马的披鬃。从玉龙背上位居中心的对打孔可知，这件玉龙是用以悬挂于高处，进行顶礼膜拜的神器。其有别于普通写实型的图腾，是个全新构思的某红山原始大部落的图腾。

以上的部落图腾整合说缺乏文字佐证，可以不信。但对玉龙是各种动物的组合的观点，学界的意见是非常统一。蛇是先民十分敬畏的动物，其无声无息，神出鬼没，时而遁地，时而复见，入冬而眠，其活动与季节变化相合，能规避酷暑严寒和风雨雷电，古人以蛇象征土地和繁殖力。内蒙古有着辽阔的大草原，野马纵横驰骋，长鬃飞扬，似有腾云驾雾之神力。对猪的嘴鼻有不少争议，猪是人类最早的肉类食物下链，何以成了崇拜之物？猪是人类最早驯化的动物，古人不仅将其作为食物，还是在祈天、求雨和防洪抗灾的祭祀活动中的主要祭品，并逐步被神化，古谚就有"猪乃龙象"之说。有专家认为："早期宗教发生有个特点，人们崇尚的对象，往往都是他们赖以为生的衣食之源。"

笔者对以上观点也是持赞同的意见，谓与不信，再引考古案例证明。2003年10月在红山文化的源头兴隆洼的一处遗址里发现了一条用石块和陶片堆成的距今8000年的龙，在其呈S形身躯的头部位置，就毋庸置疑地摆放着一个野猪的头骨。兴隆洼时期先民以狩猎和采集经济为生，野猪是当时的主要猎物，先民崇拜野猪，期望猎物丰富，生活安定。在20世纪初，在与"中华第一龙"出土地相邻的赵宝沟文化遗址中，发现了一批7000年前用于祭祀的陶尊，其中一件陶尊上刻有猪首蛇身的图案，其后背上飘逸着长鬃，身躯也呈C字形。有学者甚至认为其就是中华第一龙的前身范本了。

然而对玉龙的水滴眼（也有称为梭形或柳叶形眼的），源于何种动物，很少讨论，似乎被忽略了。有说是鸟眼，但现实的鸟中从未看到过如此长的眼；有说是兔眼，这类弱小的动物绝不可能成为古人尊崇之物的；也有说是鹿眼，鹿在古代象征美丽善良和健康长寿。尤其是白鹿，被称之为"仙鹿"和"天禄"，是神奇祯祥的瑞兽。笔者仔细观察后以为有点像扬子鳄的眼睛，另外玉龙额头顶和下鄂部的细密网格纹也酷似扬子鳄的特征。扬子鳄曾与恐龙生活了一亿多年，至今还保留着原始模样的活化石。现今还有少量扬子鳄生活在安徽的南部，民间俗称"土龙"或"猪婆龙"。 红山时期的北方气候还相当温暖潮湿，到处生活着扬子鳄，其面目狰狞，行踪诡秘，能在水中和陆地两栖生活，古人对其畏惧并视作主水神灵。因此把水滴眼组合进玉龙的形象里，是不足为奇的。

中华第一龙作为多种动物复合体的图腾标志，充分展现了红山先民朴素无华的原始审美观。蛇的修长躯体、猪的扁平嘴鼻、马的飘逸发鬃和扬子鳄鼓凸的水滴眼，被浑然一体地组合起来，既具象又抽象，透露着无以言表的神秘美。此件玉龙理所当然地独占中国玉文化史前玉器之鳌头耳！

玉龙的故乡

红山碧玉龙（即"中华第一龙"）是在 1971 年夏天被内蒙古赤峰市翁特牛旗三星他拉村的张姓村民在村北山上植树挖坑时无意中发现的。后来旗博物馆有关人员认为可能"是件东西"，就给收购下来，冷落了十多年后，最终得到学界认可而一鸣惊人。无独有偶，更早时在这里还出土过一条黄玉龙，惜其名声远不及碧玉龙。

1949 年春季，翁特牛旗乌丹镇新地村的马姓村民在一处叫"东拐棒沟"的小山上，用牛拉着榆木架铁犁开荒，犁铧尖钩出了这条黄玉龙。因过去周边出土过一些古玉器，虽不知其为何物，但一直藏在家中。二十多年后为替家人治病凑钱而卖给了本村的一个做小本买卖的李姓生意人。1987 年经亲戚提醒，李某发现其买来的那件玉器与近年众多报刊上登载的中华第一龙有点相似，于是就拿到旗博物馆，遂又送北京请专家鉴定，确认也是件红山玉器。黄玉龙高 16.5 厘米，从雕刻风格、工艺水平以及表现出的粗糙、简单、原始雏型的特点分析，推断其雕琢年代要早于中华第一龙。有学者还认为黄玉龙的玉色与八千年前兴隆洼文化玉玦的黄绿色一脉相承，更显珍贵。2010 年翁特牛旗博物馆与中科院考古研究所在中华文明探源工程中，对黄玉龙的出土地进行探查认定，并在那里立了块方碑，其上镌刻着黄玉龙的图案和"黄玉龙出土地"六个字。黄玉龙不仅是又一件红山玉龙的典型器物，还为中华第一龙提供了佐证，意义不能低估。这是迄今为止仅有的先在民间流传，后由国家考古部门考证并"追认"出土依据的两条红山玉龙，碧玉龙作为国宝级文物收藏于中国历史博物馆，黄玉龙收藏于内蒙古赤峰翁特牛旗博物馆。

经考古发掘，在红山文化遗址的墓葬中出土了大量形态各异的玉器，唯独不见玉龙，甚至连一星半点的残件也没有，推测玉龙在当时定有特别的地位和作用，其是不得用于入葬的。有关专家对两条玉龙的出土地进行实地考察时发现：两地相距数十千米，都出土于小土山向阳的半山腰，藏玉龙的土坑深 30 至 60 厘米，上盖有石板，不像是随意埋藏的。这种埋藏玉龙的方式引发了各种猜测，尚无定论。

中华第一龙闻名遐迩，2004 年翰海秋拍中一条红山玉龙以 253 万元人民币的天价成交，引发了民间收藏玉龙热。坊间时有玉龙露脸，或称私人多年收藏，或是红山玉器小贩才从北方带来。笔者眼拙，认为大多是伪品，偶见过几条虽不及中华第一龙漂亮，但从玉质、器型、工艺、沁色等方面分析，还是"有一眼"的。行话对粗看似对的东西往往不讲其真，而讲可以看看，是用委婉语气表达的肯定之意，"有一眼"的要价都不菲。因心里老是琢磨着一个问题，便对那几条"有一眼"的玉龙的卖主犯忌地打听来自何处，大多回答内蒙古赤峰或敖汉，从未听到有来自辽宁牛河梁的。曾看到过一则消息，数年前，在一次大规模的民间寻宝活动中，五件民间国宝从数万件藏品中脱颖而出，其中就有一条高 18.9 厘米的红山玉龙。收藏者曾在内蒙古草原长期生活过，20 世纪 80 年代末得之于敖汉旗一个稔熟的农民家里。

忽地，心里闪出个想法来：似乎红山玉龙仅见出自于翁特牛旗和敖汉旗，也许在五六千年前，这里生活着一个庞大的以玉龙为图腾的红山族群。每个部落都有一条用以祭拜的玉龙，平时有专司祭祀的巫觋（多为部落首领）保管，埋藏在某个风水好又隐蔽的地方。一旦部落或巫觋遭遇灾难及突发事故，那么部落里这条玉龙的下落就永远无人知晓了。玉龙是最受红山先民尊崇的神圣之物，在部落中世代相传，其当然不会被随葬。对红山遗址的考古发掘，都在有积石冢和生活遗迹的地方，因此孤单独处的红山玉龙在考古发掘中难被发现，其得以重见天日总带有偶然性。

翁特牛旗和敖汉旗，它们真是玉龙的故乡吗？

猪年话猪龙

红山文化玉器中名气仅次于中华第一龙（C 形龙）的非玉猪龙莫属。乙亥大年初一，笔者将珍藏的一件 12.6 厘米高、有双系孔的青黄色玉质的玉猪龙照片发到朋友圈，附言："红山猪龙贺新岁"，引得众多点赞。

据悉至今考古出土的玉猪龙仅有三件。最早是 1984 年在红山遗址牛河梁一号墓中发现的，其摆放在成年男性墓主人的胸部。是两件型制相同的圆雕玉器。整体呈卷曲状，首尾部分相连，中间有大圆孔，额部突起，两只大耳朵竖起高于头顶，眼睛微凸，炯炯有神，似猪的鼻子上有多道阴刻皱纹，吻部鼓起，背部颈处有一对钻小孔，可系绳佩挂。人们将这类似动物的玉器称作玉猪龙。玉猪龙的发现为同样有着猪鼻的中华第一龙的断代提供了重要佐证。

这些年来学界对玉猪龙的研究也是言人人殊，各执己见。笔者有愚陋之见，请专家、看官不吝赐教。

玉猪龙出自于以猪为图腾的部落。野猪强健暴躁，敢与熊虎争斗，常占上风，人们用"一猪二熊三虎"来形容它的凶悍。野猪是我国古代先民最早驯化的动物。在八千多年前的河南贾湖遗址就发现了家猪的骨骼，考古证明，到了距今四千年左右，家猪已分布于中国的大部分地区。猪在古代被视为"水畜"，汉《毛诗故训传》："豕之性能水"，是祈天求雨等祭祀活动中与天沟通的牺牲。先民认为，猪象征财富、多子多福，是吉祥之物，屋里有猪才是家。这种寓意始于甲骨文并沿袭至今。家字的组成就是象征房子的宝盖头，其下有头猪（豕）。

玉猪龙的形象源于猪的胚胎。先民们在饲养猪的过程中会看到孕于猪腹中的胚胎。原始人类寿命很短，先民们还会看到死于难产的人胚胎。生物进化论的知识让我们知道：包括人类在内的所有脊椎动物的早期胚胎在外形上都很相似，全都长着大大的脑袋和蜷曲有尾的身子。可能先民们因此产生敬畏，甚至以为人猪共祖，于是他们就把猪的胚胎作为先祖的神灵来崇拜。玉猪龙还有"简约型"的，在国家博物馆中就陈列了几件。这种玉猪龙耳朵很小，眼睛是隐约隆起，鼻子间有几条横线，几乎没有吻部，背部有个系孔，完全看不出一点猪的形态，活脱脱的胚胎形象。于是玉猪龙的玉器就被红山先民创造出来了。

玉猪龙与 C 形龙之间无关联。学界有 C 形龙是玉猪龙演变而来的说法，随着时间的推移，玉猪龙开始成长发育，慢慢首尾分离，头上长出了鬣，吻部前伸上噘，鼻端变平，圆鼻孔，水滴眼，明显有着猪首特征。同时玉猪龙蜷曲的身子被展开放大，呈现出刚劲有力，腾云驾雾的律动感，玉猪龙成熟发育后，变成了 C 形龙。笔者以为：现有考古资料证实 C 形龙仅出土于内蒙古的赤峰、敖汉一带，C 形龙额头和下巴处的阴线网格纹与赵家沟文化直接相承，而玉猪龙在辽宁、吉林也有出土，无法证明玉猪龙与赵宝沟文化之间的联系。这两种龙风格迥异，前者大气张扬，后者内敛含蓄，因此推断此两种龙是独立产生和并行发展的，同处于红山时代，时序上没有先后。

玉猪龙的名字很生动。学界对玉猪龙名称还是有争议的。有人说其头部也像熊，与红山文化同时空的黄帝的部落就是"有熊氏"，故应称"玉熊龙"；也有人说干脆模糊点，称"玉兽玦"得了；赤峰文物局编的《红山玉器》一书中，对类似玉器也是黄玉龙、碧玉龙和玉猪龙地称呼不一，让人摸不着头脑；国家博物馆似乎也有同感，对这类展品一律称作"卷龙"。笔者不以为然，中国玉文化史上的哪个朝代的龙不是卷的？玉猪龙的名字是民间给叫出来的，其突出了此类玉器的形象和个性，区分了与C形龙的差异，此名称早就被收藏界认同，连世界那些著名拍卖行也如是冠名，建议还是约定俗成地叫下去，争论可休矣。

红山文化 —— 玉猪龙（双系孔）高 12.6 厘米。

红山牛首人

在红山文化中有一种被称作"太阳神"的玉器。二十几年前北京翰海拍卖公司征集到一件红山文化小黄玉人的玉器，此件呈蹲坐状的玉人不足8厘米高，面目模糊，大耳朵，头上长有双角。据说得之于某著名藏家，传承有序。罕见之物，因不知其名，遂被该拍卖公司老总别出心裁地冠以"太阳神"上拍，成交价竟高达240余万元。从此"太阳神"先声夺人，一举成名。收藏界也不问其所以然，人云亦云，称呼至今。

太阳崇拜是远古人类的普遍信仰。"太阳神"是古希腊神话中的赫里俄斯，他是个伟岸的金发美男子，每天驾着太阳车巡视太空，给人类带来光明。我国历史上从未有过"太阳神"，只有"太阳鸟"。《山海经》中载："汤谷上有扶木，一日方至，一日方出，皆载于鸟。"神话传说中的十个太阳，每天轮流从东方扶桑神树上升起，由"太阳鸟"背负在宇宙中自东向西飞翔出行。在河姆渡遗址出土了一件七千年前的"双鸟朝阳纹象牙蝶型器"，其上刻着两只太阳鸟和光芒四射的太阳；在六千多年前仰韶文化的彩陶上，绘有鸟纹背上有太阳的图案；成都金沙文化遗址中发现的四只"太阳鸟"围绕太阳飞翔的金箔，更是古代先民表现太阳崇拜的杰出艺术品，被选为"中国文化遗产标志"。

笔者曾细察并研究过此类似造型的玉器。结果发现其全都是牛的脸，水滴眼或圆珠眼，鼓嘴尖耳，头上多为夸张的双角，偶有四个角的。下部是人的身体，屈腿蹲坐，双手抚膝，有的还明显刻划出手指和脚指，分明就是牛首人身的圆雕玉器。此类牛首人从外观看与"太阳"扯不上半点边，风马牛不相及。

牛是最早被驯化的家畜之一，人类的朋友，中华民族自古就有爱牛敬牛和拜牛的习俗。《周易》以乾坤二卦统帅万事万物，"坤为牛"，以牛来诠释人之品德，"牛有顺德，德可祭天，功可利人"。我国壮族、侗族、瑶族和土家族等少数民族每年农历四月初八是"牛王节"，要进行盛大的祭祀活动。而今国人在实现"中国梦"的伟大目标时，也积极倡导和发扬脚踏实地、敢于拼搏、开拓进取和勤劳奉献的"老黄牛精神"。

相传华夏始祖神农氏炎帝就是牛首人身，其部落以牛为图腾。炎帝亲自尝百草而知药医，还教子民制耒耜、种五谷、织麻布、作弓箭、烧陶器、立市尘，脱离了原始的蛮夷社会，深受世人尊崇。湖北神农架的大山里的神农祭坛的炎帝头上雕塑着一对巨大的牛角。有说炎帝故里是湖北随州，当地乡民每逢传统节日，都要戴用青桐树叶折叠连缀、有双角的"神农帽"以纪念远古先祖。笔者根据相关史料推测：炎帝部落后来衰微，与同在黄河流域活动的黄帝部落结盟，虽其最终消融于黄帝部落里，但牛图腾的崇拜信仰却在黄帝部落中得到传承和延续。黄帝部落发展壮大后，活动范围不断扩充，向北延伸至内蒙古和东北的辽河流域。我国权威考古专家苏秉琦先生认为："黄帝时代的活动中心，只有红山文化的框架与之相应。"因此在红山玉器中出现以牛的雕像，进而又出现牛首人身的雕像是完全有可能的。让人费解的是为什么有四个角的牛首，尚有待探讨。

牛首人玉器是红山先民对炎帝的祖宗崇拜，还是对牛的图腾崇拜，现都无从考证。牛首人玉器至今虽无考古发现，但民间收藏中却时有所见，不仅有单个的牛首人，而且还有与枭、猪龙等组成的复合体。其用料较宽，既有东北宽甸料、岫岩料，也有玛瑙、水晶和类似玛纳斯碧玉的透闪石料等，说明牛首人玉器的地域分布广泛，几乎涵盖了整个红山文化中后期。中国古代传统神话和民间信仰中的神农氏炎帝、羲和、日主、东皇太一和太阳星君等是历朝各代因对太阳崇拜而尊奉的神灵，但从无将这些神灵称谓"太阳神"的。牛首人玉器被冠以"太阳神"之名，显然缺少史料佐证。此名有点洋气，能吸引人的眼球，被以讹传讹地叫了二十几年，似乎鲜有人质疑。窃以为中华史前先民的玉雕艺术品都应该有一个符合国情的本土化名字，从中国玉文化中玉器命名取象选择规律来考量，正名其为"红山牛首人"更好。

红山文化 —— 牛首人：高 11.2 厘米，宽 6.8 厘米，最厚 4.3 厘米。

红山龟形玉器

红山文化玉器中有许多写实的昆虫动物圆雕件，如蚕、蝉、螳螂、兔等，还有外形酷似乌龟的玉器，因对此种玉器的名称尚有争议，姑且先称作龟形玉器。

在通常情况下对出土玉器的命名，一开始都是考古工作者根据出土玉器的形状和现有的基本知识来冠名的。20 世纪 80 年代在牛河梁红山文化遗址 1 号大墓中出土了握在老年墓主手中的两件龟形玉器，当即命名为玉龟。各种报导和研究文章如是说："玉龟，此件玉器长 9 厘米，宽 8 厘米，厚 2 厘米，黄绿色岫玉，表面有白色和黄色斑纹，左侧边缘部分有纹理，头前伸，背部呈多边形，背面平滑，无龟背纹，有四足和短尾。雕法简洁，形象逼真。同时出土两件，另一件形象与此件类似，略显肥硕。"一些知名度较高的红山文化玉器专家在其著作中，对红山龟形玉器也一律称为玉龟。

后来在研究中发现，在牛河梁还出土了一种称作玉龟壳的玉器，其背腹之间前后穿空，头尾以阴刻线表现，无四足，在龟背上刻有龟背纹。于是学界就认为"背面平滑，无龟背纹"的龟形玉器只能称为外形与龟相似的鳖。在《牛河梁红山文化遗址发掘报告》中，上述两件龟形玉器被更名为玉鳖。此后在几本有关玉器的权威图册中，龟形玉器都称是玉鳖。

学界有人认为红山文化时空与中华始祖黄帝的活动时空相吻合，而牛河梁红山文化遗址第五号地点 1 号大墓双手各握一个龟形玉器的神秘老年墓主的身份也引来众多与轩辕黄帝有关的猜测。郭沫若在看了"献侯鼎"等铭文后曾说："天鼋二字，铭文多见，旧译为子孙，余谓当是天鼋，即轩辕也。"因此有学者提出，玉龟形器不是龟也不是鳖，而是与龟也很相象的鼋，黄帝的龟形纹的图腾，也可称为天鼋。

于是红山龟形玉器以牛河梁红山文化遗址 1 号大墓为例就有玉龟、玉鳖、玉鼋三种说法。红山先民雕琢昆虫动物玉器的原型都来源于自然界的真实生物，简单地进行直观取象。查相关资料得知：龟和鳖是最古老的动物之一，在生物学分类中同属龟鳖目，而不同科。我国公认的龟鳖有 6 科、36 种，是世界龟鳖种类最丰富的国家之一。我国包括东北在内的绝大多数地区都有它们生活的踪迹，两者外形上最大的差异是龟的背上有硬圆的壳，壳面有十三瓣裂状纹。鳖背的外表是皮肤，非角质盾片，无花纹。鼋与鳖虽同科，但体型悬殊，鼋最小的也有十来斤。鼋主要生活在我国长江流域以南的地区，太湖以出产鼋闻名，其湖中有个地形因像鼋头而取名鼋头渚，成为一大景观。五千多年前的东北有天鼋的存在，现无从考证。推测红山先民龟形玉器取象于龟和鳖的可能性最大。

红山玉龟和鳖的辨别，如按学界以有无龟背纹作为区分龟和鳖的依据，那么红山玉器里几乎没有龟了。因为现在有明确考古记录的红山龟形玉器离牛河梁五十千米外的胡头沟遗址也出土了两件，其背上也无龟背纹。在坊间看到过不少真假混杂的龟形玉器，也全无龟背纹。显然以龟背纹作为红山玉龟和鳖的辨别标准欠妥当。笔者以为红山玉器多光素无纹，无龟背纹的龟形玉器中肯定也有龟。民间红山玉器玩家以龟和鳖的体形为主要辨别依据：体型较圆、头嘴短平的龟形玉器是龟；体型较狭长、头嘴长尖的龟形玉器是鳖。

牛河梁红山文化遗址 1 号大墓出土的那两件龟形玉器又有了新的研究发现。数年前，几个红山玉器学者为考察红山玉器的加工工艺，在辽宁省博物馆上手细看 1 号大墓出土的那两件龟形玉器，龟颈微缩，雕出龟口、目、四肢和足，龟背无纹略凸，认为从雕刻工艺分析，两龟同出一人之手。并意外发现"略显肥硕"的一件其腹部有手指肚大小的凹陷，可以稳定地摆在另一件的背上，请教生物学专家，告知这是一对雌雄乌龟，腹部有凹陷的与雄乌龟特征相合。用民间红山玉器玩家的方法鉴别，此两件龟形玉器体形方圆，也当是乌龟。此两件龟形玉器的命名从龟开始、曾用名鳖和鼋，最后又回到初始名龟，成了中国玉文化研究中的一件趣闻。

玉龟是中国玉文化史上极具代表性的玉器，远古先民认为龟是象征长寿和财富的祥瑞之物，龟是一种神灵而备受人们崇拜，与龙、凤、麟并称四神。红山龟形玉器究竟应如何命名？窃以为：莫以龟背纹断龟与鳖，民间也有高人在。无论是从对 1 号大墓那对玉龟的最终认定，还是从历史文化意义上的考量，红山龟形玉器泛称红山玉龟最为妥帖。

红山文化 —— 龟形玉器 3 件：图左长 5.5 厘米，宽 4.8 厘米，厚 2.5 厘米；图中长 8.5 厘米，宽 6.8 厘米，厚 2.2 厘米；图右长 5.5 厘米，宽 4.5 厘米，厚 1.8 厘米。

红山文化 —— 龟形玉器背面

由玉龟说到龟崇拜

红山玉龟颇受古玉玩家青睐，其多数个头不大，探脑伸足，憨态可掬，神形兼备，其颈腹间常有牛鼻孔，可穿绳系挂。如有幸获得一件真品，佩带在身，是桩很吉利的事。

龟在中国历史上曾是备受崇拜的灵物，远古先民对龟的崇拜最初是源于对动物的崇拜。龟在自然界是一种普通而低调的小动物，其性情温和、举动迟缓、风雨不俱、无病无灾、耐饥忍渴，还能水陆两栖，遇到天敌侵害，会全身团缩以甲壳护身。龟的寿命很长，"龟三百岁大如钱，游华叶上，三千岁则青边有距"（《论衡·状留篇》）。龟的这些特性在先民的眼里都是不可思议的，轩辕黄帝就是以龟为图腾的民族。此后还渗融了早期人类的生殖崇拜，在母系社会里人的生育观是神灵感应生育，发展到父系社会则是男根崇拜，表现为龟护人根或人根植龟。

古人认为龟有天地之相，其外形"背阴而负阳，上隆法天"，进而演绎出各种神性。如知凶吉，"龟之言久也，千岁而灵，此禽兽而知凶吉也"（《初学记·卷20》）；解危消灾，"有神龟在江南嘉林中，嘉林者，兽无虎狼，鸟无鸱枭，草尤毒螫，野火不及，斧斤不至"；引路指向，"取龟置室西北隅悬之，入深山大林，不惑"（均见《史记 龟策列传》）；力大无比"以背负蓬莱回行千里，巨龟也"（《玄中记》）；龟还能通人性，会感恩善良，惩罚罪恶，在《搜神记》中有大量的故事记载。在中国的民间传说中，许多历史上的重大事件都有龟的出现和相助。如帮女娲补苍天、献八卦予伏羲、助尧立德治国、帮禹抗洪治水、协同仓颉造字、指示汤征伐夏、助周公作礼和为秦修筑长城等。

在原始的宗教活动中，龟是最早被用来作圣物象征的。牛河梁1号大墓握在神秘墓主手中的那对雌雄玉龟，无孔不能挂。雄龟腹部和雌龟的背部有叠摞使用的磨痕，上阳下阴在八卦中属少阴之象，应是让人敬畏的法器。夏商时期的古人认为龟能与神沟通，预测吉凶。流行龟卜，有事必卜，并按龟壳在烧烤后的爆裂纹处事。如史籍中有载，周文王问谋士散宜生："卜伐纣吉乎"，答："不吉，龟不兆"，文王终没伐纣。

古人把龟视作灵物，"麟、凤、龟、龙谓之四灵"（《礼记》），龟是四灵中唯一存在于现实生活中的爬行物。唐宋时是龟崇拜的鼎盛期，唐代官印承汉制，金银铜质一律铸龟纽；官价五品以上者，生前享佩龟饰为荣耀，死后赐龟趺碑而流芳。唐宋间流行以龟作名号，如唐人刘崇龟、王龟、陆龟蒙、李灵龟，宋人彭龟年、范从龟、吕龟图等。受大唐文化影响，日本人名也喜用龟字，如龟山、龟田等。时人还认为龟具有清心寡欲、洁身自好的品质。苏东坡被贬黄州时，写《放龟亭》抒志"愿作泥中曳尾龟"。陆游晚年改本号"放翁"为"龟堂"，用龟壳作冠，以示清廉。

令人百思不解的是历史上曾具有至尊之位的龟，如今名声却坠入万丈深渊。史籍中鲜有资料，有说是龟崇拜衰落始于元。元代官印以直柄式取代了龟纽；军队原有的青龙、白虎、朱雀、玄武（龟蛇）四象旗被龙、凤、虎、熊、孔雀等十象旗替换，龟从此在国家重要的标志物中出列。东汉张衡《思玄赋》有"玄武缩于壳中兮，腾蛇而自纠"句。"缩头乌龟"本是对动物自卫本能的客观描写，孰料以后历代被无限放大、以讹传讹，最终成了胆小怕事的代名词，被人所不齿。"今人以妻之外淫者，目其夫为乌龟"（明《五杂俎·卷8》）。清《红楼梦》中有酒令："女儿悲，嫁个男人是乌龟。"现在龟儿、龟孙都是骂人的话。世人对龟的莫大误解，致使其蒙受莫须有的恶名。笔者要大声疾呼替龟喊冤叫屈，呼吁澄清历史真相，还其清白龟生。

无论世人对龟如何认识和想象，我们对红山玉龟仍是充满敬畏，爱心依旧。

红山玉器上的北斗七星

　　中国是世界上天文学发展最早的国家之一，我们的先祖对哈雷彗星的观察可以上溯到殷商时期，国际公认的世界上关于哈雷彗星最确切的记录是在 2600 多年前的鲁文公十四年，《春秋左传》载："秋七月，有星孛入北斗。"大意是这年秋天的七月，有彗星发着光芒掠过北斗星。读了这段文字后不禁要问："谁是北斗七星的最早发现者？"学界主流观点认为：我国最早最完整的记载也始见于汉代的纬书，《春秋运斗枢》："第一天枢、第二天璇、第三天玑、第四天权、第五玉衡、第六开阳、第七摇光。第一至第四为魁，第五至第七为标，合而为斗。"但也有学者认为：北斗信仰可能是中华民族最早的星宿信仰，按我国的道教的说法，北斗信仰上古时候就有了。宋代官方修编最重要的道教书《云笈七签》中有关于日月星辰天文类的记载：中华民族的共祖黄帝教其子民在凌晨鸡鸣之时观察天幕中的北斗星，天神就会降下不死药，使人"益寿不老"。《史记》中也有"黄帝考定星历"之说。可是五千多年前的黄帝时代就已认识了北斗星的传说很难考证，学界只是作为一种观点讨论而矣。

　　笔者赞同第二种观点，并有一件珍藏的古玉器可佐证。这是件通常被称作"太阳神"的红山文化玉器。"太阳神"是件牛首人身的圆雕玉器，总高 16 厘米、重 463 克。硕大的双角占了三分之一，水滴眼、大鼻孔，屈踞状，双手抚膝，背颈处有一对马蹄孔，可以穿绳子系挂。通体呈粟子黄，间杂着些许白色沁丝，还有数处深褐色松花。玉质温润、包浆肥厚，工艺朴拙精到，无疑是件大开门的"太阳神"的玉器。让人惊诧的是在此器的背面琢有太阳、月亮和北斗七星的图案。太阳琢在马蹄孔下面，四周均匀且呈放射状地刻着十四条细阴线，表示太阳的光芒。月亮刻在左面的长角上，是下弦月，弯弯的，剔地浅浮雕。北斗七星是阴刻的，细察其工艺，应是先用管钻琢出七个圆点，然后再用略粗的阴线连接起来。斗口朝右，斗柄向下，我们的先祖很早就利用北斗星分辨四季，指导农耕，"斗柄指东，天下皆春；斗柄指南，天下皆夏；斗柄指西，天下皆秋；斗柄指北，天下皆冬"。此北斗七星是夏天的天象，所有雕琢线条上的沁色、包浆与整器浑然一体，当是琢器同时所刻。

　　笔者曾在收藏圈内将此件"太阳神"示人，受到一致好评，无人质疑。席间有问：太阳东升西落，月亮阴晴圆缺，容易观察。那北斗七星是如何观察到的。有东北玉友告知：在晴朗的夏天，仰望北方的星空，最先映入眼帘的就是北斗七星，它们非常明亮、排列整齐，几乎占据了大半个天幕。如发挥想象力用虚线把七颗星连接起来，就是一把长柄的斗。因此生活在北方的中华先祖能观察到北斗七星也在情理之中。但红山先民将北斗七星雕琢在玉器上是极为罕见的。

　　无独有偶，我国考古专家十多年前在内蒙古赤峰市翁特牛旗的白庙子山中发现了新石器早期的北斗七星岩石画。在一块三米多长的巨大薯形黑石上，清晰可见凿磨出北斗七星，最大的星穴直径 6 厘米，深 5 厘米，洞孔光滑圆润，并有自然色包浆。有专家按七星的排列形态，推断其是近万年前的先民所为。此处距发现"中华第一龙"的三星他拉只有四十千米，推测此地也可能是红山先民活动的范围。

　　我国红山文化专家认为，红山文化的年代与黄帝活动的时空相吻全。此件"太阳神"玉器雄辨地证明，在五千多年前的黄帝时代已经认识了北斗七星，因此"黄帝考定星历"和黄帝教子民观察北斗的一些远古传说绝非无稽之谈，一切皆有可能。"谁是北斗七星的最早发现者？"答曰："中华民族的先祖，红山先民是也！"

红山文化 —— 太阳神：高 16 厘米，宽 5.8 厘米。　　　　红山文化 —— 太阳神：右上角刻有北斗七星。

写意之美

　　写意是中国画的一种技法，是指用豁达精炼的笔墨描绘物象，不苛求工细，注重神韵，以形简意丰的表现手段抒发作者的情感和内心世界。红山玉器粗犷豪放、光素无纹、自然质朴，有着具象生动、抽象神秘的写意之美。

　　红山玉器中有大量写实的昆虫动物圆雕件，其是对自然界各种生物的具象描写，如蚕、蝉、螳螂、鹰、鸮、龟、鳖等。这些生物都只是刻划出基本的形状轮廓，再以打洼工或阴线刻的方法辅之，如在蚕和蝉的腹部饰以几道粗弦纹，用几条细阴线表示蝉的翅膀、螳螂的前肢和鹰、鸮的双爪，鹰、鸮的形状相近，唯一区别是鸮的头顶上有对竖耳。龟鳖是动物雕件中用工最多的了，其区别是龟体显圆肥、鳖身略瘦长。四足、短尾、伸张着头，益显静态。我在民间收藏界里偶见过几只抬前足，昂首作行走状的龟鳖，活灵活现的神态让人称绝。但印象最深刻的是眼睛。红山玉器的人和昆虫动物的眼睛有三种，圆眼、重圈眼和水滴眼。以上昆虫动物大多是呈乳突状的圆眼，大眼鼓鼓、夸张又传神，是红山玉雕工艺中最有特色的地方，干是被雕刻的物象就栩栩如生地表达出来了。

　　红山玉器中最抽象的雕件莫过于"勾云形器"。其是呈方形或长方形的片状玉器，四周有卷曲的勾形齿，薄而有刃，内中是透雕旋曲的勾云纹，器下方有并排的竖齿。整体造型规矩，对称均衡，虚实相间，显得神秘而诡异。其究竟是因何而来，至今争论不休。有说是先民表现自然界云雾蒸腾、阴阳翻复的现象，是道家阐述宇宙矛盾统一体阴阳鱼原始雏形；有说是巫师根据作法时产生的幻象创作出来的奇特玉器。"勾云形器"出土时都是安放在墓主人的胸部，因此学界大多认为其可能是当时巫司的至尊法器，用于沟通上天和祖灵之间的媒介。

　　红山玉器中还有不少线条简炼，形象传神的雕件。多年前我在东北某藏家手中看到一件似环的玉器，其内圆孔不同心，略偏，肉多的部位恰似上弦月，如此简单的处理，却表达了"日月同环"的深刻意境。笔者曾觅到过一件罕见的红山方形片状兽面纹玉器，上端中间有一对穿孔，可系挂。此器的纹饰虽只有寥寥三根稍有模糊的阳线条，两只修长的水滴眼，仅用一根直线勾画的宽嘴巴，但称奇的是每个见到此玉器的人都会不假思索地认定是虎面。因其上端中间有个对穿孔可系挂，后来送给一个属虎的挚友了。

　　红山玉器中的复合体圆雕件兼具象与抽象于一体。红山先民以非凡的想象力和创造力，在一件玉器上把两个以上的人与动物、动物与动物上下组合起来，更奇妙的是有些还两物同体，以极其流畅的线条实行"无缝对接"，展现了高超的艺术创意。红山玉龙无比完美地集蛇身、鳄眼、猪鼻和马鬃四种动物特征于一身，是抽象复合体的代表作。红山太阳神就是牛首人身的具象复合体。我们在审视红山玉雕艺术品时，只有走进当时的社会背景，才有可能对红山先民的审美观、创作情感作出较为符合真实的阐释。也许每件复合体都旨在表现一个主题，反映一种宗教思想。如人身蝉首复合体，可能寓意希望人能够像蝉一样生命轮回和再生；人身鹰首复合体，可能是期盼人能像鹰一样在天空自由翱翔；人身猪龙首复合体，其上龙首高昂，其下人身双腿屈膝的跪姿状，可能是对红山原始部落祭祀龙图腾活动中，进行顶礼膜拜场景的艺术再现。

红山复合体虽然在国家博物馆未见有实物展示，也不知有无考古出土记录，但其以神秘奇特的造型，变化多端的组合，精简流畅的线条，传递着原始人的审美情趣，并得到越来越多学者专家的认可。红山复合体是红山玉器中最具写意之美的代表作，是中国玉文化史上空前绝后的玉雕艺术品，即使以现代最前沿的艺术审美观来评价，其也是极有个性和罗曼蒂克的。

奇异的"黑皮玉雕"

"黑皮玉雕"是在 20 世纪末出现在北京、上海等地古玩市场的一种造型奇特的玉器，有动物的、人物的、还有说不清是何种东西的，圆雕的、片状的都有，五花八门让人看不懂。此类玉器外壳颜色殊异，全部呈黑色、灰黑和灰白色，其手感沉重，人们开始以为是陨石。后在黑色皮壳脱落处，发现里面露出黄绿、青、白等颜色的玉质，才猜测有可能是一种从未见过的古玉器。在古玩市场里卖"黑皮玉雕"的人大多是来自内蒙古地区，听讲在他们那里这种出土玉器不值钱，大的用来作腌菜压石，小的给老人作烟杆坠儿，也有做生意的用来搭配送人的。

过了些许年头，北京有个藏家在 2001 年第 37 期《中国收藏》杂志上，率先对这类玉器冠以"黑皮玉雕"的名称。因其造型特点与红山文化玉器有许多相似之处，但由于其至今尚无考古出土记录，无法科学地断定其产生年代和独立的文化性质，只能将其归入泛红山文化的玉器范畴。民间古玉器收藏圈中对"黑皮玉雕"的认可度并不高，专门收藏者甚少。北方有个资深红山文化玉器收藏家开始觉得东西不错，也就收藏了不少，后来发现"黑皮玉雕"越来越多，尺寸也越来越大，遂生疑问，停止了收藏。在注重考古发掘证据的文博界对"黑皮玉雕"争议更大，有的专家甚至断定这是一种臆造的玉器，根本没有收藏价值，更谈不上研究价值了。

笔者对"黑皮玉雕"的收藏不多，更多的是关注和学习，并有幸在一些收藏家府上见到许多大件实物，沉浸之久，尚有心得。

"黑皮玉雕"是远古先人创作的精美雕塑艺术品。此类玉雕形态各异，有飞禽走兽、人物神灵、工具器皿及许多不知名的古怪东西。并以表现对动物图腾的崇拜，如头部生两角、双臂交错于胸、曲膝呈蹲状的牛首人身"太阳神"；表现对生殖图腾的崇拜，如运用直观的手法，把性繁衍的男女官刻画得淋漓尽致，展现人类旺盛的生命力。其中复合体大型雕塑是最让人记忆深刻。如头顶 C 字龙的裸体男女造象；如双手抚膝踞坐龟上，头顶雄鹰的人鹰龟三重组合的造像等。

"黑皮玉雕"绝非当代人所能臆造出来。"变形夸张"是当今现代派的艺术手段，让人百思不解的是"黑皮玉雕"众多圆雕件也充满了"变形夸张"的艺术感染力，在这些令人震撼的史前人类的艺术作品前，当代的雕塑家也只有顶礼膜拜的份了。据说上海有个知名雕塑家看到一件人体"黑皮玉雕"，他希望能把其翻模，认为"此雕塑把人类面容的五官用变形和夸张的手法刻划，其功力非现代思维所能表达"。"黑皮玉雕"中还有无数奇异的造型，几乎无一件重复，如此丰富的想象力和艺术创造力，推测可能与原始人类某种虚幻、荒诞的意象有关。可以断言，若现在有人能雕琢出这样奇异精美的玉器，就是当之无愧的世界级雕塑大师，何苦再去偷偷摸摸地作假呢？

"黑皮玉雕"究竟是属于什么年代的器物？现在民藏界几个"黑皮玉雕"的收藏家都以为其要早于红山玉器，有人还认为至少是一万多年前远古文明的器物。主要依据是国外的几个检测机构对"黑皮玉雕"的皮壳进行过碳14测试，韩国检测的年代距今一万四千三百年左右，美国的检测年代也是距今一万年以上。笔者对这些现代科技的检测手段是个大外行，不敢提出异议，只能从社会发展史的基本观点和逻辑思维上作些探讨。

首先从我国社会发展史的观点得知：旧石器时代距今一万多年前，属于打制石器的时代，红山文化属于新石器中晚期，属于磨制石器的时代。如果"黑皮玉雕"是一万多年前的器物，显然不符合社会发展史的观点。

其次从"黑皮玉雕"的造型来看，红山文化玉器有的，"黑皮玉雕"全都有，特别是鹰、龟、玉猪龙、玉龙等典型器，除了大小不同，其余如出一辙。而且"黑皮玉雕"中还有许多红山文化玉器中没有的。在民间藏家那里见到过一座高近九十厘米的图腾柱，以熊为基，柱的两翼上也是熊和C字龙，这可能是与"有熊氏"的黄帝部落有关。"黑皮玉雕"应是红山文化玉器的传承和发展。

再次从玉器的加工工艺分析，人与动物的圆形鼓眼、水滴眼和凸弦纹和打孔方法两者完全相同。而复合体雕塑"黑皮玉雕"变化极多、技法成熟，更胜一筹。按通常规律，加工工艺是越往后越先进和成熟。在民藏中见过"黑皮玉蝉双耳碗"，出现了掏膛工艺；见过最大的一件"黑皮人物玉雕"高达一百六十厘米，重几百斤，如此巨型作品没有先进的工具和加工技艺是无法完成的。

综上所述，因此可以推测"黑皮玉雕"属于红山文化中晚期的玉器。有个"黑皮玉雕"收藏者把一件藏品请某个知名红山玉器鉴赏家掌眼，鉴赏家对此件"黑皮玉雕"不屑一顾。收藏者回家把此件雕塑蹭去黑皮，露出黄绿色玉质，稍加盘玩后再送，鉴赏家毫不犹豫地认定为"红山玉器真品"。据说此类情况并非个案，或许能证明"黑皮玉雕"其实就是穿着黑色衣服的红山玉器，将其称为"红山黑皮玉雕"似乎更简洁明了。

红山文化 ——
黑皮太阳神：高24.2厘米，宽9.6厘米。

红山文化 ——
黑皮人面纹觚：高21.2厘米，觚口径9.3厘米。

"黑皮"成因究

笔者曾在"奇异的黑皮玉雕"文章中提出"黑皮玉雕"属于红山文化中晚期玉器的观点，本文试图对"黑皮"成因作些粗浅的研究。

"黑皮"的皮壳有粗细之分，粗的表面呈凹凸不平状，粗皮的石性重；细的表面光滑如砥，细皮的玉性重。皮壳颜色都呈黑色，稍有深浅变化不同。自"黑皮玉雕"面世以来，人们一直在探究黑皮的成因。把"黑皮玉雕"用水煮沸，不掉色也不变色。放入稀盐酸溶液或草酸中，黑皮顿时溶解，显露玉质。对其表皮进行科学检测，发现这层黑色次生物内含锰、钾、铅等35种金属和非金属的元素。有的"黑皮玉雕"用灯光照见黑皮内分明是绿色玉质，却能用磁铁吸住，且各部位受磁程度还有差异，莫非这些玉雕的黑皮或玉质中还含铁元素？时下对"黑皮"成因有多种说法：

"受沁"说。这是对入土高古玉器的最普通的说法。玉在土里受到温湿度的影响，泥土中的各种有机物、矿物质和金属元素会侵入玉质，形成各种各样的沁色。黑色的沁色称"黑漆古"，传统认为是受地中大坑水银所致，满黑沁者罕见。此说者认为，由于北方黑土地里富含有机质和有机碳，入土几千年的玉器便侵入了黑色。古玉的沁色在盘玩时大多只会变色而不会掉色，"黑皮玉雕"的皮壳盘玩后会大片掉色，乃至玉质全现，显然此黑色只是浮在表层的附着物，而不是沁色。

"烧黑"说。远古原始部落每逢求雨、选首领、结盟联姻、战争等重大事件，要进行隆重的祭祀仪式，最后会把包括玉器在内的所有牺牲投入火中，被烧成黑色的玉器掩埋入土。曾看到过不少祭祀用玉，其烧后会有火裂纹，大多呈鸡骨白色，少见黑色。因为火烧后附着在表面的黑色碳粒也会慢慢褪去。

"涂黑"说。在出土"黑皮玉雕"的地方，远古生活着一个崇尚黑色的族群，他们认为凡是尊贵的东西一定要涂上黑色，人工上色不可能涂得厚薄相同、非常均匀，连玉器的小孔中也抹得全黑，有点不可思议。人为用某些天然矿物混合而成的颜料也不可能有三十多种元素。

"岩漆"说。有地质专家认为其表皮的黑色是一种在自然条件下天然生成的"岩漆"。在宁夏石嘴山周围有一些山体外表呈黑色，人称"黑戈壁"。它是由于当地气候极端干燥和寒冷，化学风化较为微弱，矿化水将含铁、锰元素的岩石溶化为盐质的粉末沉积在山体表面，水分蒸发后，便形成了一层厚约1毫米的乌黑发亮的铁锰化合物。"岩漆"形成的速度因地而异，通常需要两千年的时间，恰巧"黑皮玉雕"的那层黑皮也是1毫米左右厚，而且"岩漆"中含有大量的铁和锰。据悉大多"黑皮玉雕"都是出土的，地下数米深的自然环境符合"岩漆"的形成条件吗？

"结核"说。据说在"黑皮玉雕"的发现地，覆盖有火山灰样的物质，而其几十千米外就有一个巨大的火山口，于是就有人猜度是否会是锰结核的。锰结核原理中有个火山成因论。火山爆发时喷出大量气体，气体从熔岩析出过程中伴随着锰铁铜等微量金属，在相似的低温和火山喷发的高温条件下，玉器表面形成黑色皮壳是可能的。试问难道埋于地下的玉器都能不因地理方位的异同，而均匀地受到火山喷发气体的影响吗？

"泌浆"说。红山文化玉器早期玉材大多为岫岩玉、敖汉玉或其他地方美石，中晚期后大量使用了河磨玉。其沉积在当地一些河床中的透闪石玉，含其他金属杂质较多，泌浆现象强，黑皮就是其不断泌浆包裹自身而形成。泌浆初始为蓝栗色，后经周围环境浸染氧化而渐变为黑色，其黑皮表面闪烁着因金属微粒析出形成的闪光点，这是辨别"黑皮玉雕"皮壳的重要特征，无法作伪。

还有其他一些牵强附会的说法，但都更经不起推敲。在我国传统文化中，以红、黄、蓝、白、黑为正色，黑色是北方的象征，代表"水"。出土于北方的"黑皮玉雕"，披着一袭黑衣，充满神秘感，至今人们也无法合理解释出这身黑衣的由来。而且笔者也无法回答为什么分明是红山文化中晚期的玉器，但其黑皮经国外的一些碳14检测结论，年代却是距今一万年至一万四千三百年。也许"黑皮玉雕"尚没有国家考古发现，让人遗憾的是国内的专业检测机构迄今也不见动静。因此"黑皮玉雕"及其黑皮的成因就像个偌大问号，成为中国玉文化史上一个未解之谜，吸引着众多中国玉文化的专家学者和民间收藏家们为此争论不息，探索不已。

"黑皮玉雕"的呼唤

  时至今日，"黑皮玉雕"的真伪之争似乎已趋于平静，说真的也不再为真而举证说明，说假的也不再为假而引经据典。该说的理由也都说了，该举的案例也都举了，或许谁也说服不了谁，如果没有新的证据出现，这场真伪之争肯定会长期进行下去。

  考古文博界非常严谨。没有科学的考古发掘记录，对任何出土的古物都不会轻易表态。考古学家以冷静的目光关注着民间收藏和讨论"黑皮玉雕"的动向，并给予相应的解释，以圆其说。如：辽宁省文物研究所收藏了一件镶绿松石的黑皮玉鸟，1982年出土于辽宁朝阳喀左东山嘴的新石器时期遗址。那只是个案，且玉鸟很小，不能证明"黑皮玉雕"中的那些大家伙；内蒙古赤峰巴林右旗博物馆收藏了一件近20厘米高，头上叠有三块饼状物、双腿跪坐的黑皮玉人。那是1980年的民间征集品，是黑色岩石的；有的文博专家在与民间收藏家交流时，不是也曾将一些"黑皮玉雕"断定为新石器时期的玉器吗？那是他个人的观点。凡此种种，不一而足。可以准确地讲，迄今为止主流文博界无人在公开场合中用书面意见肯定过"黑皮玉雕"。

  "黑皮玉雕"的收藏家十分自信。2001年9月，《中国文物报》刊发了柏岳先生的《圆雕黑皮玉器真伪及年代初探》一文，这是民藏界较有影响力的文章。"黑皮玉雕"的收藏家说：我们的收藏也是在"考古"，是在"地摊上考古"，"从地上拾起失落的文明"。高古玉器收藏家的本领在于对器物的辨别能力，他们有丰富的"实战"经验，这些本领是用真金白银换来的，对于古玉器的新老、真伪和仿制的鉴定基本不会错。"黑皮玉雕"的收藏家主要集中在东北、北京和上海，经过这些资深玩家的掌眼并反复研究，真品的概率很高。他们还说，"黑皮玉雕"虽没有正式的考古出土记录，但可以先选择几件代表性的器物，开展调查研究。笔者以为：我国著名的碧玉、黄玉两条红山文化玉龙，开始也没有第一手的出土记录，而是以后国家考古部门通过调查研究和实地勘察追补"出生证"的，对"黑皮玉雕"的认定是否也可仿效。

  人文学界很有兴趣。人文学家对"黑皮玉雕"更重视其丰富的人文价值，关注热情不亚于文博界。他们试图透过这些奇异的黑色玉器，能获取我国社会发展史上的大量文化信息，诸如原始族群、原始宗教、原始艺术、原始方国以及中华民族的传承、融合和发展等。还对民间"黑皮玉雕"收藏家赞美有加：一旦得到考古证实，这些人都是保护文物和学术研究史上的功臣。

  民间收藏界更多的人对"黑皮玉雕"的现状倍感焦急。由于其没有考古文博界认可的"出生证"，至今无法得到国家《文物法》的保护，任何人都可以堂而皇之地把真伪难分的"黑皮玉雕"带到境外。受到已故韩国收藏家金喜镛的宣传和影响，听说已有不少外国游客来我国内蒙古等地寻宝，其中不乏真品和精品。眼睁睁看着这些史前文化玉雕艺术品的流失，却又束手无策，不啻是个莫大悲哀。

中国是个历史悠久的文明古国，理应对自己的历史文化遗产开展卓有成效的研究，切莫再发生"敦煌在中国，敦煌研究却在国外""元青花是中国的瓷器瑰宝，而对其率先作出研究定论却是美国人波普"这种喧宾夺主的情况了。时下，韩国对"黑皮玉雕"的研究反而跑得比我们快，首尔大学对金喜镛带去的黑皮C字龙进行碳14检测，认定其是距今14300年左右的原始雕塑。全南科学大学（东北亚文化研究所）出版论文集，认为"黑皮玉雕"像是"未直立人所创造的第一次人类文明"。且不去讨论检测结果和分析结论是否准确和科学，但必须相信其背后定有厚实的研究依据作支撑。

笔者曾去上海"黑皮玉雕"收藏家应伟达先生的工作室造访，他送了我一本《中国神秘的黑皮玉雕》的专著，里面收录了北京的姚政、夏德武，韩国金喜镛和他本人的收藏精品。在其工作室一隅有尊100多厘米高的"太阳神"大型圆雕件，它正用一双修长的水滴眼无奈地看着我们，仿佛在轻声呼唤："请发给我出生证吧！"

在中华民族先祖创造的奇迹面前，什么陈规旧制都可以舍弃。考古、收藏、人文三方专家学者应携手联合，搁置争议，共同努力，寻根溯源，尽早破解"黑皮玉雕"之谜，从而让其名正言顺地登上中国玉文化的艺术殿堂。

陨石雕之争议

近十年来，在坊间偶能见到一些具有红山风格的圆雕玉器，通体黑色，有的还闪银光，器身分布风化蚀孔，非常压手，用磁铁接近，有很强的吸引力，业内有人将其称作红山的陨石雕。对此有不少的争议。

材质的争议。有说陨石是"天外来客"，极稀少，何来之有；有说是富含赤铁矿和磁铁矿的岩石；甚至还有"矿渣雕"之说。笔者为写本文曾小心地收过几件东西，其中一件是石铁陨石的红山太阳神圆雕件。神人呈半蹲状，高12厘米，重近500克，头上四个竖角，额部饰网格纹，后肩颈处有一对马蹄孔，雕工精美、包浆厚重，无疑是一件典型的红山器物。本器的表面呈现不规则的分布坑洼，陨石中各种矿物质风化殆尽，其中一个较大的洞孔中似残留了些石质。器物上失去石质的部分铁陨石已经氧化，局部呈现三氧化二铁的特征。这件太阳神雕件经收藏圈内多人看过，异口同声地认为是"大开门"的红山陨石雕，其间也有几人拿出了他们类似的收藏品相互比对。在北京紫禁城出版社出版的《民间藏中国古玉全集》"红山文化卷"中也有几件陨石雕，因此红山文化玉器中有陨石雕是无须多讨论的了。

陨石来源的争议。据说"天外来客"大多数散落在海洋里和地球上的荒漠之地。但是天公作美，有学者认为至少在五千多年前，在东北和内蒙古地区发生过一场较大规模的陨石雨，现在内蒙古赤峰周围还遗存了不少高度定向的石陨石。有研究红山岩石画的专家在翁特牛旗境内发现了两幅岩画：一幅上刻着十八个造型奇特的符号，其中有人物、圆顶的房子和拖着"尾巴"的火球从天而降；另一幅上刻着三十多个符号，上有大人小孩以及飞禽蟒蛇向同一方向奔跑的情景。专家推测这两幅画是反映当时陨石雨坠落和先民恐惧逃窜的真实场面。笔者以为，红山先民不知道陨石为何物，天降流星，出于对"天外来客"等自然现象的恐惧和崇拜，将这些陨石雕刻成太阳神等器物供奉起来，也在情理之中，完全符合中国玉文化史初期"神玉"阶段的特征。据说国内民藏界的红山陨石雕大多来自红山文化中心地区的内蒙古赤峰地区。

陨石雕年代的争议。有说从雕件石质的氧化程度观察，至少是八千年前的艺术品，此说极不靠谱。陨石雕与红山玉器具有完全相同的艺术特色，造型准确，形态生动，线条流畅，刻画凝炼，变化莫测，极具想象力和生命张力。红山玉器中有的器型陨石雕有，还有更多的器型是从末见过的。从事物的发展规律来分析，陨石雕如同"黑皮玉雕"一样，也是红山玉器加工技艺高度成熟后的产物。在考古中从未在红山墓坑中发现过陨石雕。据当地人讲，其大多散落于田地荒野之中，春耕翻地会有出土，农民不知其为何物，开始随意丢弃，后来掂量很重似铁，遂拿到集市去卖，被一些红山玉器爱好者视作宝贝收藏和研究。笔者研究发现陨石雕与红山玉器，如鹗等小动物背脊上左右两个用以系绳佩挂的马蹄孔的钻孔工艺完全相似，都是左孔高，右孔低，孔洞内的旋转磨痕也几乎一样，因此更自信地推定陨石雕当是红山文化后期的史前艺术品。

雕琢工具的争议。红山玉器大多是蛇纹石的岫岩玉和敖汉玉，摩氏硬度5左右，雕琢工具大多为玛瑙石英材质的刮削器，并已采集到实物。而"天外来客"进入大气层，经过火的洗礼，其摩氏硬度至少是7，与玛瑙石英相同。自然界中比它硬度高的只有刚玉类的红蓝宝石和钻石了。当今切割陨石用带锯机，打磨用喷砂机，还非常费功夫。有人尝试用锉刀在陨石雕器物上锉，根本无法锉动。红山先民加工陨石雕件的工具究竟是什么呢，让人百思不得其解。

"天外来客"携带着宇宙中无数的奥秘来到了地球，而珍奇的红山陨石雕又在中国玉文化史上留下了多少的奥秘等待着我们去探索和破解呢？

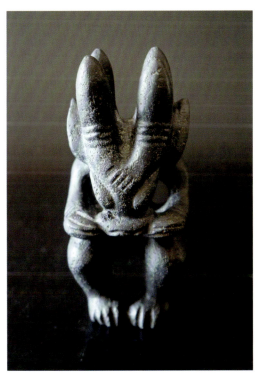

红山文化 —— 陨石太阳神：高12厘米，宽3.9厘米。

红山文化 —— 陨石曲膝坐人3件：单件最高6.0厘米，最宽3.9厘米。

《玉魂》留情

2013 年新年伊始，世界各大图书馆和考古学术机构几乎都收到了一部英文版的有关中国黑皮玉雕的研究专著《玉魂》，它的作者是韩国人金喜镛，一个在中国玉文化研究中绕不过的名字。

金喜镛原本在韩国经营着一家画廊，过着艺术而悠闲的日子。20 世纪 90 年代初，他在日本收购画作，偶遇一个老人，其曾是东京大学的考古者，30 年代来中国东北地区做地质考察时，在民间见到过奇异的"黑皮玉雕"，大为震撼。老人感叹地告诉金，日本绘画不足挂齿，中国文化博大精深。

金先生对中国文化素来情有独钟，如他曾向中国的玉友讲过中国佛教中传说的大愿地藏菩萨是新罗人，唐玄宗时期云游到中国，后在安徽九华山布教并圆寂于此，这些很多韩国人都不知道，他早就想来朝拜并弄个明白。在"黑皮玉雕"的吸引下，他关闭了画廊来到中国，并一头扎进"黑皮玉雕"的探寻中。不久金先生就幸运地在内蒙古一个古玩地摊上以低廉价格买到一尊 28 厘米高的女神造型的"黑皮玉雕"，更激起了他的信心。近二十年中金先生为追寻收藏"黑皮玉雕"，数百次地来中国，足迹遍布东北三省和内蒙古的许多地方，甚至跟随卖家到过发现现场，并竭其所能收购了 500 多件形态各异的"黑皮玉雕"，大件的有 150 厘米高、重几百千克，小件的仅几厘米高、重几十克，其中还有不少刻着无法辨识的符号的雕件。

在执著的探寻中，金先生结识了一群中国民间"黑皮玉雕"的收藏研究者并成了好朋友，相互切磋，受益匪浅。他把自己的发现和经历用照片和文字记录下来，并书呈我国有关部门和领导，建议中国政府采取措施加以保护，其在北京的玉友也写信国家文物局联手呼吁。国家文物局作了认真讨论，罕见地回函，大意是：专家一致认为迄今为止在考古发掘中尚未发现过黑皮玉器。为慎重起见，如金喜镛先生能提供黑皮玉器的准确出土地点，拟请内蒙古文物考古所前去发掘，以便作出相应的认定。此后不久，内蒙古文物考古所根据金先生提供的地点去做过一次考古发掘，可惜未果。

2009 年 6 月，中国收藏家协会组织了一支"民间寻找黑皮玉雕出土地点先遣队"，由金先生带路去内蒙古某处考察。在金先生曾到过的"黑皮玉雕"出土地，他与北京、上海的三个同行为博大精深的中国玉文化而自豪，他们庄严地展开五星红旗，合影留念。照片中金先生清瘦的脸上架着眼镜，全身牛仔装束，风尘仆仆，活脱脱一副中国北方汉子的模样。

金喜镛先生探寻"黑皮玉雕"近二十年，收获颇丰。但他却说："这些东西，不是你的，也不是我的，它是属于中国的，也是属于世界的。"金先生曾多次表示，如果中国需要，他愿意把收集到的"黑皮玉雕"，全部捐献给中国国家博物馆。他要向世界证明："中国是古代世界文明的中心，中国是人类文明的摇篮。"此番话令多少中国收藏家为之感慨和动容！鉴于金先生对中国文化的热爱和表现，他 2010 年在北京荣获"中国文物保护金奖"；2011 年他收藏的"黑皮玉雕"男女造像获得中国收藏家协会评选的"民间十大国宝金奖"。

在探寻"黑皮玉雕"的二十年的岁月里，金先生奔波游走荒山僻野，风餐露宿，积劳成疾不幸得了癌症。他回到韩国一边治病，一边殚精竭虑地编写《玉魂》，成书之际正是金先生去世之时。金先生用他后半生全身心地投入了对"黑皮玉雕"的探寻和研究，《玉魂》是他 65 年生命的延续，因此他也理所当然地成为探密中国"黑皮玉雕"的第一人。中国收藏界在网上为其送行，讲诉着他的故事，纪念一个民间收藏家，一个深爱并痴迷着中国玉文化的韩国友人。

呜呼！斯人已逝，《玉魂》留情。

近观良渚

　　以玉器为主要特征的良渚文化是中国玉文化史上的重要华章。杭州余杭区良渚镇上有良渚博物馆，整个建筑简约、厚重，外墙全部用米黄色的大理石砌就，如玉质一般。它有三个展厅："发现求真""良渚古国"和"良渚文明"，诠释了良渚文化的精华。笔者多次去过，因为在那里可以近观良渚。

　　良渚文化的研究始于 1936 年在良渚镇发现黑陶遗址，1959 年正式被命名。在尔后半个多世纪中进行了不间断的考古发掘，累计发现良渚遗址五百余处，其分布在浙江北部的余杭、海宁、安溪、慈溪，江苏南部的新沂、阜宁、吴江、昆山和上海西部的松江、青浦、金山等地的环太湖区域。其距今 5200—4300 年。良渚文化玉器首次正式考古面世是 1973 年对江苏吴县草鞋山遗址的发掘。晚清以降近百年间，上述地区时有类似玉器被断断续续发现，当地村民挖到后送至城里卖，古玩商给懵住了，大多数人看不懂误将其断为周、汉之物。现在谜题破解，是比商周还要早两千多年的新石器晚期玉器。良渚文化玉器的大量考古出土是 1986 年对良渚反山遗址和第二年对良渚瑶山遗址的发掘，共有种类丰富、制作精美的玉器和嵌玉漆器等数千件（组）出土。其中一百多件玉器上面还琢有细密的弦纹、结绳纹和鸟纹，组合出各种奇异的图案。反山遗址是迄今为止发现的最高等级显贵大墓，并在其随葬玉器中首次见识了良渚文化完整的神人骑兽图像，后被业界誉为"良渚神徽"。在第三展览厅中陈列了以琮、璧、钺、锥形器、三叉形器等众多良渚玉器精品，参观者可以零距离地仔细观察，揣摩神韵。在柔和的灯光下，"鸡骨白""南瓜黄"这两种良渚玉器所独有的沁色愈显美丽。

　　良渚玉器在中国玉文化史上的定位极高。其考古出土玉器的数量之多，器型之丰富，工艺之先进，纹饰之繁密，雕刻之精湛，功能之复杂等在我国史前玉器中是绝无仅有的。尤其是那细阴刻线，宽度不足毫米，堪称微雕杰作，连当代玉雕大师也赞不绝口。因此主流专家给予高度评价，并认为其名列红山文化玉器之前："良渚文化的玉器是中国玉器的代表，在我国空前绝后，在世界独一无二。"对此誉词的前半句，笔者是一直不敢苟同的。红山文化玉器粗犷流畅、简略大气，良渚玉器精美温和、细腻婉约，分别体现了北方游牧民族和南方农耕民族的各自的性格特点，是两种迥然不同风格的艺术品，不能进行孰优孰劣的比较。譬如中国画的写意与工笔，譬如明代光素无纹的黄花梨家具和清代精雕细刻的紫檀木家具，两者各领风骚。因此红山文化玉器和良渚文化玉器是中国史前玉器的代表，并列冠军。

　　良渚文化中的另一重要发现就是良渚古城遗址。城墙周长 7000 多米，城基宽 50 米左右。城内面积 290 多万平方米，内有莫角山台地，台地上有宫殿、神庙、祭台等建筑残存，还有贵族墓地。城内设有平民生活区、仓储区及玉器、陶器等作坊区等。古城有宫城、内城和外廓的三重结构；城外修筑控制面积一百多平方千米的水利工程，以上两者乃是中国古代都城和水利系统之滥觞，在世界同期处于绝对的领先地位。良渚古城遗址已在 2019 年 7 月 6 日被联合国教科文组织获准列入世界文化遗产名录。真是无独有偶，天意安排。2019 年 7 月 7 日，笔者在上海《新民晚报》"夜光杯"专栏发表了《良渚玉石文》的文章，发现并率先提出良渚中后期已有了自己的文字，并大量契刻在良渚文化玉石器上的观点。虽然此观点还有待国家田野考古发掘的证实，但我对此充满信心，并将继续竭尽绵薄之力，作出更深度的研究。

近观良渚，我们分明真切地看到了在中国新石器晚期，位于长江下游环太湖地区，曾有过一个以稻作农业为经济基础，手工业高度发达，以具有信仰和等级象征的玉器文明为主要标志的良渚古国。良渚文字的发现，不仅是中华五千年文明史最雄辨的证明，而且也可能颠覆中华文明溯源中的传统观点，良渚文明将成为中华文明之源。

"琮"为何物？

玉琮大多是一种内圆外方的筒型玉器，出现于距今4000至5100年的新石器时代的中晚期。迄今发现最早的玉琮是1979年在安徽潜山薛家岗第三期文化的一对只有2厘米高的扁方柱体中心有大圆孔的玉器，此乃琮的雏形，可能是由方形玉佩演变而来。红山文化也有玉琮，非常少见，而且式样多有不同。笔者有幸收到一件。玉琮在江浙一带的良渚文化、广东的石硖文化和山西的陶寺文化大量出现，齐家文化也有，尤以良渚文化的玉琮最精美，出土与传世数量也最多。

琮为何物？这也许是中国玉文化研究中一个最热门的话题，历代学者从未停止过对它的考证和探索。在成书于战国的《周礼》中记载，琮与璧、圭、璋、琥、璜合称"六器"，"以黄琮礼地"，它是统治阶级祭祀苍茫大地的礼器，这也许是迄今为止最被认同的观点。笔者以为：纵观玉琮从良渚文化时期到战汉时期的2500多年之间，玉琮的器型和纹饰变化很大，由繁至简，因此琮的功能在各个时期不尽相同，不能一言蔽之。

史前的琮以良渚文化为代表，此时期的玉琮器型繁多，纹饰精美。琮的外形有方、圆、椭圆、三角型和六角型，还有单节和多节的；琮体上刻着繁简不同的神人纹和鸟纹等。最早期的玉琮，琮身扁平，中孔较大，形如圈环。元人朱德润在《古玉图》中称其为"珊玉蚩尤环"，其可能是良渚贵族的手镯；稍后年代的琮多为单节，有的琮体硕大，如浙江省博物馆的良渚玉琮王重6.5千克，中心孔较小，此类琮大多是作为祭祀的礼器。琮体外方内圆，是天圆地方的象征，至于在良渚时代究竟是礼天还是礼地尚无从考证；再晚些的是多节琮，琮体10厘米见方，呈长柱状的，中间可插入木杆执于手中，可能就是象征权力，琮节越多，等级越高；在良渚的贵族墓中也出土了不少玉琮，大多置于墓主四周，这些琮的功能就是随葬品，象征财富；少量的琮置放在墓主的头部，有说琮还是通天神器，可让墓主的灵魂得以从琮体的孔洞遁入天堂，如是这样的话，琮就成了葬器；还有许多玉琮呈小方柱形和管状的，这应该是悬挂和佩戴的饰物了。当代学者对良渚玉琮的功能还有图腾柱、女性生殖崇拜、纺织机零件等五花八门的说法，都有待考古证实。因此良渚时期的玉琮兼有祭祀、权力、财富、葬器、饰物等多种功能。

商周时期的玉琮与良渚玉琮之间几乎没有文化传承，完全是两种风格。商周时期处于中国玉文化发展史"神玉"向"王玉"的过渡阶段。在河南安阳殷墟"妇好"等商周时代贵族墓中，时有玉琮出土，但加工都比较粗糙。商代玉琮偶见蝉纹，西周玉琮大多为素面，与精美的良渚玉琮根本不可同日而语。到春秋战国时期，玉琮难得一见。1978年随州曾侯乙墓出土一件置于墓主头顶左侧的战国玉琮，琮身四周有阴线兽面纹，已经算是少见的精品了。秦汉以后，玉琮几乎消失，在玉雕工艺发达，以玉器殓葬盛行的汉代，也罕见玉琮的出土。在上述近千年间，玉琮的功能只能参照《周礼·大宗伯》："以玉作六器，以礼天地四方"，及《周礼·典瑞》："疏璧琮，以敛尸"的说法，在那封建礼制严明的年代，如果没有明文规定是无人敢把礼器作葬器的。因此可以得知：商周时期玉琮的主要功能是：祭祀礼器和敛尸葬器。

汉代以后，在中国玉文化历史上曾经赫赫有名的玉琮便从此遁影不见。后人居然不知道琮为何物，南宋有称"镇圭"，清初有称"辋头"或"杠头笔筒"。乾隆皇帝是个玉痴，喜欢让人在清宫收藏的古玉器上刻上他的诗文，光是吟诵琮的诗就有几百首。可是乾隆却看不懂良渚纹饰，也根本不知道历代所有玉琮，唯独良渚玉琮的柱体是上端射径略大，下端射径略小，以至于将一件良渚玉琮摆放颠倒，让玉工把字也刻反了，此实物现收藏在台北故宫博物院。直到光绪十五年，著名金石学家吴大徵参阅了众多史籍，在其《古玉图考》为玉琮正名，指出琮是周汉时期的器物，民间流传的那些大的古玉"辋头"就是琮。民国初期，国家博物馆、古董商贾和民间收藏家大多把良渚和那些史前文化的玉琮当作是老三代的玉器，或者是汉代仿古。而良渚文化的玉琮早在春秋战国时期就已有出土，到 20 世纪二三十年代在浙江安溪就时有出土，在当地被称作"安溪玉"，直到 1959 年才通过国家的科学发掘，被正式定名，终结了几千年的悬念。琮为何物，才有了一个较明确的答案。

红山文化 —— 玉琮：高13厘米，上射7.6厘米，下射9.2厘米。

良渚文化 —— 玉琮2件：图左高5.3厘米，上射4.8厘米，下射4.6厘米；图右高14.4厘米，上射4.8厘米，下射4.3厘米。

齐家文化 —— 人面纹琮：高11.7厘米，上射6.6厘米，下射6.6厘米。

良渚神徽

　　良渚玉器上有种独一无二的图案，学界称为神徽，它无疑是最吸引眼球的。最具代表性的神徽图案见于现陈列在浙江省博物馆的良渚玉琮王上。笔者早年在没有收藏到刻有神徽图案的良渚玉器时，曾把脸紧贴展柜玻璃仔细观察，因为事先看过文字介绍，再看博物馆的实物印象更深刻，图案最注目的是凸雕的人脸和兽面。人脸在上呈倒梯形，重圈圆眼，宽鼻大口，露出两排大牙，头戴羽冠，冠上羽毛呈放射状；兽面在下，脸庞虚化，只以夸张凶狠的重圈双眼、鼻子和嘴巴表示。其余的纹饰全用集密的细阴线刻出，人的双臂高抬屈肘，双手插于兽目两侧；兽的双足弯曲相对，甲趾尖利。整个图案高仅3厘米，宽不足4厘米，在如火柴盒子大小的面积上微雕般地刻出精致生动的画面，真是中国玉文化史上的鬼斧神工也。良渚神徽的图案充满了问号，是学界颇感兴趣的研究课题。

　　神徽图案代表了什么？发现并参与了良渚遗址考古发掘的著名专家认为：该图案所表现的是一个整体的神的形象，而不应该有人兽之分。理由是它是传承了河姆渡文化的"双鸟朝阳"的图案，其鸟身所展现的也绝不是太阳和鸟卵，而是组合成神灵的眼睛。窃以为此说法有点牵强：不仅两个脸组成了什么整体形象也说不明白，而且良渚文化晚了两千多年，其间没有任何文化传承的痕迹，两者无法相连。从绘图艺术的技法和透视角度来分析，分明上面就是个人，下面就是个兽。笔者还与持以上观点的研究者探讨过以下的问题：

　　那是什么人的脸？有曰：羽人。此人像最明显特点是头戴羽冠，很可能是古代传说中的羽人，有非凡的神力。《山海经·大荒南经》曰："有羽人国，其人皆生羽。"良渚人崇拜羽人，把它刻在玉器上定有祈求神灵保佑等寓意。有曰：蚩尤。蚩尤是传说中与黄帝同时期的、东夷大部族中的一个首领，并是炎帝的后代。宋《路史·蚩尤传》曰："蚩尤姜姓，炎帝之裔也。"他英勇好战，常与周边部落发生战争，蚩尤被誉为战神，族人把他的形象刻在玉器上顶礼膜拜，驱除邪恶。蚩尤部落里有个九黎支族，其就分布在良渚先民生活的区域。有学者考证认为，后来蚩尤部落在中原被黄帝部落打败，从此一蹶不振，与良渚文化衰落的时间相吻合。

　　那是什么兽的脸？有曰：野猪、鳄鱼；还有曰：虎。因为当时在良渚区域，正是处于食物链最顶端的华南虎的活动范围，其也有可能是良渚人的图腾。

　　神徽图案如何称呼？有曰：天帝骑猪巡天图、羽人骑虎图；还有曰：蚩尤驭虎图等。

　　笔者对这些问号和答案也是在不断地学习、思考和推测，归纳不成熟的想法，答曰：神徽图案称作"神人骑兽图"较妥。神人可以是"羽人""巫师""天帝"或是"蚩尤"，兽可以是"华南虎""野猪"或其他猛兽。对史前文化的东西，缺少文字资料的佐证，用如此粗略的回答较显严密。

笔者同时认为：神徽图案可能是良渚部落的族徽。玉琮王上的神徽是经典标准版的，在良渚玉器上更多的是简化版，它省略了神人，只有兽面纹，并突出兽的双眼和宽大的嘴巴。我们鉴赏良渚玉器首先就会想到它精美的神徽，且经典标准版的大多出现在重要和大件玉器上。神徽成了为良渚玉器代言的文化标志。纵观中国历史，从史前以降至商初，漫漫数千年，从未出现过如此大量且图案基本相同的文化标志，这可能就是良渚部落的族徽。有研究者认为，其在当时的地位是非常神圣的，可以与世界上的任何一个古文明，如古巴比伦文明、古埃及文明和古印度文明的文化标志相媲美。"良渚神徽是刻在良渚王朝统治者心上的魂，也是刻在良渚先民心上的魂"。考古发现在良渚遗址上已有宫殿、祭坛、生产作坊和贵族墓地，四周还有城墙和护城河，可能已出现了中国历史上最早的良渚古国。

因此，笔者大胆推测良渚神徽就是良渚古国的国徽，是世界上最早的国徽。

良渚玉器上的"良渚神徽"

"良渚神徽"简笔画

良渚玉钺

在良渚玉器的收藏中，玉璧、玉琮和玉钺是最受人们喜爱的，笔者对玉钺也是情有独钟。

玉钺是由新石器时代的石斧演变而来。大概受《说文解字》中"钺，大斧也"的影响，致使人们总是斧钺不分，有必要加以厘清：石斧大多呈长方形和梯形，斧体厚重，整体圆纯，平刃或斜刃，斧背端无孔。石斧在人类远古蛮荒年代具有双重功能，平时是生产工具，用于砍伐树木或从事农作，战争时充当武器；石钺多为梯形，钺体较扁薄，刃部宽且多呈弧形，刃口锋利，钺背端有单孔或双孔，便于牢固地捆系在竹杆和木棍上，石钺要比石斧轻巧和锋利，更适合挥舞刺杀和擒猎。于是石钺是从石斧中分离出来，成为专门用以作战的武器；玉钺的器型与石钺大致相同，只是材质精美，制作精细，钺体更扁薄，最薄的仅 0.3 厘米，刃部弧度更大，有的还近半月形，刃口光滑完整，出土时多无使用痕迹。综合考古资料分析，玉钺此时已经不是实用工具，而演变为装饰用的礼仪器具了。

玉钺是良渚玉器中存世数量最少的玉器。在考古发掘中玉钺全部出土于显贵大墓中，而且都是一件，常置于墓主人身边。在浙江桐乡"新地里良渚遗址"共清理一百四十座墓葬，仅出土玉钺一件，弥足珍贵。

玉钺是中国玉文化史上玉礼制的发端。在良渚文化的中后期，已显现出国家的雏形，有了贵族和平民的区分，贵族通常是集王权、军权于一身，贵族也分等级的。玉钺是这种等级制度世俗化的体现，不同的玉钺，代表不同的军权。玉钺有光素无纹的，也有上面刻着鸟纹、鱼纹和神徽纹的，玉钺上有纹饰的要比无纹饰的军权大、官价高。玉钺大多是直接捆扎在竹杆、木棍上的，考古发现有些玉钺配有柄，其中有木质的，涂红色的漆；有象牙质的，通体刻着繁密的兽面纹。推测配柄的玉钺层级要高于无柄的，象牙柄的要高于木柄的。还有极少数玉钺不仅配有柄，而且在柄的两端还配有玉质装饰物，上端称冠饰、下端称端饰，这种业界称之"完备玉钺"的层级最高，只有君王才能拥有。现已知有考古记录的仅有 7 套，其中有件著名的反山12 号墓出土的"玉钺王"，玉钺通长近十八厘米，厚度近一厘米，呈"风"字形。钺体两面雕着精美的神徽纹和鸟纹，从出土摆放位置分析，在上下冠饰、端饰之间的木质或骨质、象牙等有机质的钺柄已经腐烂不见了，其间还散落了九十六颗小玉粒，可能是镶嵌在钺柄上的装饰物。开始对"完备玉钺"的型制还在揣测，后来在江苏吴县澄湖的遗址出土了一件良渚文化的黑陶罐，上面刻有"完备玉钺"的图像，才找到了答案。在坊间曾见过两件极其精美的"完备玉钺"，其钺柄是玉质的，一件柄长近五十厘米，另一件三十余厘米，其冠饰和端饰上都有鸟纹，一件钺体两面均锦纹铺地，上有神徽纹；另一件钺体两面和钺柄上刻了几十个字符，笔者称其为"良渚玉石文"，充满神密感。猜想这两件玉钺的拥有者应是良渚族群里地位最高的。

　　良渚玉钺象征王权与军权的考证。在远古时期，原始部落的首领都是集军权、王权于一身。由于"良渚玉石文"至今无法破解，因此良渚玉钺是王权与军权的象征，尚缺乏文字资料的佐证，现在只能根据考古记录，先从墓葬的规模、陪葬品的多少来判断墓主的地位；再从玉钺的稀少性、玉钺在墓中的摆放位置，及各种不同样式的玉钺进一步推测墓主的等级，是否集王权与军权于一身。进入青铜时代以后，青铜钺取代了玉钺，我们对其功能可从上古文献中查获。《诗经·商颂》曰："武王载旆，有虔秉钺，如火烈烈，则莫我敢遏。"此是描写商王汤执钺统帅军队征伐夏桀的情况；《尚书·牧誓》曰："王左杖黄钺，右秉白旄以麾。"此是描写周武王执钺督战的场景。这些史料证明钺是君王军权的象征物，东汉以降至清代，钺还演化上升为皇权的象征物，恕不赘述。

良渚文化 —— 鸟立祭坛纹玉钺（双孔）：长 23.8 厘米，宽 15 厘米，厚 0.8 厘米。

良渚文化 —— 神徽纹玉钺：长 24.5 厘米，宽 14.5 厘米，厚 0.9 厘米。

极目齐家

极目距今四千年左右的齐家文化遗址，其以甘肃临夏为中心，东起陕西渭河、西至黄河上游青海湖畔、南到陇南白龙江、北达内蒙古阿拉善右旗，方圆几十万平方千米，范围广袤辽阔。齐家文化得名于瑞典人安特生。安特生是个地质学家，在清代末年应北洋政府邀请来中国帮助寻找铁矿和煤矿，在 1924 年发现了这个地处中国西北的史前文化遗址。齐家文化玉器是学界公认的与红山、良渚齐名的中国三大史前文化玉器之一。

可是它在收藏界其名气远不及红山和良渚的玉器，也许是境内异彩纷呈的马家窑彩陶掩盖了它，齐家文化属于仰韶后期，在其遗址中不仅有彩陶，而且还成批出土过青铜器和红铜器，是中国最早进入青铜时代的地方，吸引了人们更多的关注目光。也许是齐家文化玉器品种实在太少，只有璧、琮、璜、环、刀、斧、锛、玉管等，且大多光素无纹。不少研究者对其赞美有加，认为这是一种简洁、古朴、雄浑的大气之美，好比是"唐诗中的边塞诗，宋词中的豪放派"。但是业内认为这是"工粗"，与造型灵动飞扬的红山玉器和纹饰精美繁缛的良渚玉器相比，人们更喜欢后者。笔者偶有收藏几件齐家玉器，也一定是要有纹饰的。齐家文化玉器早在安特生发现之前就已经流传于世。清代金石学家吴大澂的《古玉图考》中就收录了一批齐家玉器，但考释不多，还把它们断为商周的礼器。20 世纪 70 年代以前收藏界对齐家玉器关注较少，直到 1975 年在对武威皇娘台遗址进行了第四次发掘，出土了 300 多件齐家玉器后，人们才重新认识了它，并有了一些研究成果。

笔者以为对齐家玉器的研究有不少可以探讨之处。

齐家玉器开利用昆仑山玉料之先河。在我国史前玉文化遗址中，只有齐家文化遗址最邻近横亘西北的昆仑山脉，地理上的便利，使齐家人有可能寻找和开采到昆仑山玉料。有些专家对出土齐家玉器作过分析，"地方玉料占七成，和田玉占三成"，因此得出结论："齐家文化是最早利用和田玉的"，此说法欠严密。和田玉系指出产于新疆和田一带的昆仑山玉料，齐家人当时能跑到这么远的地方去采玉吗？在齐家玉器中还检测出有类似青海玉料的材质，这个可能性是很大的，因出产于格尔木一带的青海玉所含透闪石成分也很高，是与和田玉材质相近的昆仑山玉料。

齐家玉器的加工技能达到我国史前玉器的最高水平。红山玉器和良渚玉器大多采用皮条、竹管和石片等工具加解玉砂进行切割、钻孔和雕琢的。而齐家文化正处于石器时代和青铜时代的过渡阶段，齐家玉器的加工已使用了青铜工具。从齐家玉器的加工痕迹上能看出来：其钻孔大多用单面钻的方法，只有在大型玉琮上，孔大且深时才采用两面对钻，不少钻孔上下直径几乎相同；在玉璧等许多玉器上常留下的锯切线，完全笔直似用尺子画出来，明显是用硬质工具所致。在甘肃定西博物馆有一件长度近55厘米的大玉璋，其厚度不足2毫米，璋面平滑如砥，加工技能之先进可见一斑。

齐家文化有"全民崇玉"之风。齐家文化地区玉矿丰富，如武山、积石山、祁连山和马衔山等地都有史前的采玉遗迹。齐家人玉器的使用范围非常大，祭祀、生产、生活等方面都有崇玉、用玉习惯，这种习惯似乎不只局限于部落上层的巫师和贵族，甚至连普通平民中也有，只是使用玉器的品质有所不同。齐家玉器出土量很多，分布范围很广，有中国的"庞贝"之称的"喇家遗址"是一个被突然摧毁的齐家聚落遗址，遗址定格了齐家人真实生活的瞬间。遗址中发现了制玉作坊，住房里有大量的玉器，而且有些玉器都"摆放在特定的位置"，其中许多玉器制作粗糙，"不甚规整"。墓室中随葬的玉器也不尽相同，有的都是级别较高的玉器，如璧、琮、刀等，有的却只是玉材加工后的边脚料甚至小石子。齐家玉器中有个"多璜联璧"的品种，它是用二至六片玉，拼接成一块圆璧，玉片两端钻小孔，可以用绳相系。笔者以为：半璧为璜很漂亮，3块扇形璜拼成整璧也很有特色。如是四至六片玉拼成的玉璧,这明显就是用碎料凑合而成，毫无美感，因此推测四璜以上的联璧也许是供平民使用的。

出廓玉璧考

玉璧是中国玉文化中最核心的玉器，这种呈圆饼状、中间有穿孔的玉器绵延五六千年，经久不衰。其最早发现于北方的红山文化，在浙江地区的良渚文化、山东地区的龙山文化、川鄂交界的大溪文化和广东地区的石峡文化等史前文化后期遗址中都有出土。

玉璧的雏形源于远古时代的石器工具，小孔玉璧与石头纺轮几乎一个模样，大孔玉璧与环形石斧也极相似。 推测古代先民最初祭祀天地神灵和祖先，刚开始用的器物大多是重要的生产工具，如石纺轮、石斧等，后来有了玉质的纺轮和玉斧，最终慢慢将其定型、定名演变成玉璧。《说文》释璧："瑞玉，圆器也。"根据中间孔洞的大小，圆器名字还有细分，《尔雅·释器》曰："肉（周边的实体）倍好（中间的孔洞）谓之璧，好倍肉谓之瑗，肉好若一谓之环。"其实古人在制作此类中间有孔的玉器时，孔径与实体间的比例没有如此严格，所以现在习惯把宽边小孔的圆饼状玉器称作璧、窄边大孔的圆饼状玉器称作环，大多不再用瑗的名称。最早的文化期玉璧大多光素无纹，商周开始便出现了有纹玉璧，历朝各代都有特点明显的标志性纹饰。

玉璧的主要用途：1.祭器。这是其最原始功能的沿袭。《周礼·大宗伯》中首次提出"以玉作六器，以礼天地四方：以苍璧礼天，以黄琮礼地，以青圭礼东方，以赤璋礼南方，以白琥礼西方，以玄璜礼北方"。玉璧是中国古代祭祀玉器中的首席。2.礼器。《周礼·春官》中记载：贵族之间交往、互访拜谒高地位长官必须携带礼仪玉器，不同官职有不同的礼仪玉器，时称"六瑞"，"子执谷璧，男执蒲璧"。3.信物。在春秋战国时各国之间的往来常互赠玉璧作为相见之礼和瑞信之物。统治者还以其表示某种信息，《荀子·大略》曰："问士以璧，召人以瑗，绝人以玦（有一缺口的环），反绝以环。"4.葬玉。《周礼·春官》曰："疏璧琮以敛尸。"古人认为把玉璧垫于死者的背后，可以防腐和通于天地。5.佩玉。把器型较小的玉璧佩带在身上，可以防身避险，也称系璧，战汉时期流行于达官贵族，唐宋以后走进民间，兴盛至今。

出廓璧是玉璧在型制上发生的变化。按现时主流观点认为：玉璧经过几千年的发展，由于其本身功能的变化，人们审美意识的丰富和玉雕技艺的提高，大胆进行创新，在圆形片状玉璧的轮廓外缘附加上几个装饰纹，此即为出廓。战国时的出廓璧其外缘的装饰玉雕多为一对或两对呈对称的镂雕龙纹或凤鸟纹。在随州曾侯乙墓、平山中山国墓和洛阳金村墓等战国墓葬中都出土了类似的出廓璧。汉代的出廓璧沿袭战国风格，同时出现了在圆璧上方外缘只有单个镂雕附饰的出廓璧。其出廓部分的镂雕较大，个别的高度甚至超过圆璧的直径。如西汉中山王刘胜墓出土的双龙谷纹出廓璧，其上方的出廓部分为一组镂雕的双龙卷云纹，双龙昂首张口，龙身弯曲，造型生动优美，雕琢精致，为西汉时期新艺术风格出廓璧的代表。汉代中晚期，只有一组镂雕附饰的出廓璧更是多见，其纹饰精美繁缛，有的附饰上还出现了"长乐""益寿""延年"和"宜子孙"等吉语铭文。但是考古发现镂雕附饰有吉语的出廓璧不多，最有名的是现存山东青州博物馆的和田墨玉质的出廓璧，通高20厘米，璧体内外区各饰乳丁纹和螭虎纹，附饰为镂雕双龙纽，中间镌有隶书"宜子孙"三字。还有一件是在广西合浦县黄泥岗出土的出廓璧，通高27厘米，璧体布满谷纹，附饰为镂雕双螭龙纽，中间有隶书铭文"宜子孙日益昌"，如此六字吉语极少。

笔者收藏与研究高古玉器数十年，在实践中不仅磨炼了眼力，还有缘看到民藏中许多珍、精、稀的古玉，因此对出廓玉璧的演变有些浅薄的认识。

1. 出廓玉璧至迟在商代晚期便已出现。本文附图和本书的玉器照片中有多件玉器都是商代中晚期的出廓璧，其中有单个附饰的。出廓部分是弧状龙纹，龙背上饰有脊牙，龙身下是左右相对的兽纹。圆璧上布满阴线为主的商代纹饰。有圆璧外缘装饰两组成对的镂空附饰。大的为兽纹，小的为鸟纹。圆璧上布满云雷纹。还有两件是成对的单个附饰的出廓璧，出廓部分为左右对称的鹿纹，鹿头部有硕大的角。璧的中间圆孔中镂雕有虎纹。圆璧上的纹饰以阳线为主。商代中晚期的出廓璧非常少见，这几件玉器风格迥异，推测可能是来自多个玉匠的作品。商代中晚期出廓璧虽尚未流行，但不排除有独具匠心的玉雕艺人偶尔会灵性大发，因此商周时代的出廓璧大多为奇品和孤品。

2. 出廓璧有外出廓和内出廓之分。外出廓璧是指在圆璧的外缘上的出廓，以上所提到的出廓璧全是外出廓璧。内出廓璧是指在圆璧中间孔洞内缘上的出廓，有不少人把内缘中有充满孔洞的纹饰（如上面说的那对商代出廓璧，其中间孔洞中有虎纹）的都列入内出廓范围，其实不然。内缘中只有部分附饰的才可称作内出廓，其内出廓的纹饰常是璧体总纹饰的外延，内出廓璧极少。

3. 吉语出廓玉璧至迟在汉代早期已出现。现在学界大多认为单个附饰的吉语出廓璧全属于东汉时期的，笔者揣测可能因为是其大多出土于东汉的墓中。在民间收藏的吉语出廓玉璧里有见到是西汉的。还见到过一件镂雕龙纹"宜子孙"出廓璧，璧的中间孔洞有"建元"两字，璧体上刻有小篆长篇铭文，落款是"刘彻"，非常明确证明这是件汉武帝时期的玉器。从西周开始常会看到在青铜器等物件铭文中有许多吉祥用语，如"子子孙孙永宝享用""宜室宜家宜子孙"，汉代时吉祥用语达到高潮。因此这些吉祥用语出现在同时期的玉器上也是很正常的。

4. 出廓玉璧的出现，标志着玉璧的用途开始走向世俗。学界有观点认为：青州博物馆的那件"宜子孙"出廓璧属于殡葬用玉，此璧应放在玉衣上或垫于死者背部。对此笔者不敢苟同，此件出廓玉璧应是达官贵族的随葬玉器。传统圆形的玉璧在汉代依旧有葬玉的功能，但是用出廓璧特别是有吉祥用语的出廓璧作为葬玉，似乎有些亵渎。《汉书》载："居昭舍（汉成帝时赵飞燕之妹赵昭仪的宫舍），其中庭彤朱，而殿上髹漆，切皆铜沓黄金涂，白玉阶，璧带往往为黄金釭，函蓝田璧，明珠翠羽饰之，自后宫未尝有焉。"《后汉书》也载："大载行车，其饰如金银，加施组连璧，交络四角，金龙首衔璧，垂五彩，析羽流苏前后。"可见从西汉开始就有在宫殿和车辂悬挂玉璧的世俗风气，在民间收藏的一些汉代石雕中见到过有把出廓璧悬挂在墙壁上的图案。雕有吉语的单个附饰的出廓璧大多为大型玉器，属于汉代最高等级的玉器，作为达官贵族世代传承的镇宅之宝，装饰在墙上是最合适的。

商 —— 龙鸟纹出廓璧（白玉）：璧径 11.8 厘米，厚 1.9 厘米。

商 —— 龙兽纹出廓璧（白玉）：高 21 厘米，璧径 16.2 厘米，厚 0.5 厘米。

（图左）战国 —— 内外出廓璧（绿松石）：高 8.0 厘米，璧径 7.0 厘米，厚 0.5 厘米。

（图右）战国 —— 内出廓璧（白玉）：璧径 7.2 厘米，厚 0.6 厘米。

太阳神鸟玉璧之谜

笔者的高古玉器收藏品中，有一件珍贵的太阳神鸟玉璧。此玉璧与成都金沙遗址出土的太阳神鸟金箔纹饰完全相同。玉璧外径 14.2 厘米、厚 0.6 厘米、重 185.3 克，玉璧分内外两部分：内层等距分布十二条齿状光芒，外层镂空雕出四只同样形状的鸟，引颈伸腿，在作逆时针飞行。整个图案宛如现代剪纸艺术，虚实相间，简洁流畅，极具韵律。

华夏民族自古就有对太阳崇拜的习俗，古代神话中最突出的就是"羲和"。炎帝被中华先民尊崇为太阳神，殷商时代就有对"日神"朝迎夕送的仪式，称作"宾祭"。《山海经·大荒东经》曰："汤谷上有扶木，一日方至，一日方出，皆载于鸟。"金乌是太阳的别名，古人认为：在太阳里面蹲踞着一只三足乌鸦，周围金光闪烁。此图案表达了"金乌负日"的神话传说：四只神鸟围绕太阳飞行，太阳发出十二道光芒。此十二道光芒代表一年十二个月，四只神鸟代表春夏秋冬四季。东升西落的太阳恩赐给人类光明和温暖，哺育万物茁壮成长。学界根据金沙遗址的性质，把这件太阳神鸟金箔笼统地认定为是商周时期古蜀人太阳崇拜的遗物，鉴于其是金质圆形薄片，仅重 20 克，有专家推测："其可能是附贴于其他质地器物（很可能是红色的漆器）上作为装饰。"

太阳神鸟玉璧是古蜀人的遗物吗？因为金沙遗址共出土了两千多件商周玉器，主要有璋、戈、琮、钺和有领玉璧等，仅是璋就有三百多件，许多器型与中原玉器同宗同源，是我国西南的一个重要的玉文化中心，体现了中国玉文化的多元一体。尽管古蜀人玉作业发达，但是尚无发现有镂雕工艺的玉器，更没有类似太阳神鸟图案的玉器。

窃以为太阳神鸟玉璧也不可能是商代至西周的玉器。因为此两个时期的玉器在纹饰上有自己的时代特征，此玉璧整体呈"金乌负日"图案，镂空雕刻，实体部分光素无纹，无法准确断代。多年前在陕西的一个收藏家那里见到了类似图案的四件套组合玉器，中间是直径只有 8 厘米左右的太阳神鸟玉璧，其外圈有三连璜相围。璜是镂空雕的，每片璜上有两只引颈伸腿作相背飞行的神鸟，其余部分全是"方折形云纹"，此乃东周秦国玉器最典型的纹饰。秦国玉器较少见，1986 年在陕西凤翔秦公 1 号大墓中考古出土的一对宫灯形龙纹镂空玉佩，扁平的器物正面满饰方折的几何形龙纹，背面光素无纹。其镂空部分用的是"搜工"，就是古代以线锯加解玉砂来加工的传统工艺。此对玉佩现被业界视作鉴定秦国玉器的标准器。

太阳神鸟玉璧符合秦国玉器的特点：秦国玉器以用磨制方法加工的片状器较多，太阳神鸟玉璧属于片状器。其图案的镂空部分全是用"搜工"，而且拉丝处打磨不到位，加工痕迹明显。秦国玉器大多是就近取材，蓝田玉多见，太阳神鸟玉璧的材质属于地方玉。陕西那个收藏家的这件玉器来源于本地民间，他还告诉笔者曾在当地收藏圈内见过一件近 20 厘米直径的太阳神鸟玉璧。因此综合分析，太阳神鸟玉璧可以断定为是东周时期的秦国玉器。

笔者推测太阳神鸟玉璧与太阳神鸟金箔这两件器物出现的年代应相距不会远。古蜀文明是位于我国今四川地区，年代从远古时期到春秋早期，金沙遗址是古蜀文明后期的政治、经济和文化中心。其不同于中原文明却又与中原文明有着千丝万缕的联系，秦国后期的国土大致稳定在陕西关中地区，位于当时中原文明的最西部。据史料记载，春秋初年地域相邻的秦蜀两国就有了频繁的经济文化的交流。公元前 316 年，古蜀国被秦国所灭，中原文化与古蜀文化更是完全融合在一起了。金沙遗址出土了许多金器，太阳神鸟金箔却是孤品。秦国玉器虽不多见，可是太阳神鸟玉璧在民间收藏中却有少量发现，而且玉质基本相同。古蜀和秦国先民都有崇拜神鸟的习俗。金沙遗址中出土了许多青铜鸟，其中一件青铜"三鸟纹有领璧形器"，上面用阴线刻画了三鸟作绕日飞行的图案，此鸟的神韵和足爪与太阳神鸟玉璧上鸟相似。20 世纪 80 年代末在甘肃秦公大墓中也出土了许多附贴在红色棺木上的金箔鸟形饰片。相关文化信息参错重出，让人百思不得其解，笔者总是在思考琢磨：太阳神鸟的图案的设计者究竟是古蜀国还是秦国的先民？金箔与玉璧是同出一源，还是虽不同源，但两者之间有着某种联系？金箔与玉璧孰先孰后？这些不解之谜等待着我们去探索与研究。

太阳神鸟玉璧：璧径 14.2 厘米，厚 0.6 厘米。

太阳神鸟玉璧（三璜组合件）：外径 15.5 厘米，厚 0.5 厘米。

浅谈"螭食人纹"玉佩

鉴定中国高古玉器离不开器型与纹饰，有些纹饰的涵意至今还在研究探讨中，中国国家博物馆收藏的战国"螭食人纹"佩便是颇具代表性的玉器。此件玉佩为片状镂空雕，宽和高各为六厘米和四厘米左右。两面纹饰相同，中间雕一螭呈圆环状，背脊正中有绳纹。螭拦腰咬住一个裸人，两个前爪分别抓住人臂和人腿，似乎正在吃此人。在螭的左右两旁各镂雕一个人首蛇身的人。

类似的"螭食人纹"玉佩英国不列颠博物馆有一件，民间收藏中偶有所见。笔者多年来也有幸收到过一件，此玉佩为和田白玉质，下半部分受铁沁严重，并伴有些许深入玉质的鸡骨白。整体散发着柔和的宝光。纹饰细节与上述两件基体相同，尺寸略大，宽7.3厘米、高4.7厘米。余闲暇时会取出来对上面的纹饰细细观察琢磨，最引人注意和不解的是：被螭大口咬住的裸人神态安然，丝毫没有一点挣扎和恐惧感；螭左右两旁人首蛇身的人正在侧耳静听，益显得安静和神秘。以上三件"螭食人纹"玉佩纹饰大同小异，具体细节稍有差别。笔者以为：它们是同一个时代，同一个区域，同一个题材，不同的玉作坊玉工所作的同类玉器。

如此纹饰会让人不禁联想到其有可能是在描述一个战国时期的人祭仪式。在古代人们对自然界的诸多现象无能为力，认为风雨雷电、日月星辰、山石树木和飞禽走兽等都有神灵主宰，于是人们遇到各种困难，有所求助时，常会借用祭祀的仪式向神灵致以敬意。传说在黄帝时代人们已经有了较强烈的灵魂和鬼神观念，并出现了大规模的祭祀活动。祭祀品有食物、玉帛和人牲等，人牲就是以人为祭祀品，是神最喜欢的牺牲。安阳殷墟出土的甲骨卜辞记载了相关信息：商代人祭之风炽盛，其方式有火烧、水溺、活埋、砍头，甚至把人剁成肉泥，虽然当时的人牲多为战俘，但也实在残忍，因此人祭方式后朝历代日渐稀少。

螭是中国古代神话中一种没有角的龙，传说是龙生九子中的一个，也有说是龙与虎的后代，头部似虎首，躯体修长，也称螭龙或螭虎，"螭，山神兽形，或曰如虎而啖虎"（《左传·文公》）。螭纹是中国玉文化中的传统纹饰，也许还是中华民族崇尚"龙虎精神"的最早艺术表现。其源起于春秋的青铜器上，从战国时期开始便在玉器上大量出现，一直沿袭到清。民间认为螭嘴大、肚能容水，是掌管兴云布雨之神。每逢蝉喘雷干的大旱之年，必定会祭祀螭神。推测虽然当时已经不用人牲了，可能是为了表达人类对螭神的敬畏，还是象征性地供以人牲。于是专门设计了用于祈求风调雨顺的祭玉，巫师甘愿以身献神。玉佩上正在被咬食的人就是巫师，他神态安然、视死如归，体现了巫师的敬业精神与虔诚之心。玉佩上左右两个人首蛇身者或许就是神人，他们见证了这场庄严的人祭仪式。

类似的图案在商代晚期的青铜器上就有出现。如殷墟妇好墓出土的一件青铜钺和著名的司母戊大方鼎的两边立耳上都有"虎食人纹"，画面是左右两只老虎张开大嘴，其下有一个神情安定的人头，脸部丝毫没有一点恐慌。在商代古玉器上也有见到相同的"虎食人纹"。推测此纹饰也是表达以人牲祭百兽之王虎神的场景。商人尚虎，"虎食人纹"仅见于商代。

"前代礼神，有祭玉、燔玉二品"（宋《文昌杂录》）。《周礼·大宗伯》中规定，以璧、琮、圭、璋、璜、琥"六瑞"以礼天地四方，仪式结束后须将有关祭用玉器焚烧化烟升腾敬天帝，或埋于地下、沉入江河敬山河之神，此乃燔玉。笔者以为：战国的"螭食人纹"玉佩是专为祈求风调雨顺而制作的祭玉。其图案不是对人祭仪式的真实描述（因为人牲无论心态如何释然，期待升天成仙，被螭食时肯定会有剧痛，表情绝不可能如此笃定安宁），而是运用艺术构思的方法，表达了一个理想化的祭拜螭神的宗教场面。"螭食人纹"玉佩在祭祀时，它或许会被摆放在供桌上，也可能会被巫师佩挂在胸前，受人顶礼膜拜，仪式结束后可以收回，下次再供奉。

因此战国的"螭食人纹"玉佩平时是不能随便佩挂的，此类神圣的祭玉，存世量极少，弥显珍贵。

战国——"螭食人纹"玉佩（白玉）：高4.7厘米，宽7.3厘米，厚0.6厘米。

战国——"螭食人纹"玉佩：高3.8厘米，宽6.2厘米，厚0.4厘米。（中国国家博物馆藏）

虎符新说

虎符是我国古代帝王用以调兵遣将的凭证，称之兵符。传说其最早是周朝军事家姜子牙发明的，古人认为虎为百兽之王，在丛林争斗中立于不败之地，于是在军事上也以虎为尊，将调兵遣将的兵符也制成虎的形状，谓虎符。据现有考古资料证明其最早出现在春秋战国，盛行于秦汉年间。其材质大多为青铜，也有用黄金和玉料等制成。同时期虽还有龙符、鹰符等，但虎符多见。

虎符呈圆雕立体状，中间对开，分为左右两个半符，有榫卯可以相嵌合。右边朝廷保存，左边发给地方长官或统兵将帅。帝王调动某地军队，派人执右半符前往该地，地方上执左半符，勘合验真，才能发兵，于是便有"符合"之词。一地一符，一个兵符不能同时调动两个地方军队。历史上发生利用虎符调动军队的事件，影响最大的也许就是战国信陵君"窃符救赵"的故事了。

现存著名的青铜虎符实物有：中国历史博物馆收藏的青铜阳陵虎符。它是秦始皇统一中国后发给阳陵（今陕西高陵县）驻守将领的虎符。上有错金铭文"甲兵之符，右在皇帝，左在阳陵"；现藏陕西省博物馆，1973年在西安郊区出土的左半片杜虎符。符身上有错金铭文九行四十个字："兵甲之符，右在君，左在杜（杜是地名，秦国杜县）。凡兴兵披甲，用兵五十人以上，必会君符，乃敢行之。燔燧之事，虽毋会符，行殴。"此四十个字其实就是个用符说明书：凡用兵五十人以上，必须双方会符才能行动。但遇到紧急情况，可点燃烽火。不必会君王右符，也能发兵；西安市文物保护考古所收藏的金质虎符，可惜也仅存半符，无铭文，体型特小，长不到5厘米，重35克多。呈卧虎状，巨目大耳，四腿弯曲，长尾上卷，通体纹饰是凸雕阴刻，背面有扣槽。对其年代有争议，有说是春秋战国的，但也有说可能是秦物，因为秦的国都在雍（今陕西凤翔县东），此虎符正是出土于此县。

玉质的虎符，考古资料甚少，实物更罕见。济南市博物馆有一件被定为是战国的玉虎符（笔者综合各种因素分析，认为此玉虎符应该是汉代的），长近12厘米，厚不到半厘米，重43克。呈扁平卧虎状，两面均浅刻虎纹，虎四肢屈曲，尾巴上扬。两个半符，其中左面一片阴刻篆书铭文"南郡左二"四字；另一片无字。经考查南郡是古代地名，始置于秦，位于汉江南岸，汉袭秦制，现为湖北荆州。黑龙江博物馆收藏有左半片的青铜虎符，长近8厘米，高3厘米，厚1厘米半。呈伏虎状，虎高额吊睛，四肢弯曲，短尾，符外侧的虎腹上阴刻篆书铭文"东郡左一"四字。其背面有凹槽，周边还有三个三角形的榫卯，可以与皇帝持有的右半片虎符相契合。经考查东郡是古代地名，始置于秦，现为河南濮阳一带。黑龙江博物馆将其定为汉代虎符，是西汉皇帝颁发给东郡郡守的。因为《汉书》中有记载："文帝二年九月，初于郡国守相为铜虎符竹使符。"因此知道，将虎符颁发给各个郡国始于汉文帝二年九月（公元前178年），南郡和东郡同为当时的郡国。

笔者推测当年也许没有战事，两片虎符未曾合二为一，故至今只有半片虎符现世。留存半片虎符的杜虎符和东郡虎符都是颁发给地方的左面半片，皇帝保存的右面半片却不知去向。并发现虎符在春秋战国时期，其铭文大多刻在左右两侧的虎纹身上，文字相同，不用合符便可读完铭文。那时的虎符右半归皇帝处，左半颁发给某个地方，可以视情通用。从秦汉开始，虎符都是量身定制，专符专用，颁发给每个地方的名字都会刻在上面。许多铭文刻在虎背上，骑在两片中缝间，只有合符才能通读，以验真伪。

战汉时期的玉虎符在民间收藏中也非常少见，笔者有缘收藏了多件战国玉虎符。一件长20.8厘米、高7厘米、厚1.8厘米，虎身修长，引颈蹲坐，尾巴上扬，沿虎背有出齿，虎身两侧浅浮雕龙凤纹。深褐色沁，黄绿色玉质。中间合符处分别刻有三个篆书：令楚侯，左半片阳刻，右半片阴刻，三个字可以相契合。令字较小，其表达的意思是：此虎符代表皇帝的调兵命令。楚侯两字较大，居中。表达的意思是：此虎符是颁发给楚国的地方长官的。并因此证明此玉虎符是楚国之物。

还有以象作型制的玉符，猜测它是虎符的拓展，大象也是可与老虎一争高下的猛兽，姑且称其象符。此符很大，长18厘米、高9厘米、厚1.8厘米。象符外侧有38个阳文，篆书合符中有"帝呼"两个字，象征是皇帝在呼唤。

令人惊讶的是还有虎与鸟上下合体型制的玉符，长10.8厘米、高11厘米、厚1.6厘米。此符雕工精细，整体镂空，凤鸟驮着虎，鸟身有出戟，身上还饰以龙凤纹。合符中有"封胡氏"三个字。经查有关资料，胡氏起源于周朝诸侯国中的胡国，此迄今仅见的鸟虎合体的玉符应是胡国之物。

以上几件玉虎（象）符考古未见，也没有看到过在民间收藏书籍中出现，非常珍贵。

战国——虎符（白玉）：长20.8厘米，高7厘米，厚1.8厘米。

战国 —— 虎符（两片）上有篆字 3 个："令楚侯"。

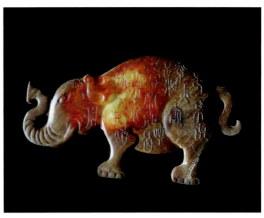

战国 —— 象符（白玉）：长 18 厘米，高 9 厘米，厚 1.8 厘米。

战国 —— 象符（两片）上有篆字 2 个："帝呼"。

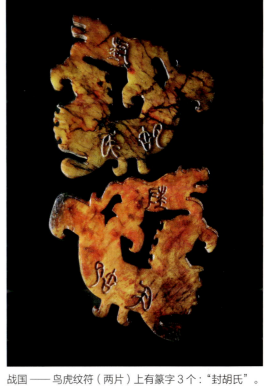

战国 —— 鸟虎纹符（两片）上有篆字 3 个："封胡氏"。

战国 —— 鸟虎纹符（白玉）长 10.8 厘米，高 11 厘米，厚 1.6 厘米。

抗疫避邪话"双卯"

2020年开始，我们人类遇到了一场前所未有的新冠肺炎的疫情，世界各国运用科学手段进行抗疫，研发疫苗和药物，与不断变异的病毒作斗争。在我国古代面对突如其来的瘟疫是没有什么抵抗招术和特效药物的，佩戴抗疫避邪的玉佩是最常见的做法。

汉代的刚卯和严卯是最著名的抗疫避邪玉佩，合称"双卯"。其均为方形柱体，中间有通天穿孔。长近3厘米，1厘米多宽。材质以玉为主，据说还有金、牙角和硬木等，按官阶佩带。"双卯"始于西汉，新莽时期，王莽视刘汉为政敌，《汉书·王莽传》曰："正月刚卯，金刀之制，皆不得行。"曾因避"卯"为刘字的部首而一度废除。东汉时期，随着谶讳神学的发展传播，"双卯"更是极为盛行，并按官阶佩带。《后汉书·舆服志》曰："佩双印，长寸二分，方六分。乘舆、诸侯王、公列侯以白玉，中千石以下至四百石皆以黑犀，二百石以下至私学弟子皆以象牙。"有史料记载汉代边境的军人也佩带"木刚卯二品"。

"双卯"上刻有文字，非篆也非隶，是先秦时代的"殳书"，属于古代二十四书之一，减笔假借，非常难识。刚卯上通常刻34个字，严卯上刻32个字，古人认为这些铭文具有抗疫避邪的法力。上面的铭文不易记住，况且对铭文的意思还有不同的解读，笔者认为这都无关紧要，记住重点的文字就可以了：刚卯的最后八个字是"庶疫刚瘅，莫我敢当"；严卯的最后八个字是"赤疫刚瘅，莫我敢当"。庶疫和赤疫是如何区分，不得而知，但意思大体就是指瘟疫，刚瘅古人泛指厉鬼。因为"双卯"佩戴在身，瘟疫的厉鬼统统被挡住，具有无与伦比的神效。

古人把不同材质的"双卯"本体制作好后，再择时辰刻上铭文，否则就无抵抗瘟疫疠鬼的法力。笔者曾看到过有四个字也有六个字的起句汉代玉刚卯，四个字起句"正月刚卯"；六个字起句"正月刚卯既央"，既央乃是正好终止。其意思是：刚卯上的铭文必须在新年正月的卯日卯时中完工。卯日是地支为卯的日子，十二天出现一次，每年正月的卯日不尽相同。卯时为每天早上的五点到七点，也就是要在两个小时内把铭文刻好。

严卯铭文上的起句"疾日严卯"，此句的意思是：严卯上的铭文必须在疾日的卯时中完工。疾日为何时，较费解。笔者顾名思义：疾日就是恶日，不吉之日。史料中有说"昔纣以甲子亡，谓之疾日，兵家忌日"。清代俞樾考证："（古人）凡遇甲子即是疾日，一年有六甲子，是有六疾日也。"我国古代记录时间用天干地支相配，六十为一个周期。甲子日是六十周期的第一天。

汉代"双卯"巫术色彩甚浓，汉人多系上赤青白黄的丝带，佩于腰间，大有"双卯"在身，百病皆除的自信感。由于其型制是外周方、内有圆孔的柱体，有学者推测古人可能源于对良渚玉琮的造型的启示。笔者不以为然：汉代类似"双卯"刻有"殳文"的佩玉收藏界时常有见，还有六棱和八棱的，它们都应是四方体"双卯"的演化，只是上面的字都无法解读。"双卯"之所以能在两汉时期盛行是因为其非常契合当时的社会文化，它是先秦文明对上古神明文化的延续和发展。此后随着魏晋南北朝佛教和道教的兴起，先秦的方仙道文化体系逐渐退出，"双卯"也难寻踪影了。明清期间，古人出于对汉文化的景仰，也出现了一些仿制的玉"双卯"，但其玉质和雕工都有明显差异，"殳文"更是大不一样，很容易鉴别。

因此直到今天，深受传统玉文化影响的国人，仍然把"双卯"视作最喜欢的玉佩之一。记得 20 世纪 90 年代去台湾，在一个某玉雕大师作品展销会上，就有"双卯"可以迎请。长形的白玉柱体已经完工，铭文待刻。如有客户，双方可约定在卯日的卯时到大师的工作室，当场见证"双卯"铭文的完工。若是完全仿照古法，还须有"正月"或"疾日"的要求，那就须耐心等待，只是价格要贵很多。不知何因，在民间收藏界汉代严卯极其少见。笔者在外孙周岁时，送给他一件布有红沁丝，已经被盘玩熟透的汉代玉刚卯，用红丝细绳系挂于胸前，但愿能护佑他一生健康与平安。

汉 —— 左、右刚卯（白玉）：高 2.5 厘米，宽 1.1 厘米；中严卯（白玉）：高 2.3 厘米，宽 1.1 厘米。

葬玉文化

葬玉文化是在中国玉文化史上一个非常值得研究的民俗现象。

这种现象早在石器时代就已经出现。考古证实两万多年前的山顶洞遗址中，就发现在尸体附近散落有石珠、兽牙等，这些随葬品可能是墓主生前佩戴的饰物。在距今近 6000 年前的山东胶县三里河大汶口文化的墓葬中，其中有 31 座墓主人手握蚌器、獐牙，口含玉簪和骨针等小物件。学界大多认为此并非只是简单地让逝者"不虚其口"，可能还有镇惊避邪、护体守灵的意义。

笔者以为：葬玉是在远古时代玉崇拜、先祖崇拜和鬼神观念相结合的产物。玉蝉是中国玉文化史上最早出现的玉器之一，在新石器时代就有了，其也是最早的葬玉之一，在河南洛阳的西周早期墓中就被作为放在墓主嘴里的"口琀"。先民将玉蝉作为葬玉可能基于两种理念：首先是对玉石的崇拜。古人认为玉石吸收了天地日月山川之灵气精华，乃是人间至宝；玉石坚固温润，永不枯烂，具有防腐作用。其次是对蝉的崇拜。在新石器时代的石家河文化、红山文化和良渚文化遗址中都发现了形态各异的玉蝉。在石家河文化遗址不仅出土的玉蝉最多，而且还出土了一些与蝉有关的物品，因此学界有观点认为：在长江中游一带有过以蝉为图腾的史前部落。蝉是高洁的，"蝉蜕于浊秽，以浮游尘埃之外，不获世之滋垢"（司马迁《史记》）。 蝉从卵孵化入土成虫，虫在土中蛰伏十几年，又从蛹蜕变羽化为蝉，它一生有两次褪壳重生，是自然界里周而复始，延绵不绝的生物。让逝者口含象征高洁的玉蝉，一是体现对逝者的尊重；二是期盼逝者能像蝉一样生命轮回，死而复生。

中国的葬玉文化发端于石器时代，成熟于两汉时期。最主要的葬玉有：

口琀：含在口中的玉器。"口含玉石，欲化不得"（班固《汉书》）。1997 年发现的湖北随县战国早期的曾侯乙墓中的墓主口中的玉器居然多达 21 件，均是微型的牛、羊、猪、狗、鸭和鱼的圆雕件。汉代盛行玉蝉，并延续至魏晋南北朝。

玉握：《仪礼》中称"握手"。古人认为死者不能空手而去，要有财富和权力，开始的玉握是长条形的玉片，汉代定型为玉猪。猪代表财富，希望死者衣食无忧；远古时候还将猪视作神，也欲借猪之威力去对付阴界妖魔鬼怪。

九窍塞玉：古人认为双眼、耳、鼻孔和嘴、肛门、生殖器合计有九个洞，是人体精气流失之处，死者此九窍要用玉器堵塞。"金玉于九窍，则死者为不朽"（葛洪《抱朴子》）。

玉枕：用以睡眠的枕头是高级的葬玉，不能忽视。早在 5000 年前良渚文化的墓葬中就有玉枕，大多呈扁腰鼓形和砖形，上饰神人兽面纹和鸟纹。枕头中间有横向对打孔洞。也许良渚先民希望逝者能得到神的庇护，让其灵魂能通过玉枕上的通道飞向神界，进入"永生"的境界。此后在漫长的两千多年里，玉枕在葬玉中少见。汉代国强财厚，皇家贵族中盛行玉枕陪葬。汉代的玉枕有整块玉石雕琢的，也有在木质枕芯外镶贴玉片的。在徐州博物馆珍藏有三件出土的汉代玉枕。其中一件蟠龙铜架玉枕尤其精美，引人注意的是在玉枕上有个象征门的铜框，猜测这与良渚玉枕上的孔洞的含意应该是一样的。

玉衣（又称"玉匣""玉柙"）：玉衣殓葬是丧葬玉的极致追求，它有个发展的过程：最初是"玉覆面"，始于西周末年，流行于春秋战国，考古出土较多。以山西曲沃晋侯墓地出土的西周缀玉面罩最为复杂和精致，共有79件型制各异的玉片组成，玉件背面有穿孔，可以缀缝在丝麻质地的覆面上，分别对应脸部的额角、眉、目、鼻、颊、腮、嘴和下巴等部位。后来出现了"玉甲"（下衣）和"珠襦"，当时的丧制讲究诸侯死后要珠玉裹身，"存乎诸侯死者，虚库存，然后金玉珠玑比其身"（《墨子·节葬下》）。最后是玉衣，玉衣由几千块小玉片用不同材质的缕连缀而成。《后汉书》中有记载："皇帝用玉柙金缕，诸侯王、列侯和始封贵人用玉柙银缕，大贵人、长公主等用玉柙铜缕。"但在实际使用中没有如此严格，现已知考古出土有玉衣的十八座汉墓，共发现玉衣20套，其中金缕玉衣就有8套，许多诸侯王划地当小皇帝，也僭越犯规，用上了金缕玉衣，如河北满城汉墓的刘胜夫妇。让人费解的是同样厚葬的广州南越王自称"文帝"，出土了"文帝行玺"，但穿的却是丝缕玉衣。到了三国时代，战乱不断，盗墓成风，厚葬渐衰。公元222年，魏文帝下令废除玉衣随葬制度，至此玉衣殓葬习俗在历史上销声匿迹。

玉棺：玉棺是殓葬玉器中等级最高的，史书记载和考古出土很少，且多为镶玉漆棺。如河北满城中山王刘胜夫妇墓，刘胜用的只是髹漆木棺，而其夫人窦绾却是玉棺，其内壁镶嵌了长方形玉片192块，棺的外廓用26块玉璧装饰；徐州狮子山楚王陵的镶玉漆棺，棺的外廓共用了2095块玉片镶贴，是迄今发现的最华丽的玉棺。由于玉棺大量耗费财力，在东汉初规范丧葬礼仪制度时，就先被摒弃，只保留玉衣。

从现有考古发现，中原的徐州（古称彭城）地区，是汉朝开国皇帝刘邦的故乡，也是十二代楚国王侯的封地。汉代人对生死和求仙的强烈意识，形成了营造来世和追求永生的厚葬之风。此地区汉墓所出土的丧葬玉尤其精致和别具特色，是中国葬玉文化的代表。

食玉奇癖

在中国玉文化的历史中，曾发生过人食玉的现象，学界还有人将其称作"食玉文化"，窃以为这种奇怪的行为不是什么文化，而是对中国玉文化的异化。

玉是自然界里有关矿物的统称，其种类繁多。狭义上的玉，通常是指以透闪石、阳起石和蛇纹石等物质为主的矿物；广义上的玉，即中国玉文化传统概念上的玉，是被国人认为是"石之美者"的玉，是所有玉的矿物集名，不胜枚举。古人认为玉是万物之精华。"万物资生，玉禀其精"（宋《太平御览》）；"凡物之精，此则为生。下生五谷，上列为星。流于天地之间，谓之鬼神，藏于胸中谓圣人"（先秦《管子·内业》）；"服金者寿如金，服玉者寿如玉也"（东晋《抱朴子·内篇》）。古人食玉是希望能吸收玉之精华，强身健体，长生不老。

食玉奇癖滥觞于何时？在正规的史籍中没有明确记载，我们只能从浩瀚的文字资料和传说中寻找与推测：食玉的行为似乎可以上溯至远古时期。《山海经·西山经》载：峚山（陕西境内的一座山）是丹水的发源地，山上热气腾腾的温泉中总是涌出一种玉膏，而这种如脂般的玉液就是黄帝经常食用的美食。距离四百六十里的钟山，出产两种彩玉，大神和地鬼都喜欢将之当作美食。食玉能长寿，当代台湾著名作家柏杨在《中国人史纲》中有记：黄帝白日升仙那一年，一百五十二岁。五代的《仙传拾遗》有写：周穆王中年时曾西巡昆仑山，在山巅之山吃过玉，"饮蜂山石髓，食玉树之食"，传说周穆王活到一百零四岁。

据史料《周礼天·官冢宰》记载，周代朝廷中设有专门管理玉器的部门，叫"玉府"。其职责是："掌王之金玉、玩好、兵器。凡良货贿之藏，共王之服玉、佩玉、珠玉。王齐，则共食玉。"所谓"王齐，则共食玉"指的是每当戒斋之时，玉府都要供给周王可以食用的玉。楚国三闾大夫屈原在《楚辞·涉江》借用浪漫主义的诗句表达过向往食玉成仙之情："登昆仑兮食玉英，与天地兮同寿，与日月兮同光。"汉代时期也有食玉情况的记录，汉武帝还"于未央宫以铜作承露盘，仙人掌擎玉杯，以取云表之露，拟和玉屑，服以求仙"（《史记·封禅书》）。从汉代末年至魏晋南北朝，战乱不断，政权更迭，天灾人祸给众生带来死亡与不安，让百姓益觉得生命短暂和宝贵，于是人们追求长寿，道家求仙的思想因此在当时得到广泛传播，并从贵族阶层走向平民阶层，"夫求长生，修至道，诀在于志，不在于富贵也"（《抱朴子》）。要修炼成仙自然需要服食灵丹妙药，于是食玉成为首选的方法。

魏晋南北朝是中国历史上食玉之风的鼎盛时期。有两个重要推手是必须提及的。一个是葛洪，他是东晋道教学者，著名的炼丹家、医学家。因为他是名医，治病救人为百姓做了许多好事，大家都相信他。他在名著《抱朴子》中论述了许多关于食玉的功效与方法。他认为玉可用乌米酒及地榆酒化之为水，亦可以葱浆消之为饴，亦可饵以为丸，亦可烧以为粉。就是玉有化水、制浆、捣丸和烧粉四种食用方法。但必须坚持吃，"然其道迟成，服一二百斤，乃可知耳"。到时候食玉之人就能修炼成金刚之躯，"入水不沾，入火不灼，刃之不伤，百毒不犯也"。葛洪还开设讲座，普及食玉知识。他的一个叫吴延稚的朋友听后就到处寻找玉石，把玉环、圭、璋和璧等都拿来制药，葛洪闻讯及时赶去阻止，并告之："不可用已成之器，伤人无益，当得璞玉，乃可用也，""于阗国白玉尤善。"另一个是陶弘景，他是南北朝的医学名家、炼丹家，茅山道教的开山鼻祖。他晚于葛洪近百年，十岁那年读了葛洪的《神仙传》一书后，便立下研究养生之术、修仙学道的志向。他的医学名著《本草经集注》共记录了七百三十种药物的名称，其首创的药物分类法中，还把玉石作为第一类的药物。他从药理上分析，认为："玉屑，味甘平、无毒。主除胃中热、喘息、烦满、止渴，屑如麻豆服之，久服轻身长年。"或许他总结了前朝食玉的经验，还谨慎提示会有药物反应：玉的"炼之法，亦应依《仙经》服玉法，水屑相宜，虽曰性平，而服玉者亦多发热，如寒食散状"。

　　虽然道教把食玉作为养生延年、修炼成仙的灵丹妙药，但众多痴迷者却没有看到身边的人因此长命百岁、飘然成仙。长期以来因食玉造成大量死亡的事件却屡见不鲜。据有关资料分析，考古发现魏晋时期贵族墓的墓主通常较年轻，可能与生前大量服食仙丹、玉屑有关。于是人们开始对食玉的功效产生质疑，到了隋唐时期，道教食玉成仙的理论已经少有人相信，食玉奇癖因此消失。往后历代玉通常只是作为一种药引出现在有关医方中，因为现代科学告诉我们：玉里含有对人体有益的微量矿物元素，虽有一定的医疗和保健作用，但绝对不能食玉。

千古绝唱话玉蝉

蝉是中国玉文化的永恒主题。在八千年玉文化史中没有一种玉器能像玉蝉那样伴随始终，经久不衰，这是十分罕见的现象。

现知最早的一件玉蝉是 1989 年在内蒙古白音长汗遗址（属北方兴隆洼文化，距今七千多年）出土的。青玉圆雕，长 3.2 厘米，宽 1.8 厘米，造型古朴。蝉体中部横穿一孔，可以系挂。此后的红山、良渚和石家河等众多史前文化遗址中都有为数不少的玉蝉发现。玉蝉曾先后扮演了三个不同角色。

一是图腾的标志。史学家吕振明先生在《简明中国通史》中说："黄帝先族有虫乔氏，黄帝少典之族有熊氏，神农先族神龙氏，尧的先族有娥氏，舜的先族穷蝉氏。"《史纪·五帝本记》中说："帝颛顼之子曰穷蝉。"这些都是以图腾名称为姓，舜帝先族"穷蝉氏"可能就是以蝉为图腾的部落。

蝉的一生经历奇趣。蝉产卵，卵化幼虫，幼虫入土，蛰伏四五年甚至七八年后，成虫化蛹出土，又蜕变成蝉，如此不息地无穷轮回。一个小小的蝉在先民眼里神通广大，能上天入地，似有神灵附身。于是一些部落就像敬拜大地般地敬蝉、拜蝉。有专家认为，红山玉蝉不少个头挺大，颈部有孔，可悬挂而祭拜。

在上海一古玉玩家项先生处，见过一只蛙眼鼓鼓的良渚玉蝉，长 25 厘米，宽 18 厘米，约重三千克。那是他多年前从浙江余姚一农家处买来的。此蝉 20 世纪 70 年代在挖河泥时被发现，一直搁在农家垫水缸。当地农民传说这种大玉蝉被水乡泽国的良渚先民奉为神物，放在独木舟头镇船的。

二是再生的象征。商周以后，蝉作为图腾标志的意识渐渐淡化，但敬蝉、爱蝉之情犹在，并多用于日常佩挂。每个朝代都有各自特色的玉蝉出现，汉代是玉蝉发展的鼎盛期。受先秦思想影响，汉代人信奉方仙道教，幻想死后羽化成仙，永享阳世生活的欢愉。而蝉的生命进程和习性恰似神仙。《庄子·逍遥游》描写神仙："不食五谷，吸风饮露，乘云气，御飞龙，而游四海之处。"古人认为，蝉蜕变复生后，也是不食人间烟火，只饮晨露，翅翼飘虚，逍遥自在。

汉代玉蝉可分为三类。佩蝉（头顶部有孔，可穿挂）、冠蝉（用以装饰帽子）和唅蝉（无穿孔，作殓葬用品）。唅蝉是汉代的特色。其琢工刚劲，线条简练，寥寥数刀即成，充满生命张力。汉代流行以唅蝉入葬，希望去世者嘴含玉蝉，能像蝉一样羽化成仙或往复再生。

三是高洁的代表。史记中载："蝉蜕于污秽，以浮游尘埃之外。"唐宋以后少见唅蝉。因"蝉高居悲鸣饮露"，其清贫高洁的形象，受到文人雅士的极力推崇。他们头戴蝉冠（用玉蝉装饰的帽子）以示清高，并借蝉抒情、托物明志。此时期出了很多咏蝉诗词，最著名的当数唐代"咏蝉三绝"。李商隐的"本以高难饱，徒劳恨费声"；骆宾王的"无人信高洁，谁为表予心"和虞世南的"居高声自远，非是藉秋风"，都是脍炙人口的佳句。

如今，玉蝉依然是国人最喜爱的佩饰之一。民间有许多讨口彩的吉语：小孩佩蝉读书更聪明，什么难题都"知了"（蝉别名知了）；蝉与"缠"谐音。男女情侣佩蝉，爱情缠绵，天长地久，经商者佩蝉生意兴隆，"腰缠万贯"；入仕者佩蝉事业有成，"一鸣惊人"；体育健儿佩蝉有望出成绩，"蝉联冠军"，等等，不一而足。

"五月鸣蜩"（蝉古称蜩，见《诗经·七月》）。夏日的蝉在林子里无忧地高声吟唱，不消十来天又要遁入一次新的生命轮回，这不啻是一段生命绝唱。而玉蝉在中国玉文化史上，又何尝不是一段音韵亮丽的千古绝唱呢！

玉蝉3件：图左红山蝉：长3.2厘米，宽1.6厘米，厚1.5厘米；图中良渚蝉：长6.5厘米，宽5.0厘米，厚3.0厘米。图右春秋蝉：长7.0厘米，宽3.0厘米，厚2.0厘米。

汉——玉蝉3件：（白玉）图左：长6.5厘米，宽2.3厘米，厚1厘米；图中：长8厘米，宽3厘米，厚1.5厘米；图右：长8.5厘米，宽3厘米，厚1厘米。

和氏璧材质之争

千古名玉和氏璧究竟是何种材质，此乃中国玉文化史上的千古猜想。

现代科学对于玉石材质的分析方法十分简单，就是直接取样对其进行化学和物理的测定。然而和氏璧至今无法见到实物，我们只能从极其有限的历史文献中获取诸如产地、产状及其他表象特征的信息，从而进行分析判断和推理。

战国《韩非子·和氏》与其他一些早期史料是最重要和较可靠的依据。另外唐代杜光庭的《录异记》中"岁月三星，坠于荆山，化为玉，侧而视之色碧，正而视之色白，卞和得玉献楚王"，也曾被许多专家作为描写和氏璧色泽特征的唯一文字记载而加以引用考证。

1921 年中国地质学奠基者章鸿钊先生开和氏璧材质研究之先河，在《石雅》一书中对和氏璧材质进行分析推测："其内有无数平行结晶薄片，相互映射而放蓝白或真珠光彩，又如秋月清辉，湛然莹结。此也一面而言，他面则随石之本色而异。"认为有月光石、拉长石、碧玉、蛋白石、玛瑙、绿松石、蓝田玉等七种可能。此后学界研究都以此为基础，褒贬不一，意见纷纭，又陆续增加了可能是其他材质的观点。如：南阳独山玉、冰洲石、三峡奇石、欧泊、发光玉石（水晶、萤石、冰晶石等）、青金石、基性（或超基性）岩石、翡翠砾石及和田白玉、青玉等。近年还有人从浩瀚的历史文献中捕获了破解和氏璧材质的"璞、玉、宝、理、璧"等五个密码，认为和氏璧是一颗超级大钻石，令学界震惊，激起阵阵涟漪。

笔者不才，对以上专家学者的治学精神总是充满钦佩，对他们的研究成果总是认真学习，偶有心得。曾发表网文，班门弄斧地认为：从和氏璧的产地（楚人、楚山）和产状（楚山、玉璞）推测，和氏璧应属于地方材质的半山料，只是一块普通的玉石毛料，至多是一块接近新疆和田玉材质成分的透闪石毛料而已。多年过去，心里仍是忐忑不安，似乎如此评论对千古名玉和氏璧有点不恭。

近几年学界认同和氏璧与传国玉玺之间无关联的观点益多。距和氏璧发现后一千六百余年的杜光庭，是唐代第十八位皇帝唐僖宗的近臣，很有可能亲眼目睹过传国玉玺。他承袭了唐代其他一些学者提出的传国玉玺系用和氏璧琢刻的说法，其《录异记》中所撰，很有可能把对传国玉玺材质的观感误成了和氏璧。如果两者无关联了，多年来对和氏璧材质的研究将陷入困境，可能因此会产生其他新的推测和更大的猜想空间。

不久前，与几个同好喝茶，聊起和氏璧材质之争，余戏言：现在把神州大地上的许多材质几乎都扯上了，独缺"天外来客"。席间有人插话："那就凑个'雷公墨'吧。"

"雷公墨"是一种玻璃陨石。唐代著名地理学家刘恂《岭表录异》中记，广东"雷州骤雨时，人于野中得和翳石，谓之雷公墨，扣之铮然，光莹可爱"。明代《本草纲目》认为其"在天成象，在地成形，如星陨石，则与金石"，对人有保健安神之作用。古人亦将其视作一种珍贵的美石。

"雷公墨"不仅在海南一带常有发现，而且近年来在青藏高原的沙漠中、贵阳市及湖北境内的河道里也发现了单体原石。众人笑答："大胆推测，小心求证去吧。"

当代关于和氏璧的材质之争硝烟弥漫，但绝不是武林大战，没有江湖霸主。我们倡导和氏璧发现时期那种百家争鸣的学术氛围，各抒己见，和谐共处。历史上一些著名钻石都镶到皇冠上去了，中国玉文化史上的这个皇冠级的千古猜想又将由谁来破解呢？我们依然不得而知。唯一可知的是只要不见实物，任何的研究结论都只能是推测，和氏璧材质之争将永无休止！

和氏璧究竟有多大

千古名玉和氏璧究竟有多大？这个问题千百年来一直困扰着中国玉文化研究者。

我们仍然还得从寥如晨星的史籍中去寻找解题的蛛丝马迹。战国《韩非子·和氏》是被公认为关于和氏璧最早、最详尽和最可靠的史料，其文字非常严密。楚人卞和先后三次向周王献楚山玉璞。前两次都是"奉"而献之。查阅多部词典，得知"奉"字的常用义为"提升高度到极限"，古人以眉毛的高度为极限。西周金文中有"眉寿"一词，意为极度的高寿。我们平时常用的"奉献"一词，在古文中指的是"把贡品用双手抬举到眉毛齐平处献给君王"，体现对君王的无比敬畏和尊重。可见楚山玉璞是不可能很重的，不然卞和无法将其抬举到齐眉处献给周武王和周厉王的。第三次献楚山玉璞时，卞和已是七十多岁的失去双足的残疾老人了。他回想着数十年前两次献玉璞，宫廷玉匠不识宝，忠臣被人误解的不幸遭遇，悲从中来，乃"抱"璞长哭于楚山之下。"抱"字的本义是"用手臂围住"。也就是楚山玉璞的体积也不可能太小，可用手臂围得住，搂在怀里。

西汉司马迁编写的《史记》中一些关于和氏璧的文字，也被学界视为重要旁证史料。《廉颇蔺相如列传》中有个"完璧归赵"的故事。当秦昭王得知赵国得到了和氏璧，于是遣书赵王，欲以十五座城池换璧。赵王不敢得罪秦王，派大臣蔺相如"奉璧而入秦"。相如"奉"璧奏秦王，秦王看了大喜，"传以示美人及左右"。对这句话的描述几乎所有的研究者都解读为，秦王"让嫔妃及近侍轮流观看"。笔者管见解读为：秦王"传令（把和氏璧）展示给嫔妃及近侍观看"似乎更合适。因为这块珍贵的和氏璧有一定重量，让嫔妃及近侍自己轮流传看，容易失手，而让人捧着璧让嫔妃及近侍轮流观看最为妥当。当蔺相如见秦王无意换城时，谎说此璧有瑕，把和氏璧复取到手后，"持璧却立，倚柱"。其怒发冲冠地说，如秦王相逼，"臣头于璧碎于柱矣"，秦王无奈。后来蔺相如趁秦王为请璧戒斋五日之时，命一名随众换上粗麻布短衣"怀其璧"从小路逃回赵国。从这段史料中"奉璧""持璧"的文字再次证明和氏璧不可能太重。特别是"怀其璧"三个字更是明确地告知，和氏璧的大小是可以揣在怀里而不易被发现的。

时下许多研究文字，甚至教科书都认为和氏璧是用楚山玉璞雕琢而成，后来又被秦始皇改制成传国玉玺。学界对传国玉玺尺寸的考证，认为其"方四寸，高三寸六"，几乎没有异议。秦代每尺相当于现在的23.1厘米。故传国玉玺的大小相当于9.24厘米见方，高8.3厘米左右。如假设要用中间有孔的圆形扁状玉璧来改制，可开出四方相同大小的传国玉玺的料。然而此璧的直径至少要30厘米，厚度为8.5厘米。这样的和氏璧大如磨盘，重几十千克，不仅与出土考证的战汉玉璧（30厘米的大玉璧，厚度多在2厘米左右）不符，而且更与史料中对和氏璧描述的文字细节不符。

　　近年学界还有一种新观点，认为和氏璧是没有经过任何加工，是一颗珠形超级大钻石，并论证出其重约 800 克拉（约 160 克重），比鸡蛋略大。如果和氏璧只有这般的重量和体积，那么卞和在第三次献玉璞时，即使再老弱病残，无须也无法"抱"璞长哭于楚山之下，而只要将其双手捧握在掌心中即可。显然此说也与史料中对和氏璧描述的文字细节完全不符。

　　综上所述：去掉一个最大的，去掉一个最小的，那么和氏璧究竟有多大呢？建议读者可从"奉""抱""持"和"怀"这四个动词中去分析推测。"一百个莎士比亚，一百个哈姆雷特"，一百个读者，可能会有一百块和氏璧。这都无妨，权当是国人对中国玉文化历史知识的一次学习和传播吧。

"和氏璧"啥模样？

千古名玉"和氏璧"自秦始皇以后便在历史上销声匿迹，其究竟啥模样，千百年来一直为国人所困惑。

璧之本义是平圆形，中间有孔的玉器。是我国传统的礼器之一。大璧用以祭祀天地，小璧用以佩挂。对"和氏璧"的模样后人大多顾名思义，作本义解读。山东嘉祥东汉墓里"完璧归赵"的石刻画像中，蔺相如手执的"和氏璧"就是一件比掌心略大的平圆形，中间有孔的玉器。这可能是迄今见到的最早对"和氏璧"模样的图像描绘，明代冯梦龙写的《东周列国志》对"和氏璧"模样描写也同上。对此当代大多数学者似乎都予以认同。

国人接受关于"和氏璧"的知识教育也如是乎。2002 年人民出版社出版的《小学语文老师辅导用书》中称："璧，古代玉器的一种，平圆形，中间有孔。本课的和氏璧指的是楚国人卞和发现的一块玉制成的璧。"国内许多旅游景点里，只要有卞和雕塑或画像的，其手中执的都是平圆形，中间有孔的玉璧。"和氏璧"的旅游纪念品也是这个模样，有些甚至还莫名其妙地获得设计专利。

璧之引申义为美玉。查《辞海》《辞源》等一些大型词典，对璧作本义解释后，都提及璧还可以引申为美玉的通称。如"璧人"指容貌秀美的人；"璧玉"指上等美玉。唐李朝威《柳毅传》中的"柱以白璧，砌以青玉"即是指用精美的白玉和青玉装饰屋宇。

甲骨文就有"辟"字，金文中始有"璧"字。"辟"字左上部"尸"如屈膝而跪之人。右部"辛"为刑刀象形。左下部"口"乃施刑后的伤口。故"辟"字意为以刀劈人，大刑也。"辟"与"玉"上下组合成"璧"，可解读为片状美玉。

中国地质学先驱章鸿钊先生早在《石雅》一书中写道："古之称璧，不必皆为环属，如夜光璧、璧琉璃皆是。"东汉许慎《说文解字》对"璧"的定义是："瑞玉，圆也。"过去还认为其解释得太笼统，如今细想，不无道理。

我们现在只能通过有限的历史文献记载，对"和氏璧"的模样进行分析推测，《韩非子·和氏》无疑是最重要的文字资料。"璞"的本意是指蕴藏有玉的石头，卞和出身于玉匠世家，他会识别内蕴美玉的石头。所以卞和于楚山得玉璞后，就三献楚王。第一次是"奉而献之厉王"；第二次是"和又奉其璞而献之武王"；前两次都是"王使玉人相之"，皇宫中的玉人不识玉璞，仅用眼睛一看都说是石头。卞和也因欺君之罪被先后砍了左右两条腿。第三次是文王听说卞和"抱其璞"在楚山之下痛哭后，"王乃玉人理其璞而得宝焉，遂命曰'和氏之璧'"。短短十八个字把得宝和命名的过程全都描写出来，其中的关键词是："理其璞"和"遂命曰"两个关键词前后相接。从卞和三献的文字描述中可知："和氏璧"始终是以"璞"的原始状态存在，后来只是清理了外面的一层皮壳，故其模样应与自然产状时的玉璞大抵相同。现在许多研究文章把这段文字解读成：文王于是叫玉匠剖开玉璞，发现里面是一块宝玉，就琢成了一块璧。显然这些研究者添加了自己对玉璧形状的想象，对这十八个字的解读与原意有悖。

《韩非子·解老》曰："和氏之璧不饰以五彩……其质玉美,物不足以饰之。"天生丽质的东西，是无须人为加工修饰的。当代玩和田玉的人，对一块玉质和品相皆佳的籽料，绝不会轻易去雕琢成器。因再精美的雕工也会有瑕疵，还不如玩"原籽"来得好。"和氏璧"可能就是这样一块只清理过皮壳的"原籽"。

然而，"和氏璧"啥模样？学界至今未能给出一个较明确的推测或较完整的说法，以正视听。每每看到"和氏璧"被描绘成平圆形，中间有孔模样的图像和文字时，一种无奈之情油然从心底升起，不得不说这是东方爱玉民族的一个莫大遗憾。

楚山地望之议

千古名玉"和氏璧"得于何处，现可参考的重要史料战国《韩非子·和氏》中只有一句话："楚人和氏得玉璞楚山中"，即楚国人卞和得到一块含玉的原石于楚国的山中。

楚国的山是一个大概念。楚国是春秋战国时期的一个诸侯国，辖地大致为现在湖南、湖北的全部以及重庆、河南、安徽、江苏等省市的一部分。当代一些学者鉴于当时地理、交通等情况，认为卞和得玉的楚山有可能是邻近楚国始都丹阳的地方。"周成王时，封文武先师鬻熊之曾孙熊绎于荆蛮，为楚子，居丹阳"（东汉班固《汉书·地理志》）。丹阳的地理位置历史上有多种说法，然而认同是如今河南淅川的丹阳比较多。因此就推测卞和得玉璞的楚山，也许就是在河南淅川周边的山区。

我国历史上通常楚荆不分。在江汉流域的山林里有一种丛生的灌木名"楚"或"荆"，砍来作薪柴。商周时期楚荆泛指生活在江汉流域及以南地区。后来在这一带的楚荆部族中诞生了春秋一霸的楚国，于是楚荆（或荆楚）也约定俗成专指楚国了。如春秋《竹书纪年》曰："昭王十六年，伐楚荆。"因此在一些史料中把卞和得玉璞处亦称为荆山。汉以后和氏璧还以山冠名，谓"荆玉"或"荆璧"。然而不知何故，唐代学者张守节在《史记正义》中引用韩非子文说："卞和得玉璞于楚之荆山"，就发生歧义了。楚荆不分，大概念的楚山等于大概念的荆山。"楚之荆山"的荆山，虽也属楚山，但却是小概念的荆山，与大概念的荆山不能等同。张守节的解读显然与韩非子文意有悖，对这么一个十分清楚的逻辑错误，千百年来似乎未见有异议。并一直以讹传讹地对小概念的荆山进行地望考证，委实令人费解。

现只能沿袭以上说法展开阐述。我国有四座荆山，分别处于湖北、陕西、河南和安徽四省。除去陕西富平县的荆山，其余三座都可纳入"楚之荆山"的地理范围。安徽的《怀远县志》载：荆山"高一百八十五丈，周围十七里，东有卞和洞。"《中国名胜词典》也载："怀远县荆山有抱璞岩，传为卞和抱璞泣血之所。"但是从历史上楚国的地里位置分析，学界大多认为应是在江汉流域的湖北，所以对湖北荆山的考证也最多。其位于该省西部，武当山东南，江汉平原西岸，横跨南漳、保康两个县。《山海经》中早有记录："中次八经荆山之首，曰景山，其上多金玉。"清《湖北通志》载："《韩非子》云卞和得玉楚荆山，其地在今南漳县。"《保康县志》里也有卞和是保康重阳卞家湾人，世代为玉匠，死后葬在重阳周公岭小桃园等记载。1989年版的《辞海》有载："（荆山）主峰聚龙山，在保康中部。西周时楚立国于此一带，有抱玉岩，相传春秋楚国卞和得玉于此。"国家出版的重要文字典籍对卞和得玉之地也莫衷一是，南漳、保康两县都有历代为纪念卞和而留下的遗址和文人墨迹，更是为卞和得玉地之归属争了几十年，至今仍无定论。就如前几年发生"夜郎国""杏花村"的地望之争一样。有的研究文章干脆来个合二为一，称卞和得玉璞于南漳——保康的荆山。保康县建县已有五百年，1995 年出土了一尊楚国贵族铜鼎，证明其曾是古时楚国重镇。近年还斥巨资编排了一出《荆山楚源》的先秦风情歌舞剧，吸引了众多游客。保康县在对历史文化资源的开发利用上，比南漳县略胜一筹。

保康县地处荆山腹地，山里有五道峡。在其中二道峡景区的一块黑褐色巨石上，刻着"抱石岩"三个大字，传是卞和得玉处。岩下有个天然大溶洞，溶洞中还有几个小洞，传卞和寻玉时曾宿于洞中，那年十月去了此地。秋天的五道峡掩藏在被满山遍野的枫树、柿树和各种落叶灌木、乔木染成的斑斓色彩中。秋虫低吟，清泉汩汩，仿佛仙境一般。夜宿客栈，久不能寐。心里总是想着楚人卞和终于在一个明朗的月夜守候到飞临五道峡的那只五彩凤凰，凤凰不落无宝之地，在其栖落处的巨石上，抱得宝玉归的这个美丽传说。推开窗棂，月光如水，五道峡的夜宁静而又神秘，"秋间明月夜，望河候宝来"。是夜得梦，梦到那只远古的凤凰将在一个皎洁的月夜，穿越时空，飞回故地，带来楚山地望的信息……

"传国玉玺"与"官印制度"

秦始皇"受命于天,既寿永昌"的"传国玉玺"不仅代表了王权用玉的最高等级,也是我国"官印制度"的滥觞。玺印出现在西周时期,春秋战国较为普遍使用,当时主要是作为经商中交流货物的一种凭证。有一些出土的战国古玺上刻有司马、司徒等文字,类似官印,但尺寸大小和材质都不一样,很不规范。印玺制度最早的文献可见于《周礼·地官·掌节》:"掌守邦节而辨其用,以辅王命。"掌节是周朝的一个官职,其负责掌管守护天子所用的各种"节",辨别、熟悉"节"的用途,以辅佐王命。东汉郑玄在为《周礼》作注时解释:"玺节者,今之印章也。"据考证,先秦时期的印章大多随身佩戴,用来表明身份、职位。《战国策》中有载,苏秦在合纵联横成功后,他就随身佩戴六国的相印,以调动军队抗衡秦国,说明当时的"官印制度"正处于起始阶段。

《说文解字》曰:"玺,王者之印也。"从秦代开始,玺印成为当权者的权力象征。秦始皇还另琢了六方玉玺,史称"乘舆六玺",即:皇帝行玺、皇帝之玺、皇帝信玺、天子行玺、天子之玺、天子信玺,分别用于处理杂凡之事、赐诸侯书、发兵、征大臣、应对外事和祀鬼神等不同日常政务。由符节令丞掌管,是实用印。秦以前玺印尊卑共之,"民皆以玺玉为印,龙虎纽,唯其好"。秦以后玺印分开,"天子独称玺,又以玉,群下莫得用"。

《说文解字》曰:"印,执政所持信也。"秦始皇创"印绶",以规范官印。自丞相、太尉到郡守、县令都由君王在任命时授以用金、银、铜等不同材质铸的官印,印纽上穿以不同颜色的丝带,合称"印绶"。看到"印绶"便知官阶,官印须随身佩挂,丢印即丢官,那时是认印不认人的。秦末天下大乱,会稽郡守殷通召项梁、项羽叔侄共商应变之策,项梁令项羽拔剑取下殷通首级,乃"佩其印绶",自封为新郡守,行令各县,"得兵八千人"。汉承秦法,秦汉官印上刻的是职务,如"右司空印"(秦)、"琅邪相印章"(汉),称为"官职印"。

隋唐以后,官印制度不断完善。官印一律为正方形,官印的尺寸与职务大小有关。如宋代规定枢密、三司及尚书各部为两寸(相当于现在的 5 厘米),节度使署为一寸九分,以下各级衙署为一寸八分。"官职印"一直沿用到宋末,"穆桂英挂帅"指的就是把一颗"官职印"挂在身上军中称帅。隋唐开始出现以官府名称为印文的官印,如"广纳府印"(隋)、"中书省之印"(唐),称为"官司印"。

宋之前,帝王所授之印除罢官等需要收交之外,升迁、告老等大多情况印随人走,均无须上交,不利管理也浪费资源。南宋时开始"众官一印"。此时"官司印"也逐渐成为官印的主流,印章日趋大而重,无法再随身佩挂。于是取消印纽,在印背当中铸一直柄,以方便握拿钤盖。

"印把子"的说法因此而来。铁打的衙门，流水的官。授官即拜印，罢官即摘印，辞官即谢印。到了明清时期，官印制度已非常成熟，由礼部专管，形成了一套完整的铸印、司印、监印和用印规定。这与我国现在的印信管理办法几乎可以神通了。

值得提及的是：秦代开始的国家最高等级官印，两千多年来任凭世事变迁，却无甚变化。秦后历朝历代都祈求获得"传国玉玺"，以昭示王权神授。即使得不到的，也会琢一方有"受命"之类文字的玉印，以象征王权，作镇国之宝。唐武则天时，因"玺"与"死"谐音，遂改"玺"称"宝"。似乎所有朝代都琢有类似"乘舆六玺"的实用玉印。现藏北京故宫博物院，由乾隆皇帝钦定的二十五方帝王用印中，就有大清受命之宝、皇帝行宝、皇帝之宝、皇帝信宝、天子行宝、天子之宝、天子信宝等七印，分别用和田碧玉、青玉或白玉琢成，完全是对秦始皇玉玺的一脉相承。

从"传国玉玺"衍生出来的"官印制度"一直根深蒂固地沿用至今，人们总习惯地把大印和大权联系在一起，这是中国特有的文化现象，可专题研究。本文只是把其作为对中国玉文化探索中的一个细节，挂一漏万的简述而已。

"传国玉玺"之谜

　　"传国玉玺"是中国玉文化史上的王玉至尊，代表着王权用玉的最高等级。公元前221年，秦皇嬴政横扫六国，统一天下，遂制玉玺一枚，方四寸，螭兽纽。由丞相李斯书写，玉工孙寿刻"受命于天，既寿永昌"八字于其上。用时下通俗的话来解读："我当皇帝是顺天应命，老百姓就会长寿，国家就能永远昌顺。"秦始皇制"传国玉玺"有两个目的：一是表明他是皇权神授的真命天子；二是希望将此玺作为镇国之宝在秦家王朝千秋万代地传下去。孰料天命难违，公元前206年10月，刘邦率军入咸阳，秦始皇之孙子婴跪捧玉玺投降，"传国玉玺"在秦家只传了两代，便易他主。

　　"传国玉玺"寓意"天命所归"，没有天命是不能当皇帝的，当了皇帝没有"传国玉玺"似乎也是不"正宗"的。刘邦建汉登基时身佩此"传国玉玺"，成为皇权象征。以后历代王朝为争夺和寻找"传国玉玺"演绎了许多金戈铁马，刀光剑影的传奇故事，"传国玉玺"在王朝更替的历史进程中也是命运多舛。有的见于史料，有的见于传说，众说纷纭，扑朔迷离。归纳起来大抵有四大谜点：

　　玉质之谜。"传国玉玺"用的何种玉材？一说是用和氏璧雕琢的。五代杜光庭《录异记》曰：荆山玉"卞和得之献楚王，后入赵献秦，始皇一统，琢为受命之玺，李斯小篆其文，历世传之。"现在不少书籍资料还是沿用此观点。《蓝田县志》和唐《玉玺谱》中另有一说，玉玺用玉采于秦都咸阳以北数十里的蓝田玉矿，属辉石类，摩氏4度，是我国传统的玉材。《宋史》中记载，曾有人献给北宋朝廷一个玉玺，说是秦国的"传国玉玺"。经当时著名画家李公麟等人鉴定，认为是伪品，因为"秦玺用蓝田玉，金玉正青色"。如今学界也大多认为和氏璧与"传国玉玺"之间没有联系，因此不排除用蓝田玉制玺的可能。

　　残缺之谜。刘邦建西汉，将此玉玺奉为汉传国宝，珍藏于长乐宫，以期代代相授。公元前1年，汉哀帝死，幼帝登基。"传国玉玺"由皇太后掌管。不久外戚王莽篡位，派人逼皇太后交出玉玺。皇太后大骂来人，气得"投玺殿阶，螭角微玷"。王莽只好令人将残缺部位用黄金镶补。另一说皇太后再发火也不会掷"传国玉玺"，其掷的是当时另要索讨的"皇后之玺"。

　　勒刻之谜。既然"传国玉玺"是王权的象征，拥有者总设法留下自己的痕迹。公元220年，汉献帝被逼"禅让"，曹丕建魏，使人在其肩部刻隶字"大魏受汉传国玺"，企图掩盖"篡位"之实。公元329年，后赵石勒灭前赵，得玉玺，令人在右侧加刻"天命石氏"。从现有史料来看尚无其他不同说法，如果玉玺真的有这些"痣"，定会给寻找、鉴定带来很大帮助。

　　下落之谜。现有两种说法较多：一说公元937年元月，后唐河东节度使石敬塘叛变，带契丹军破洛阳，后唐末帝李从珂怀抱"传国玉玺"登玄武楼自焚，玉玺从此不知去向。但有人从自焚灰烬中找过，结果连块残石都未发现。《元史》中有另一说，"传国玉玺"曾在元初重新出现，至正二十一年（公元1368年）元顺帝兵败退出大都时将大批珠宝连同玉玺一起带走，于漠北消失。

"传国玉玺"在历史上时隐时现，屡次易主，颠沛流离了一千六百余年，明代以后再也未见踪影，明代开国皇帝朱元璋登基时大憾"少传国玺"。此后几百年间，"传国玉玺"多次真真假假地出现，最终还是被一一否定。最后有说清皇太极打败了蒙古林丹汉，获取了"传国玉玺"，乾隆时期专门鉴定过，确认也是伪品，便存放于故宫交泰殿内。1924年末代皇帝被驱出清宫时，冯玉祥派人去宫内搜找这件伪"传国玉玺"，也一无所获。网上曾有传2004年中国留学生在莫斯科一市场里，从几位蒙古人手里购得一方旧玉玺，上有鸟虫篆，极似"传国玉玺"。据说还经过科学检测，年代也到。笔者搜寻看了图片后大笑："开门的假。"

难道"传国玉玺"真的失落在茫茫历史的烟尘里了，抑或还是静静地躺在神州大地的某个角落等待着人们的到来。我们千万次地呼唤，就像母亲在人海中寻找走丢的孩子。王玉至尊的"传国玉玺"你在哪里？你是东方一个爱玉民族心中永远的牵挂！

亦谈"赌石文化"

赌石的前提是相玉，即是对玉石的形状、色泽、质地、重量及其他各种表象特征，进行由表及里的评判。"相玉文化"是中国玉文化的一个内容。

相玉之术由来已久。1984 年在三千多年前的四川广汉三星堆文化遗址中出土了一块自然砾石，不规则形，表面呈栗红色，质地坚硬。此砾石一面被去玉皮，露出浅黄色玉质。考古学家认为这是商代古人在加工玉器前进行相玉、选料。楚人卞和能从一块玉璞的外部表现特征中判断出内含美玉，更是流传千古的相玉名案。

和田玉等玉石中虽有皮包玉、玉羃石的，"神仙难断寸玉"，但玉的"五德"中有一德："鳃理自外，可以知中，义之才也。"和田玉等玉石大多表里如一，尽管还要会识别和田料、戈壁料、青海料、俄罗斯料、人工籽料和真假皮色等，毕竟其赌性较少。因此百余年来国人便把相玉术的研究重点放在翡翠原石上。翡翠原石表皮上呈风化、半风化沙粒状，有着不同颜色，各种自然特征变化莫测。现在没有一种科学仪器能探明里面是否有绿色，其赌性似乎更大。

我国云南地区 250 多年前就出现了带有赌石性质的贸易。清代乾隆年间有个安徽望江人到云南做官，曾编写了一些地方县志，其中一部《滇海虞衡志》曰："玉出南金沙江（今缅甸伊洛瓦底江流域），江昔为腾越（今腾冲）所属，距州二千里，中多玉，夷人采之，搬出江岸，各成堆，粗矿外护，大小如鹅卵石状，不知其中有玉，并玉之美恶与否。估客随意贸之，运之大理及滇省，皆有玉坊，解之见翡翠，平地暴富矣。其次利虽差而亦赢。最下，则中外尽石本折矣。"清末至民国年间，珠宝业有个话叫"赌行"，即珠宝玩家能凭慧眼，在一堆原石中觅出上好的翡翠及和田玉来，用小钱获大利。

清道光元年（1821 年），云南腾冲玉商玉匠组建"宝货行"公会，捐资盖了白玉真人"祖师殿"，把卞和视作业界鼻祖、中国赌石大师供奉起来。此殿后毁于战乱。光绪七年（1881 年）重建，后又在"文革"时被毁。1993 年年末腾冲珠宝协会筹资再建，此乃国内仅有的一座供奉卞和的祖殿。如同木坊供奉鲁班，酒坊供奉杜康，纸坊供奉蔡伦等一样，对卞和的供奉也是一种行业崇拜。旧时每年阴历六月初十为白玉真人诞期。这一天腾冲本地及来自四面八方的翡翠玉石商贾、玉匠云集"祖师殿"，拜真人、谈生意、玩博彩、看大戏，历时三天。近年来，在腾冲地方政府的策划推动下，传承历史，将其发展成颇具"庙会"性质的民俗活动，带动了当地翡翠玉石贸易和旅游业。

赌石具有很大的风险性，相玉术再高，有时也得靠些运气。云南一带有许多赌石习俗。如算"鸡头卦"，在赌石前杀只一年以上的公鸡，原只炖汤，鸡头由赌石者吃。然后根据鸡头骨的长相，对照古老鸡头卦作推算，如非吉兆，即停止赌石。又如"斋戒"，有着明显的佛教色彩，其与云南一带信奉南传佛教有关。赌石者焚香供石，每天吃素，不问世事，不做买卖，禁房事，天天静观所赌之石，以期察出端倪，悟出下刀切石的最佳方案。还有如"择日""撞日"等。即先期把买来的赌石供在家里，请风水先生选个吉日剖石，谓"择日"；不定剖石日期，只待某天灵光闪现或心血来潮时即剖石，谓"撞日"。

前些时候，"赌石文化"被炒得风生水起。许多地方都在搞"赌石大会""赌石文化节"，还有"相玉大赛"。夺冠者获"相玉大师"称号。更吸引眼球的是数年前上海某珠宝中心还别开生面地办了场"超级美女模特翡翠赌石秀"，到处是煽情的广告，诸如："赌石、赌胆、赌信"；"一刀穷，一刀富，绿白之间。一阵凉，一阵热，谁知我心"。几近疯狂的赌石，撩动着不少国人的发财梦。"有人买，有人卖，还有疯子在等待"，这句顺口溜刻画得实在入木三分。

时下对在市场经济中催生膨胀起来的"赌石文化"褒贬不一，众说纷纭。笔者以为近代的"赌石文化"是古代"相玉文化"的发展与异化，是中国玉文化史中的一个特有现象，无可厚非，只是希望在赌石时多点理性，少点疯狂罢了。

赌石 ABC

赌石是门技术活儿，这门技术活来源于长期的经验积累，加上个人文化底蕴和悟性，同时还要有点运气。现国内市场和田玉、翡翠和玛瑙等玉石都有赌，本文就最具赌性的翡翠，纸上谈兵，略作简述。

"神秘的北纬 24 度"。如同上苍对中华民族的眷顾，把稀世瑰宝和田玉留在了中国的昆仑山脉一样，上苍把宝石级的翡翠留给了南部邻邦缅甸。亿万年前印度板块和欧亚板块不断地碰撞，产成了一个断裂带，地下深处的岩浆顺裂缝向上喷涌，最后结晶为无色硬玉岩，即形成翡翠的主要矿物。翡翠的成色是在以上热液活动中，遇有铬离子的不断侵入，再加上其他各种复杂地质环境才有可能出现。尽管世界上生产翡翠的国家还有危地马拉、日本、美国、哈萨克斯坦、墨西哥和哥伦比亚等，但都是极普通的品质，现知只有在缅甸北部的勐拱、密支那等地才蕴有高品质翡翠（又称缅甸玉），业内将此地带称为"神秘的北纬 24 度"。

"不识场口不赌石头"。缅甸在几百年的翡翠开采中发现不同场口（又称坑口）出来的翡翠都不一样，好场口出好石头的概率较高。现在缅甸主要有十大名坑，如：后江、帕岗、灰六、麻蒙、打木坎、抹岗、白璧、龙塘、马萨和目乱干等。据说在千吨石头中，可选出一吨含有翡翠的毛料，而一吨翡翠毛料仅能开出一公斤的高料（高品质的翡翠）。所以这些好场口的原石一般是不会轻易流入市场去交易和赌石的。即使流入，也已经过层层筛选，少有漏网之鱼。离开场口，赌赢的机率只有万分之一。

"全赌、半赌和明赌"。翡翠原石外面大多有一层皮壳包裹，无法知道内在质地是否有绿。缅甸在 20 世纪 60 年代将翡翠矿产资源收归国有，开设翡翠毛料交易"公盘"。"公盘"开拍前，对展示的毛料编号，注明件数，重量和底价，然后由竞买者分投暗标，开标后以最高价成交。翡翠毛料有三种情况。一是完全原石状态，称"全赌"；二是在毛料的某几处磨去外皮，开个"窗口"，可窥视内部质地，称"半赌"；三是将毛料对剖，可以清楚看到切开部分的质地，一般都称其为"明料"。其实翡翠原石对开了，仅能看到已开一面，如再对剖，完全可能发生戏剧性变化，故似称"明赌"更妥。"全赌"风险最大，在云南瑞丽的公盘上，"全赌"的石头只占两成。

"赌种、赌雾、赌裂、赌底、赌色"。"种"其实就是赌场口，好场口出好石头，场口错了可能会输。"雾"是原石外皮与翡翠底章（俗称"肉头"）之间的一层厚薄不等的半风化膜状体。"雾"要薄而透，有白、黄等色。好雾下有好石头，"雾"错了就输。"裂"就是裂纹，有时表面不易察觉，解石后发现内裂就输。"底"即肉头，要纯净、细腻。如呈粗、黑、乱状就输。"色"就是肉头上面的颜色。绿的颜色要求正、鲜、活，没有颜色一般也输。

"擦石和切石"。"擦石"即根据原石外部特征，找到最有可能出绿的地方，擦磨去一块皮，开个"窗"，然后就能打灯光来察看，判断内部绿色的深度、宽度和浓度。翡翠内部如有绿，会在外皮壳上生成出不同的表象特征。业内赋予不同的专业术语。一般"擦石"的顺序是：一擦"颠"，二擦"枯"，三擦"癣"，四擦"松花"。如果"擦石"看到了绿色，便是可能赌赢（行话称"涨"）的好兆头。"切石"就是依据原石表象特征，在合适处将石头剖开。表面擦出有绿，内部不一定有绿。故行话说"擦涨不算涨，切涨才算涨"。"切石"风险最大，输赢全在一刀之中。"一刀穷，一刀富，一刀披麻布"，即是也。所以不少赌石者，见到擦涨就转手出让，让别人再去赌，赢利虽少一点，但转移了风险。

玉友沈起君，不仅古董知识很丰富，有着许多精美藏品，而且是个翡翠原石的资深玩家，深谙"赌石术"。在其古玩店喝茶聊天，每每见得有携翡翠原石前来讨教和相玉的。其以经验相授：翡翠内部有绿，外部一定有特征；而外部有特征的，内部未必有绿。这是用"大额学费"换来的辩证法则。他二十几年前曾在云南昆明赌过一块90多千克的翡翠原石，外部充满特征，内部一塌糊涂。一千几百万元人民币付之东流，此君腰椎发凉了多天。听罢，让人唏嘘不已。光有赌石的基本知识不行，还得碰运气。哎，变化莫测的赌石！

神秘的天珠

　　天珠是藏民族的圣物。天珠藏语读"瑟"，有美好、威德、财富等意。窃以为它是中国玉文化园里的一朵奇葩。

　　藏民族对天珠的起源有许多神奇美丽的传说，最主要的似乎有两种。一是"虫化石"。天珠的前身是一种小虫，生活在喜马拉雅地区。有缘之人一旦发现它，必须马上抓起地上的砂石往虫身上撒去，使其固化，变成天珠。动作略慢一点，此虫便稍纵即逝，不见踪影。如有很大的福分，在地下挖到虫穴，那得赶快用砂石掩着，于是便会获得一窝天珠；二是"天降石"。天珠是天上神仙的饰物，因为有了点瑕疵，被神仙抛洒人间，恩施于黎民百姓，有幸捡拾到者，当会得到众神仙的保护，避灾消难，增长福祉。

　　西藏一些典籍中也有相关天珠起源的记载，如藏民族心中的英雄格萨尔王的传奇。格萨尔出生于 1308 年，原是一个穷苦人家的娃，十六岁时在赛马选王中登位。他一生戎马，扬善抑恶，弘扬佛法。他曾南征北战，统一了大小一百五十多个部落。有一年其攻打阿扎玛瑙国取胜后，在尼泊尔靠近冈底斯山的一个地方，寻到一个埋藏天珠的宝库，收获了一百一拾伍万伍仟陆佰颗各式各样的天珠。格萨尔王将一部分天珠供养三宝、众护法后，又分赐给一些立功的战士和当地百姓。余下的则埋藏于西藏各地，作为未来西藏财富受用之根基，有福之人可得到。

　　从古印度传下来用梵文写成的《吠陀经》中记载：喜马拉雅地区远古时候地理环境恶劣和自然灾害多发，深受苦难的先民祈求上苍怜悯和神祇庇佑。大约在三千五百年前的阿利安人的印度古国，最先创造了天珠。珠体上面用一些矿物原料绘出各种图腾和符号，并施巫术、咒语于其上，以期得到诸佛众神的保佑。

　　当代的学者对天珠的起源也是说法不一。有些学者认为西藏的天珠最早可追溯史前期，它很早就从印度传入。但有一些藏族学者认为天珠应是象雄文化的遗物。三千多年前的象雄先民从印度引入了玛瑙烧蚀工艺，结合其原始苯教的图腾，发明了天珠。象雄古国乃是史前青藏高原的大国，它的历史疆域曾包括了印度和尼泊尔的一部分，其文化属于西藏的先期文明。我国汉代史籍中称象雄为羊同。有考古学者对云南出土汉墓中一些珠子进行研究，发现其中就有天珠。然而也有些学者认为西藏天珠是在 7 世纪时从伊朗和阿拉伯等国传入的。

　　我国最早见于文献的是唐太宗贞观十五年（公元 641 年）。汉藏联姻，唐太宗将宗室之女文成公主许嫁吐蕃王朝的松赞干布。在文成公主的陪嫁中有一尊从印度请来的佛祖释迦牟尼十二岁等身像。其入藏后被供奉在拉萨的大昭寺内。此佛像上被历代藏人镶嵌了许多珍宝，其中就有一百多颗天珠。唐朝时期称天珠为"瑟瑟珠"，"瑟瑟"是来自古代波斯国的译音，波斯人将宝石称为"瑟瑟"。在敦煌莫高窟第 159 窟的"吐蕃赞普出行图"，描写的就是赞普头戴高帽，揭发两鬓，项饰"瑟瑟珠"，手持香炉立于华盖之下的场景。

天珠上绘有的各种图腾符号与宗教有关，至今也不能全部解读。不少学者认为天珠的图腾造形，则是沿袭古印度婆罗门教的护摩法，而附会与密宗的"五轮法界塔"的象征意义，并且又与道家的"阴阳五行之说"相通互融，非常深奥。天珠上常见的图案有宝瓶、莲花、虎牙、寿纹、菩提等，不同图形，代表不同的意义。另外是"眼"纹。即在一些几何线条中绘有一个个圆圈，从一"眼"到二十几"眼"都有，不同数的"眼"，有不同的寓意。

天珠或许来自异域，或许就是象雄文明的遗物。然而无可争议的是它在中国西藏这块纯净的佛教圣地中，吸收天地之灵气，融入神秘的文化内涵，生生不息，得到了充分的发展。它在藏民族的心中是神圣的，具有无可替代的地位。

愿神秘的天珠，以其神奇的力量，护佑着高原雪域的藏族儿女，永远安康幸福；护佑着勤劳勇敢的中华民族，永远和谐吉祥！

鉴识天珠

对于天珠的鉴识，国人以往知之甚少。近些年来，天珠逐渐受到学者的关注和藏家的重视，也成为时尚达人的流行佩饰之一。2011 年在威尼斯国际电影节上，几位华人影视明星佩戴天价天珠踏上红地毯，让世界耳目一新。现试对一些比较混乱的说法作些厘清。

天珠的起源至今是个谜，在我国西藏流传着许多版本。有一种比较主流的说法是：公元前四千多年地处西亚两河流域的美索不达米亚文明就有了镶蚀玉髓的技术，后来因缘际会传入西藏地区，古代藏民以当地特有的玛瑙来进行镶蚀加工，终于制成了天珠。后代藏民偶尔从荒野之中发现古人遗留的"天珠穴"，称其为"由天而降的宝珠"，天珠也因此得名。

天珠可分为天然天珠和工艺天珠两大类。天然天珠是用西藏地区独有的"九眼石页岩"磨制成的。天珠最早可能起源于藏民族对灵石的崇拜。从西藏卡若、那曲等地已发现了多处旧石器时代遗址，考古证明藏民族至少在三千多年前就生活在高原雪域上，并创造了灿烂的史前文明。喜马拉雅山在地质年代的亘古时期是一片汪洋大海，海中生活的海螺、贝类等浮游生物，在造山运动时被抬升，又经极其苛刻的地理环境，化为玉石。藏族先民们偶然挖到这种化石，将其打磨成珠状体，珠面上展现出一个个大小不同，或连或分的圆眼睛，十分奇丽。他们非常诧异，认为这是天降之石，是神的恩施。用九眼石页岩磨制的天珠极少见。曾见过几颗天然天珠，呈细橄榄状，大小不等，上面有不同数目的眼睛，此眼睛似小螺壳的化石。印象最深的是一件清代"九眼天珠金刚杵"，它是藏传佛教密宗的法器。全长 16 厘米，杵杆用象牙制作，杵头是一颗用九眼石页岩磨制的天珠。珠体上共有九个大小不一，或单独或相连的圆眼，异常珍贵。有的玛瑙上也分布有圆圈的花纹、有的铁陨石上有高温摩擦形成的圆状气印，也可以磨制成有眼天珠。

由于九眼石页岩不易得，成珠量少，此后就出现了工艺天珠。它是用一种镶蚀工艺，让黑白图案呈现在玛瑙珠体上的方法。西方藏学家在半个世纪之前就有了研究结论：天珠是"蚀刻或漂白的红玉髓"，西藏学者通常称其为"白玛瑙勒子"。玛瑙是中国古代用玉的品种之一，汉之前红玛瑙被称为"赤玉"或"琼"。自古就有"千种玛瑙万种玉"的说法。玛瑙的矿物学名称即为玉髓，属隐晶质的二氧化硅，摩氏硬度 7 度左右。

工艺天珠可分为古工艺天珠和新工艺天珠。古工艺天珠的起源至今扑朔迷离。三千多年前的西藏喇嘛开采玛瑙矿石，然后加工磨制成扁圆、细橄榄等形状。又在珠体上用矿、植物颜料绘以各种图案。天珠的制作全过程中须由高僧活佛念佛诵经，尔后经开光、佩戴、加持。当喇嘛往生火供（即火葬）后，身上七宝俱成灰烬，唯独留下天珠。由于高温的作用，彩绘颜料全部渗入珠体，图案益加艳丽。还有一种古老工艺是，先用天然碱性物质涂抹在玛瑙成品上，加热使玛瑙整体"白化"，然后再用天然有机酸绘出图案，再加热制成天珠。其珠体白色深入到矿石中，而图案的黑色或棕色等线条，则相对是浮在矿石表层的。众多学者对古工艺天珠似乎更认同后者，可惜上述两种工艺方法早已失传。用古工艺制成的天珠被称为"至纯老天珠"，极其珍贵，是藏家追寻的目标。

新工艺天珠即用无机的强碱、强酸，在玛瑙珠体上绘出图案，蚀刻烧成。时下新工艺天珠在四川、浙江甚至不丹国等地都有制造，材质仍以玛瑙为主。但工艺水平、加工质量最好的首推台湾。1996 年笔者去台湾省亲，发现不少店家有新工艺天珠卖。店主告知：有传在多年前发生的一次特大空难中有两个幸免者，其中一个佩挂西藏老天珠。于是人们相信了天珠的神奇，在台湾地区掀起了天珠研究热和佩戴热。

笔者以为工艺天珠无真假之分，只有新老区别。如有人拿来一颗天珠来作鉴定，最合适的说法是告诉对方，这是天然九眼石的，还是某种工艺的天珠。古工艺天珠的断代很难，因缺少时代特征的标准器，倘若能说出点道道，推测出大致的年代，便已十分了得。

天珠故乡行

笔者在 2013 年夏天终于去了一趟西藏，来到天珠的故乡，能有机会近距离的考察天珠。在藏民族的生活区域里，天珠几乎无处不在，其主要用于：

供佛。从唐代文成公主作为陪嫁带入西藏的那尊释迦牟尼十二岁等身佛像开始，就开始形成了天珠供佛的习俗。现在大昭寺、桑耶寺等一些著名寺院里，有许多佛像的佛冠、额首和胸前都镶嵌了不同的天珠，以示虔诚之心，希望得到佛的保佑。还看到在其他一些重要的地方也会用天珠镶嵌装饰，譬如布达拉宫和扎布仑寺的诸世达赖和班禅的陵塔基座。

禅修护身。藏民族认为纯正的西藏老天珠具有强烈的磁场能量，是水晶的三倍。修持者佩戴天珠入禅，能促进身心调合，启发定慧，有助导入"悲智圆满"的境界。在寺庙里的高僧喇嘛身上，大多持有天珠。人们还相信日常佩戴至纯老天珠能趋吉避凶，稳定血压，防止中风，增强内气，会获得意想不到的福分。

药用。天珠都为玛瑙材质。藏医认为其可舒经通络，主治中风、四肢麻木等。在西藏古老的《四部药典》中提到将天珠磨粉，配以金银、珍珠等粉末，加入药草制成药丸，相传是治疗险疾的特效药。我到拉萨一家著名藏药公司参观，在众多奇异的藏药材中就有绿松石和天珠，并详细注明了服法。笔者有一颗九眼老天珠，其两端呈斜坡状，即是曾被磨粉作药的痕迹。

财富象征。藏民族认为天珠是珍贵的。《新唐书》中记："珠之好者，一珠易一马。"在许多藏民的家财细软中一定会有老天珠。据说在很长的时期里，至纯老天珠还可以在藏区的银行和信用社抵押贷款。在拉萨八廓街的古玩店铺看到几颗老天珠开价数万甚至上百万。真是不看不知道，一看吓一跳。若家中藏有几颗老天珠岂不就是一笔莫大的财富。

佩饰。天珠自古就作为饰物。"吐蕃妇人辫发，戴瑟瑟珠"（瑟瑟珠即天珠，见于《新唐书》）。藏族姑娘行成年礼或出嫁一定要佩戴天珠。在一些重要的礼仪场合佩戴天珠也是一种地位的象征。在西藏旅游时见到不少藏族妇女颈上挂着的项链中间有天珠，粗看似大多为新工艺的。听当地朋友说，有些人不是没有老天珠，只是平时舍不得戴，一到逢年过节，穿上盛装时就全亮出来了。

本以为能有缘在大昭寺的释迦牟尼十二岁等身佛像前近距离地观察那从唐到清，近千年里陆续镶嵌其上的百余颗天珠，以提高眼力，无奈我等凡夫俗子只能隔着沉重的护法铁链作远距离瞻仰，令人遗憾。但不虚此行的是，看到并深度认识了三种不同的天珠。第一种是全新工艺的。玛瑙质，呈褐色状，上绘有各种纹饰图腾是用现代的镶蚀工艺加工出来的，据说还在喇嘛庙里经过火供和开光，这种全新工艺的天珠在一些酒店的小卖部和商场里都有卖。笔者在日喀则下榻的酒店时替同行的几个四川朋友选购，并专挑视为最珍贵的图腾，如莲花、宝瓶、九眼和虎牙的买。第二天导游带队去天珠专卖店，同游者请店员作专业鉴定，不仅说都是真的，上面的纹饰也非常吉祥，是当地藏民最喜欢的。而且与店家的价格相差悬殊，窃喜。回上海后，还收到他们的问候和致谢短信。

在拉萨步行街的西藏文物商店认识了第二种天珠，是全部采用仿古工艺做的，玛瑙体上有天然风化纹，圈子里认可这种东西，收藏家有幸会遇到。商店还挂了一些港台影视明星来此购买天珠的照片。这种老天珠可作为一种参照的标准器。也因此获得灵感，类似东西的年代不会太早。大昭寺左边有个西藏土特产中心，在一个天珠的售柜前与营业员聊天珠，这时来了个他熟悉的藏族朋友，请其从腕上取下一串天珠手链来开开眼界。共九颗，每颗珠都只有两厘米长，糯熟的玛瑙玉质，肥厚的包浆，白色的图案线条，只绘有一两个圆的眼纹，极为简单。此是很古老、罕见，且大开门的第三种天珠。物主说是传世的，但也道不出东西的年代。

翡翠传奇

翡翠是一种色彩绚丽的石头，虽然其论资历未能挤进中国玉文化的传统玉材，但是却用短短数百年的时间，追赶上有数千年开发利用历史的新疆和田玉。从此翡翠与和田玉并驾齐驱，成为时下最受国人珍爱的玉石，不啻是个传奇。百余年来有关翡翠传奇中的两个问题一直众说纷纭，尚无定论。

翡翠何时从缅甸传入我国？我国至今未发现翡翠矿，虽然危地马拉、俄罗斯、美国和日本等少数国家也出翡翠，但质地很差，从商业角度讲全世界百分之百的宝石级翡翠都产于缅甸北部伊洛瓦底江上游的勐拱地区。按时间顺序归纳，主要有因在云南腾冲曾多次发现翡翠玉料磨制的原始工具的"史前说"；有因在东汉班固《西都赋》中载"翡翠火齐，含辉流英"等诗句，或因数十年前在吉林的几座秦汉古墓中发现的六件翡翠珠饰及河北中山靖王刘胜墓中出土一件镶嵌翡翠饰品的"秦汉说"；有认为"勐拱的玉石开采到元代臻于兴盛"（张竹邦《翡翠探密》）和英国人伯良在研究缅甸玉石贸易一文中说"勐拱所产之玉石实为13世纪中云南驮夫发现，大半由陆路运往中国销售，为中印中缅通商的重要商品"的"元代说"；有认为"明正统元年（1436年）后的一百多年间，统治阶级直接控制经营玉器厂，大批华侨进入勐拱开采挖掘，使腾越边区的玉石业繁荣"（夏光甫《中印缅交通史》）的"明正统说"；还有日本学者茅原一认为"大概在一千七百年前后在北缅甸发现翡翠，把翡翠由缅甸运到中国是清中期（1784年）"的"清代说"。

翡翠之名从何处得来？翡翠本是生活在我国南方黔滇地区一种毛色美丽的羽禽名，"翡翠形如燕，赤而雄曰翡，青而雌曰翠"（《后汉书》）。唐陈子昂有诗云："翡翠巢南海，雌雄珠树林。"有两说：一说腾冲玉人见到从缅甸出产的玉石色彩与翡翠相似，就以鸟名呼之；又说为了与新疆和田玉中绿色的翠玉相区分，便称"非翠"，久之成了翡翠。

近年学界对1988年腾冲地区出土本以为是翡翠的两件斧和一件钺作了检测，确认是当地新发现的矿种"蓝晶石"；汉许慎《说文解字》："翡，赤羽雀也；翠，青羽毛雀也。"东汉等古籍中多次出现的"翡翠"词句，经考证均系指翡翠鸟。至于在秦汉墓中的七件珠饰，刘胜墓中的一件经目测确认是白玉受绿色铜沁，另六件尚无检测，因为不少专家认为在北方汉唐古墓中即使有翡翠制品出土，原石最可能是来自俄罗斯和日本。其余"元代说"等似乎都证据不足，无法确定。

笔者浅见：明代徐霞客曾在崇祯十一年（1638年）到过腾冲并停留了340天，从游记中得知至迟在明末"缅甸玉"已经云南陆路进入中国，时称"碧玉"或"翠生石"；已有玉商"走缅甸，家多缅货"；已有专门从事翡翠加工的"碾玉者"，朝廷还派官员来管辖。这是迄今为止最早、最具体和最可靠的文字史料。多年前在北京前门外发现了一块写于康熙五十四年（1715年）的"仙城会馆碑记"，得知此时"缅甸玉"已称翡翠，并从缅甸经海路运到广州，在玉器墟加工后再进贡京师。又依据腾冲地区的元代墓葬中从未出土过翡翠制品，却有当地吴姓家族迁修其明中期先祖坟茔时，发现翡翠玉镯等事实，因此推测翡翠从缅甸进入我国的时间大约在500多年前的明中期，明末清初作为贡品已进入皇室。中国人以美石为玉，翡翠自然是不可多得的美石；缅甸曾是清朝的藩属国，缅甸人尊崇佛教，其与中国儒家、道教的思想理念有许多共同之处，可以融会贯通。在东方文化中红色的翡寓意吉祥富贵，绿色的翠寓意生机盎然，这是翡翠虽为"舶来品"，但却能被国人接受的文化基础。乾隆时期翡翠开始盛行，身价倍增。清末的慈禧太后更是翡翠迷，将其视为"帝王玉"。上行下效，当时民间佩挂翡翠饰件的风头超过了和田玉。

又根据上述时间链，"缅甸玉"由"碧玉"或"翠生石"如何演化并定名为翡翠，因毫无佐证资料，只能推测了：其称呼应先在民间流传，从"非翠"始，因其色彩与谐音的巧合，最终以生活在当地的羽禽翡翠来借代较合逻辑。这种以谐音假借，最后把意思传偏了的玉文化趣事也非个案。如时下有句俗语"有眼不识金镶玉"，其比喻见识浅陋，缺乏鉴别事物的能力。其实此俗语的原句是"有眼不识荆山玉"，是指出产于湖北保康县"荆山"的和氏璧，与"金镶玉"的意思大相径庭。

老翡翠的烦恼

翡翠在明代中期始从缅甸传入我国，先在皇宫贵族间流行，清代末年受到"翡翠粉丝"慈禧太后的追捧。在她的影响下，民间的富庶人家、布衣百姓也爱上了翡翠。缅甸的翡翠原石从此源源不断地流入中国内地，成为与新疆和田玉并驾齐驱的帝王玉，这是中国玉文化史上的特例。北京和台湾地区的两个故宫博物院里，都藏有大量明清时期的精美翡翠饰品。民间百姓家里也有不少传承几百年的明清老翡翠。可是据说把它们送到宝玉石检测机构去作鉴定，大多被认为非纯天然的翡翠，而是经过人工处理了，俗称"过不了机"。按目前的鉴定标准，把翡翠饰品分为四种状况：A货（纯天然）、B货（经过人工优化充填处理，使质地变得纯净透明）、C货（经过人工加染色）和B+C货（两种方法兼有）。这就是老翡翠的烦恼。

翡翠的鉴定古玩收藏界过去一直是凭"眼学"，即按代代传承的经验对翡翠进行物理和光学的观察，许多资深玩家只要看一眼再上手，就能立马作出八九不离十的判断。为此中国收藏家协会曾作过调查，让全国五十名收藏清代老翡翠的会员各拿一件老翡翠饰品，请当地精于此道的翡翠店老板目测，百分之九十四是A货；尔后到现在通用的仪器上测试，百分之九十八是B货。结果让人人跌眼镜。窃以为"眼学"似无问题，可能是认知和检测标准上出了问题。

新、老翡翠的矿料是有差异的。老翡翠都是老坑种的矿料，它是水料（相当于和田玉的籽料），其出产在缅甸雾露河的河床里。从明永乐到清光绪的600多年间被开挖了200多个坑洞，老坑水料已基本采竭。自光绪七年（1881年）至20世纪60年代，缅甸政府加强翡翠的开采、买卖的管理，实行翡翠公盘。在这80多年中，老坑洞又被反复清理挖寻，鲜有收获，故业内认为老坑种翡翠已绝迹，现在出的翡翠都是新坑山料，品质差异大。老坑水料的翡翠，其主要成分是极纯的钠铝辉石，种头特别好，大多是高冰种和玻璃种，其色彩特别艳，大多是冠以"帝王"定语的绿、紫、黄、红色。而新坑山料的翡翠，因为含有其他矿物成分，致使种头变得干枯，质地欠通透，颜色也不艳。业内有个比喻："老坑是24K金，新坑是18K金"。

现有的翡翠检测数据不周全。目前执行的国标数据是1993年以新坑山料翡翠的数据为标准的，且是原始状态的矿石，未有氧化、土沁和汗沁。老翡翠的矿石在河床深埋亿万年，微生物渗入导致矿石氧化变质，经探测大多有20厘米左右的厚度。明清老翡翠饰品在最后有一道"炖腊"古工艺，再加上流传一二百年，其在佩戴盘玩过程中受空气、水土和汗渍等有机物的影响，定会有残留物侵入其中。现在检测用的红外线光谱仪技术不成熟，又没有完整的光谱图库，只能测出"有机峰"，而无法分辨是微生物、石腊、油脂，还是树脂等哪种物质侵入所致，只要测到"有机峰"就定为B货，很不科学。现在国内已有一些珠宝检测机构运用"显微拉曼光谱学"和"有机物分子振动光谱学"等方法对老翡翠的"有机峰"进行分析，取得了重要的成果，但此检测方法要得到国家有关部门的最后认定还要继续努力。

翡翠的硬密度是最重要的检测依据之一。听闻对翡翠进行人工优化处理，也有许多工艺程序，需要在高温高压下给以强酸碱的腐蚀处理，再充填树脂或染色。经过如此"折腾"与"煎熬"，此时翡翠原本的物理性质已发生了变化，几乎成了"粉玉"。那些老翡翠硬密度达到标准，却被鉴定为非 A 货，不符合物理学常识。老翡翠大多种水通透、色彩鲜艳，试问：天生的美女佳丽还须手术整容与浓施粉黛吗？

笔者曾多次去北京故宫珍宝馆欣赏清宫遗存，那些种色俱优的老翡翠饰品让人叹为观止，这些东西都应是传承有序的了，也大抵是历代专家用"眼学"肯定下来的宝物。写到此处，突发奇想：何不把这里的宝物随机挑出几件，也用现在的仪器去检测分析，或许其结果能解除老翡翠的烦恼。

"攻玉"昆仑

　　"攻玉"一词有两解：一是指加工琢磨玉。"他山之石，可以攻玉（《诗经·小雅》）"；二是指在山体中，开采原生玉矿。本文意为后者。

　　从史籍得知，去昆仑山里采玉，至迟从战国就开始了。先秦思想家有文曰："取玉甚难，越三江五湖，至昆仑山，千人往，百人返，百人往，十人返。"（《尸子》）又如："汉使穷河源，河源出于阗，其山多玉石，采来。"（《史记·大宛传》）公元前119年，汉武帝令张骞第二次出使西域，张骞曾派随从沿玉龙喀什河往上游走，直到昆仑山深处的源头，在那里发现了许多玉石，就采了一些回来。这两段史料中的"取玉"和"采来"之意，都应是指在河床里拣寻玉石或在古河床的砾石层中挖掘玉石，非"攻玉"也。

　　窃以为有文字可佐证的"攻玉"昆仑，始于明代。据说最早山料的开采地点是喀什地区的大同乡玉矿，山料采挖出来后用毛驴拉到十几里外的大同河边，再装载于羊皮筏上，沿叶尔羌河至阿克苏集散地。明万历三十一年（1603年），葡萄牙籍的英国耶稣会传教士鄂本笃曾随商队到过新疆西南部的叶尔羌一带。那时叶尔羌的地域包括了现在的莎车县、叶城县及和田县的一部分。鄂本笃在那里耳闻目睹了当地采玉石的情况，其在日记中写道："玉有两种，第一种最良，产和田河中，距国都不远，泅水者入河捞之，与捞珠相同……。第二种品质不佳，自山中开出，大块则劈成片。以后才磨小，俾易车载，""石山远距城市，地处僻乡，石璞坚硬，故采玉事业，不易为也。土人云，纵火烧，则石可松。"开采山料非常辛苦，因为玉矿不像其他种类的矿石是连片的，它是断断续续地藏在岩石芯里，偶尔露出点矿脉。每取一块玉，必须把包裹其外的坚硬岩石全部剔除，而且时常会玉石难分，取得不好，玉石俱碎，前功尽弃。当时去深山里开采玉石的人，都是带足一年干粮，结队而往，十分艰难。

　　清代是"攻玉"昆仑的兴盛期，其中以阿拉玛斯和密尔岱两个玉矿最出名。和田县的阿拉玛斯矿多白玉，清道光年后停产，后矿洞位置湮失。1904年当地有个叫托达奎的猎人，追寻受伤的黄羊，在倒毙于深山绝壁的猎物边，意外拣到两块羊脂白玉，遂报告官府，得到了一杆猎枪的嘉奖，阿拉玛斯矿从此被重新开采。叶城县的密尔岱矿以露天开采为主，并以块度大、玉质纯著称。嘉庆四年采到三块大玉石，"首者青，重万斤。次者葱白，重八千斤。小者白，重三千斤"。清宫许多大型玉雕山子的材料出于此矿，最盛时该矿采玉工人达三千之众。现在这两个老矿洞里，还能见到一些清代采玉人的汉字题壁。现每年夏季，总有一些当地百姓会到清代废弃的矿渣堆里去翻寻，运气好的，还能挑到几块品质尚可的玉石。

　　"攻玉"昆仑极其困苦。清代官府挑选民夫上山采玉，"以徭役代赋税"。把当地无土地或交不起赋税的农户召集起来，立下字据，生死听天由命。采玉人自备铁锤、镐头和驴等采挖、运输工具，五月进山，在九月大雪封山前下山。其间几乎与世隔绝。山下十天送一次给养，清府在山间有卡伦（哨卡），派兵驻防，看管采玉。由于玉石矿形成时的复杂地质条件，致使矿体不大，一般只有几米宽，呈脉状、层状和囊状等。玉与石相间杂，出一吨玉至少要挖掘清理几百吨甚至上千吨的矿石。应征采玉人驴驮、肩扛玉石，要走几天崎岖险路才能出山，若完不成规定的玉石数量，翌年还得再次入山。

在和田县南部海拔 3200 多米的昆仑峡谷里，沿着一条河的两岸有个"流水村"。据考，汉人原称其为"玉石村"，当地维尔族人代代传讲，谐音变成了"流水村"（或"柳什村"）了。该村是历史上阿拉玛斯等玉矿的唯一出入口，当年清府在此设关口，建了一个检查站，当地人俗称"流水衙门"。十多年前，地方政府按旧图，在原址重修了一个"流水衙门"，二层建筑，方方正正似古堡，四角有塔楼，外墙用水泥、河卵石垒砌，颇有伊斯兰风格。现已修了公路，机动车可抵达，成为和田县"玉石之旅"的一个重要景点了。

"胡马地"的"苦难"石刻

　　玉河以雷霆万钧之势从昆仑山口奔涌而出时，会形成六七百米宽的冲击扇，稍有减弱的水势，使得一部分籽玉沉积于此。玉河在几千万年里，河床会不断迁移。新疆地区不少戈壁砾石滩，都是古河床的遗迹。其下几米深处的砾石层中，也有籽玉间杂。不知从何时开始，就有采玉人在以上古河床中掘寻和田籽玉，最有名的当是清代大小"胡马地"。

　　大"胡马地"在今洛甫县玉龙喀什镇南的昆仑山麓，玉龙喀什河两岸一带，南北绵延20千米。小"胡马地"在镇东北四五千米处的沙漠边缘，是一块约7平方千米的砾石滩。两者均系玉龙喀什河的史前古河床。清乾隆年间在此两地采贡玉，并于和田设三品官员督管。清道光二十一年（1841年），因"造办处所贮玉尚多，足以敷用"，官府遂停采贡玉，任民间自行采挖，不取课税。因此"两地产枣红皮籽料"，多羊脂白玉，玉质甚佳，淘玉者闻风而来。"采挖者甚众，沿河阜有泉，起房屋，植树木，以便客民寓居之所"（《洛甫县乡土志》）。四面八方的挖玉者蚁聚此地，还形成了一个叫"斯日克拉克托"的小镇。19世纪中国西北部的淘玉热，堪比同时期美国西部的淘金热。清末洛甫县主簿杨丕灼写诗描绘当时盛况："终日听鸣鸦，夜夜灯花。"誉此处是"片璞呈华"，为"玉河八景"之一。如今去"胡马地"，尚能见到当年挖玉坑洞和所居地窝子的遗存。

　　21世纪初，人们在位于新疆和田往布亚的公路里程碑三十一千米处白玉河西岸，即"大胡马地"区域内，发现了一块高二点四米，"靴子"型的花岗岩冰川砾石。巨石西侧錾刻着"大清道光二十一、二十二年，山西忻州双堡村王有德在此苦难"，每字20厘米见方。此23个字排列奇特，以"大"字单列开头，又以"难"字单列收尾，"大""难"两字首尾呼应，非常醒目。道光二十一年正是清政府开禁民间采玉的头年，王有德无疑是从晋北穷山僻壤，怀揣寻玉发财梦，只身来此地的异乡客。

　　在"胡马地"挖玉是非常艰难的。古河床上覆盖了几米厚的砂土，砂土之下的砾石层被石膏、泥沙胶结成坚硬的板块，似三合混泥土一般。在中国西部烈日风沙之下，用铁锤、铁杆挖出坑洞，再把砾石剥离出来，是十分繁重的体力活。据有关地质专家测定，古河床每立方公尺米的砾石中，平均只有50克籽玉，更甚于沙里淘金。行迹历遍新疆的清代诗人萧雄有文字记载："往往虚掷千金，未曾片玉，难愈见可贵。然复有一探便得，或才数量，而价值千金者。"

　　时下，新疆古河床的玉石资源已被作为当地发展经济的一个亮点。这几年加强了采挖玉石的管理，玉河里是禁止去了，于是在戈壁砾石滩采挖，并公开招标。每亩的采挖和砂石回填费用高达近十万元，投资风险很大，乃不乏竞标者。

在"大胡马地"的砾石滩里，还发现了一些其他挖玉人的石刻留言，有一块石头上的文字是"回鹘文"，又称"回纥文"，此文字在唐代主要流行于吐鲁番盆地和中亚楚河流域。公元10世纪以后，新疆当地回鹘人基本不再使用，而改用阿拉伯字母。此处有个叫"卡什玛勒"（意为挖掘过的地方），曾出土了一些唐代古陶碎片。因此推测玉河两岸挖玉的历史，也许最早可以追溯到唐代，迄今已有一千余年了。

双堡村民王有德的石刻，引发了人们对其身世的关注。山西忻州双堡村至今尤在，有人按图索骥找到该村宗祠族谱，在第十五代有字辈中，未见王有德名字。王家宗祠规矩：只有在当地结婚成家或终老归乡的族人，方能入谱。显然王有德两者都不是。那么王有德在刻了石头后，去了哪里？是一事无成，无颜回去见江东父老，最终困苦不堪，客死他乡了？还是应了"大难不死，必有后福"之古语，在"胡马地"拼命，遭了两年罪，终获美玉。发财后在异域成家立业，安乐后半生了？这块石刻留给后人以无尽猜想……

"胡马地"的"苦难"石刻，道尽了、也道不尽挖玉人的千年悲苦，然却用入石三分的铁笔，实实在在地写下了"苦难"两个字，它屹立戈壁荒漠170多年，是座见证中国古代挖玉人苦难史的纪念碑。

玉石矿知多少

玉石矿知多少，仅在《山海经》中记载古代玉石产地就有 259 处，惜大多地名今已无法查考。且沿袭中国玉文化中有几大名玉的提法，作矿物学上区分，来个粗略盘点。

和田玉是一种以透闪石为主要成分的软玉，俗称"真玉"。和田玉矿分布于塔里木盆地之南的昆仑山至阿尔金山地区，断续绵延千余千米，有二十几个重要矿点，若羌、且末、于阗、和田和皮山主产白玉，叶城、莎车主产青玉，玛纳斯主产碧玉。有专家估算，从夏朝至清代，和田玉籽料的总产量不足万吨。现探明和田玉地质储量约二十万吨左右，并仍有较大找矿前景，无奈矿体小而散、山势险恶、交通不便等原因，勘探困难。

格尔木玉产于昆仑山东坡的青海格尔木地区。其是在 20 世纪 90 年代末发现的储量巨大的透闪石玉矿，年产量达数十吨。昆仑山是我国最大的透闪石玉矿产地，和田玉与格尔木玉可共称为昆仑玉。其他透闪石玉矿的产地还有辽宁的岫岩、四川的汶县和石棉县、西藏日喀则和拉孜，台湾的花莲等。

岫玉已成了蛇纹石玉的代名词。矿物学的观点只有以透闪石为主要成分的玉才能称为玉，其余的只能统称玉石，是中国玉文化"石之美者"广义上的玉。岫岩玉矿成分以蛇纹石为主，分布于辽宁岫岩境内，已知矿点有十多处，其中北瓦沟是国内最大的同类玉矿。岫玉矿产地有不少，如甘肃酒泉玉和武山鸳鸯玉、广西陆川玉、广东信宜玉、四川会理玉、山东泰山玉、吕南玉、北京京黄玉、青海都兰竹叶玉以及台湾花莲玉等。在陕西蓝田新发现的大型玉矿，异于古代蓝田玉，矿物分析理归此类。

独山玉只晓得产于河南南阳，由于其矿床形成条件较为复杂，对玉材研究又有点滞后，至今尚未弄清成因和矿物含量，故也未能在它处找到同类玉矿，实属憾事。

绿松石玉矿在我国鄂、陕、豫、青、皖、新、滇等地均有分布，鄂陕豫三省交界地区是绿松石的主要产地，以湖北竹山、郧阳的绿松石最出名。绿松石多见深浅不同的绿色和蓝色，近年看到一些用红色松石制成的璧等古玉器，纹饰华丽，工艺精美，初入门者误为电脑工，当是汉物无疑。

其余的玉石几乎都可归为二氧化硅类玉石矿。二氧化硅是个奇妙的百变精灵，不同的地质条件下会有不同的结果。如其结晶完美时是水晶，胶化脱水后成玛瑙，含水的胶体凝固后为蛋白石，晶体小于某个微米就组成了玉髓、燧石、次生石英等。我国无高品质的欧泊，却在浙江发现了"变彩欧泊"；玛瑙以辽宁阜新最有名，南京雨花石也是玛瑙；硅化木以浙、新、滇为佳；芙蓉石主产蒙、鄂；煤玉数辽宁抚顺的质量好；琥珀在辽、滇、闽、藏最多；江苏连云港有"中国水晶之都"美誉；台湾的珊瑚闻名于世。

青金石在我国未见有矿藏，清代大量使用的青金石，专家推测是通过进贡和贸易，由邻国阿富汗进来。曾见过几件大开门的商周的青金石玉器，难道在两三千年前就有泊来品的青金石了，还是我国也有青金石的矿藏，只是地区偏僻产量少，至今尚未发现而已。翡翠是国人喜欢的"硬玉"，但悉数从缅甸经云南腾冲输入，仅文字记载的历史已有五百多年。

玉石矿知多少，还在不断发现中。如 2002 年在昆仑山的科克塔拉发现了"喀瓦石"，是期望储量或许会超岫岩的蛇纹石玉。尔后在云南龙溪发现了黄龙玉，一度被炒得火热。在内蒙古乌拉特前旗发现了罕见露天玉矿，业界称"佘太翠"。近年又在内蒙古的敖汉地区发现了可能改写红山文化用玉史的透闪石玉矿"敖汉玉"。相信随着科学勘察的深入，会有更多的惊喜发现。

我国是泱泱的玉石国度，丰富的玉石矿藏是中华民族得天独厚的宝贵资源，是以玉雕工艺为载体的中国玉文化——非物质文化遗产能得以不断传承和发展的物质基础。不亦幸乎！

历代采玉量的猜度

自新疆和田玉被发现和利用以来，总共开采了多少量，是中国玉文化研究中一个饶有兴趣的话题。近年在网上有篇宣传所谓和田玉"冷知识"的文章，对以上话题给出了答案。

从答案得知：从夏朝开始至清代末年，在我国有文字记载的历史资料里，粗略地获悉：和田玉的产量共计 9968 吨，平均年产量约 2.5 吨。其中夏商周时期的 1900 年间，共采和田玉 3800 吨。平均年采 2 吨；在秦汉魏晋南北朝的 810 年间，共采和田玉 1215 吨，平均年采 1.5 吨；在隋唐宋近 699 年间共采和田玉 1957 吨，平均年采 2.8 吨；在元明时期的 438 年间共采和田玉 1496 吨，平均年采 3.4 吨，在清朝 259 年间共采和田玉 1500 吨，平均年采 5 吨。从 1957 年到 1995 年间共采和田玉 9459 吨，接近我国古时历代开采的总量。

文章虽未注明研究者和有关信息资料的来源，但相信能如此明确无疑地进行表述，一定要有相应的依据。笔者孤陋寡闻，读罢难免会有许多不解。据悉我国现存历史档案，清代的保留最多，越往前推越少，即使能搜寻到一些开采和田玉的数据，也大多是从后人写的史籍中参考来的，不足为证。河南殷墟妇好墓中的出土玉器经检测百分之六十都是用和田玉制成，因此证明至少在商中后期和田玉就从西域源源不断地流入中原，成为皇家主要的用玉材料，但似乎未曾见到过在商甲骨文中有片言只语的记录；两千多年前春秋战国争雄称霸，即使有一些采玉数量的文字，也肯定极不完整的，现竟然弄得如此明白，简直不可思议。

从明清史料中能查到的也只是皇室收到进贡上来的玉石数据。明史《西域传》记，从永乐四年（1406 年），吐鲁番万户赛因帖木儿遣使进贡玉璞，此后西域各国进贡玉石者不绝于世。当时明代皇帝是有赏的，"景泰三年（1452 年），哈密贡玉石三万三千五百余斤，每斤赐绢一"。于是西域各国就以次充好讨赏赐。景泰四年（1453 年），撒马儿罕贡玉石，礼官奏："所贡玉石，堪用者止二十四块，六十八斤，余五千九百余斤，不适于用，宜令自鬻，而彼坚欲自献，请每斤赐绢一匹。"这种玉石混杂的糊涂账，其实也很难统计清楚。

再以清代的史料为例：乾隆二十五年（1760 年），在收复伊犁、平定准噶尔叛军后，打通了玉材运输通道，从此和田玉源源不断进入内地和宫廷，清还在和田设玉石官"哈什伯克"，督办采玉充贡等事，清高宗有诗云："和田采玉春秋贡。"

清时和田玉的开采，以于田县的阿拉玛斯地段和叶城县的密尔岱地段所采玉料最著名。清档案记载，乾隆二十八年（1763 年），和田采获春季进贡玉 79 块，叶尔羌河春季进贡玉 95 块，共重 538 斤 5 两 8 钱；嘉庆十四年（1809 年），贡玉青白玉子大小 1956 块，重 4033 斤 13 两 3 钱 9 分。经统计，从乾隆二十五年至嘉庆十七年间，清朝廷收的年例贡玉 20 余万斤，年均

4000 多斤。但其不包括因特殊需要，专门派员去新疆采玉。如乾隆四十一年（1775 年），为办寿宁官添设青玉磬，从叶尔羌采玉 6 块，计 6 万余斤。这些非常规的贡玉，能见诸于档案只是十分有限的。有关专家推算，如加上这部分贡玉数至少翻个倍。而由民间私采，流入到内地苏州等众多民间玉作坊的和田玉无任何资料可查，无法统计。乾隆后期朝廷打击走私，1779 年在阿克苏一次截获偷运玉石 4382 斤 15 两。无奈打不胜打，屡禁不止，清高宗也无可奈何，只好在《咏白玉如意》诗末自注："自定回部后，和田春秋贡玉如纳赋，而私鬻苏商者反多良材，虽知之也不深究也。"推测同期民间私采和田玉的数量远远超过官办的采玉数。清朝采玉数据况且如此不可靠，其他朝代的则更是无从谈起了。

于是可以断言：以上答案没有确凿的史料数据作支撑，不可信，充其量只是一个众说纷纭的、关于新疆和田玉历代采量的猜度而已！

和田玉的家底

我国新疆的和田玉已经采拾了七八千年，现在和田玉矿究竟所剩几何？时下网上有传"中国和田玉储量为28万吨，理论上还可开采160年，但由于和田玉无法像金银那样能提纯和回收，且为一次性加工，无法再生，未来几十年资源将面临枯竭"，有些新闻媒体也有类似以讹传讹的报道。时下市场上和田玉工艺制品确实也少了许多，见到一些其他玉材替代品。常听得商家说："现在新疆的和田玉已被挖完，这些货都是前几年进的，再不买就没了。"话语中有无推销术中的忽悠成分不得而知，如此危言耸听还在持续发酵中，不仅哄抬了玉价，还让爱玉民族的众多国人为此忧心忡忡。似应对我国和田玉家底作个粗略的盘点。

新疆和田玉产于塔里木盆地南面的昆仑山，其单个玉矿床呈窝状分布，大多长数米到几十米，宽数米，一米左右厚。如此断断续续地在高山峻岭上绵延1500多千米。因成矿时条件的异殊，所形成的和田玉品质也各有不同。初步查明玉矿带可分成三大段：西部集中在塔什库尔干、密尔岱及叶城县一带，主要出产青玉、青白玉。东部集中在且末至若羌县一带，主要出产青白玉和糖包玉。中部以和田县为中心，向四边延伸，这一带矿脉最长，有450千米，主要出产白玉和青白玉，质地最佳。

在2014年10月召开的第六届中国苏州玉石文化节的文化产业研讨会上，新疆和田县国土资源局的有关负责人专门就新疆和田玉的储量问题作了通报：根据已探明的新疆和田玉原生矿（即山料）产地20余处，在新疆地区众多河流中还有和田玉次生矿（即籽料）的矿源资料的计算，有关专家认为和田玉的实际储量应在300万吨左右。因此我们认为现有资源相当丰富，而随着地勘工作的深入，新的矿点、矿床还在不断地被发现。我国现有技术能力年采和田玉是150吨。现探明的和田玉储量理论上可采多少年，很容易算。

笔者为此向有关地质等业界专家咨询，证实了以上说法。和田玉的矿脉普查工作也是非常艰难的，现仅查了百分之三十的地段，山料原矿点至今还未寻到，因此和田玉根本枯竭不了。新华社曾报道："新疆和田玉被誉为华夏珍宝，巍巍昆仑是和田玉的唯一产地。有专家探测，昆仑山玉石资源达上亿吨。"虽不清楚如此巨大的"昆仑山玉石资源"是狭义地专指新疆昆仑山北坡以和田地区为中心的那些传统玉矿的资源，还是包括了昆仑山北部青海格尔木等地，甚至是昆仑山延伸至俄罗斯境内的全部透闪石玉矿的蕴藏量。但这毕竟是个利好信息，终于可让国人欣然释怀了。

需要解惑的是现在市面上真正和田玉制品见稀的原因主要是现时几个传统老矿，如于田的阿拉玛斯和且末的塔特勒苏等玉矿，开采了数百年产量渐少。新发现的和田玉矿都在五千米的雪线之上，山高路险，空气稀薄，环境恶劣，甚至更不易开采。清人姚元之《竹叶亭杂记》载："叶尔羌西南，曰密尔岱山者，其山绵亘，不知所终。其山产玉，凿之不竭，是玉山。山恒雪，欲采大器，人必乘牦牛，挟大钉巨绳以上，纳钉悬绳，然后凿玉。及将坠，系以巨绳，徐徐而下，盖山峻，恐玉之猝然坠地裂也。"现代的采玉条件除了工具稍有进步，其他情况与几百年前相差无几，玉石运出山，依旧靠驴驮人背。笔者在新疆采集信息时听到过一段顺口溜，刻画了采玉人的艰辛："一头小小毛驴，二尺赶路短鞭，三伏犹如寒冬，四季不知春夏，五更露宿昆仑，六欲七情全抛，美玉八方驰名，九死一生谁知。"

国家有关部门近些年还对和田玉矿作了长远的规划，加强了保护政策。如对一些重点玉矿有计划地限量开采，对新疆玉龙喀什河多年前无度采挖的乱象进行阻止。为防止开采时玉矿山体遭受破坏，禁止用火烧和爆破的传统方法，代替以钻凿和切割等先进的技术手段，同时也提高了出产玉石的完好率。

地球上也有不少出产透闪石玉矿的国度，如土耳其、美国、巴西、墨西哥、澳大利亚和俄罗斯等，但唯独我国新疆境内昆仑山的和田玉品质最好，蕴藏量也最大，它是上苍赐予中华民族的瑰宝。因此不能只顾眼前利益，得为子孙后代考虑，和田玉的开采要悠着点。

玉河捞玉图

玉河捞玉起于何时，现无从知道得很清楚了。据考至迟在 3200 年前的商代，已有和田玉始入中原。在殷商妇好墓出土的玉器里，发现其中几件小东西用和田白玉籽料雕成，这大概就是最早玉河捞玉之物证了。

汉时西域于阗古国（今和田一带），有玉河捞玉的民俗。"每年秋水涸，国王捞玉于河，然后国人得捞玉"（晋《高居诲使于阗记》）。有学者认为当时捞玉的位置可能在现玉龙喀什河大桥朝上游的那十千米左右的河段。此处河床宽约百余米，河底平坦。秋天河流缓慢，水浅而澈，大片砾石堆裸露，玉籽混杂其间，是捞玉的好场口。历史上新疆地区有玉可捞的河共有十来条，但数和田地区的玉龙喀什河、喀拉喀什河最出名，那十千米左右的河段或许就是古代"皇家采玉场"了。于阗国时有法令："官未采玉，禁人辄至河滨者。"每年秋会举行祭河捞玉典礼。于阗王在众人欢呼下，亲自下河捞玉，此后黎民百姓方得入河捞玉。如同现在浙江象山等渔港每年九月间的祭海开渔庆典。庆典结束，百舸争流，下海捕鱼。

古人相信玉敛聚了太阴之光，在河里是有生命的灵性之物，不易捞得。"凡玉映精光而生，故沿河取玉者，多于秋间明月夜。望河视玉璞堆聚处，其月色倍明亮"（《天工开物》）。当地还有"阴人召玉"之说。就是让"女赤身没水而取者"，如此会阴气相召，"则玉留不逝，易于捞取"。对以上说法意见纷纭，有人说不科学，迷信化。也有人说当是习俗，于阗古国民风淳朴，崇尚自然，女子赤身下河捞玉完全可能。更有玉友在闲聊时天马行空地猜测："阴人召玉"兴许与捞玉典礼有关，白天国王下河捞玉作"剪彩"，晚上宫内使女下河"捞玉秀"，都是一种仪式。此君"创意性"的思维让听客大笑。

"和田捞玉春秋贡"。清统一新疆后，于乾隆二十四年（1759 年）在和田设玉石官"哈什伯克"，督办采玉。开始每年春秋采两次，后停春采，秋采仅十五天。《西域闻见录》中记录得很明白：在捞玉的河段派两个官员看守，让捞玉技术熟练的维吾尔人，二三十人排成一行，并肩赤脚，踏着河床前进，遇有玉石"脚踏知之"。尔后弯腰捞起，岸上清兵看到了，即击一声锣。清官用红笔在此人名下画个点。捞玉人上岸后，按朱点悉数将玉交官府，看管极严。清代福庆有诗曰："羌肩铣足列成行，踏水而知美玉藏。一棒锣鸣朱一点，岸波分处缴公堂。"

几千年来，国人沿用这种最原始、最生态的"手工作业"方式在玉河里捞玉。虽是"年年捞玉"，却是"代代有玉"。玉河有玉，玉河才有生命。捞玉全凭脚上功夫，许多人不信脚底长眼。一个有几十年捞玉经验的维吾尔老者如是相告：和田籽玉圆润细滑，碰到脚底时它会说话。

秋高气爽，残阳西照，玉龙喀什河里撒满了捞玉人的点点身影。人们像是在蹚水摸鱼，全神贯注，轻手轻脚，犹恐惊动了水中的玉籽。有的只是多带了根铁杆或锹，远处偶而会传来几下清亮的铁与石的碰击声，像是诱鱼的梆子敲响。玉河捞玉是人与玉的娓婉对话，人与自然的和谐相处。其一直是、也许应该永远是宁静的。人们浅捞轻挖，恰似诗的浅吟低唱，宛如一幅清丽淡雅的水墨画。

有道是多年前玉龙喀什河曾演绎过一场十分壮观的捞玉图。近千名维族汉子在河里排成数行，赤脚踏玉，进行军事化、地毯式的拉网搜寻，岸边观者甚众。据说此拨人马受雇于某珠宝公司，一连数日，收获甚微。孰料不几年，这条河里却上演了一场竭泽而渔、机器轰鸣的挖玉大战……

玉河捞玉图从此掩上画卷，成为中国玉文化史册中难以忘怀的一页。

玉河之殇

"玉河，以产玉得名，源于阗，分为三。东曰白玉河，西曰绿玉河，又西曰乌玉河"（晋《高居诲使于阗记》）。

在西藏北部的高原雪域上，群峰耸立。每年夏季，冰雪消融，山石裂解，其中崩落的玉砾、山石和冰块，随同咆哮的洪水汹涌冲向低洼处。朝北倾泻汇成两条著名河流。一条是玉龙喀什河，源自昆仑山；另一条是喀拉喀什河，源自喀拉昆仑山。玉龙喀什河即白玉河。玉砾在水里经过千万年的冲击、磨砺，变为大小不一、圆润的白玉卵石（即白玉籽料），沉积于中下游宽阔河床里的砾石堆中。喀拉喀什河即乌玉河（当地俗称墨玉河），其流经一个小县城，墨玉县因此得名。现有说此河无墨玉，真正的墨玉产于玉龙喀什河上游的黑山村附近。此河主要出碧玉，碧玉呈暗绿色，外表风化后漆黑如墨，先民误认是墨玉了。考古地理发现，绿玉河与乌玉河，实为一条河，喀拉喀什河是也。

玉河湍急，年复一年地把昆仑美玉的精华（玉籽）带到人间。人们还曾在玉河里淘到过金砂和金刚石，这真是淌金流玉的河呵！生于斯、长于斯的世代百姓，在秋冬枯水时，下河不紧不慢地拣拾玉籽，听凭运气，尽享大自然的慷慨馈赠。有时还会把不够完美的小玉籽扔回玉河，让其继续接受水的洗礼，就像生态的渔者，常会把小鱼放回大海一样。千百年来玉河总是宁静的，静得使人留连。

光阴荏苒，世事变迁。国人对昆仑美玉宠爱有加，和田玉籽更是供不应求。近几十年来玉价一路上扬。曾几何时，挖掘机等工程机械的轰鸣声打破了玉河的宁静。受经济利益驱动的贪婪者们，不再满足于拣拾玉籽的传统"手工作业"，而是按河段、计亩数，包揽采挖权。开足马力，挖地十米，让玉龙喀什河来了个"兜底翻"。以玉龙大桥为界，上溯 80 千米，下延 30 千米。在百余千米的河床里，最多时有 30 万人、3000 台挖掘机在进行挖玉大会战，河床变成了露天采矿工地。玉龙喀什河两岸的地形、地表和植被受到严重破坏，沙漠化程度益甚。如同年少时会去刨挖农民已经收过多次的番薯地一样，河床也是被几十遍地翻挖、筛选，少有漏网之鱼，白玉籽被采挖殆尽。喀拉喀什河因其河床里的玉籽质量较差，故免遭大规模的洗劫。

2007 年后在当地有关部门的关注和努力下，这种灾难性的采挖行为逐步得到阻止。然而玉河稍些恢复的安静，却是一种千疮百孔、满目荒凉的寂寥。亿万年育成的玉河，岂是数载的休生养息就能康复得了的！

更让人扼腕长叹的是：由于地球气温升高，玉河源头冰川在缩小。五六十年前，雪线为 3000 米，现已向上提高了 1000 余米。"玉之多寡，由水之大小"。融雪减少，水势不足，玉河缺乏足够的力量把玉砾挟带至中下游。为了引水、泄洪、排沙，20世纪80年代在两条玉河的上游分别筑坝修建了"渠首"，90年代在喀拉喀什河上游建起了乌鲁瓦提水利枢纽。几年前，玉龙喀拉河上游的达克曲克水电站业已开工。这些水利工程有益民生和经济发展，却将大量玉砾拦阻，从此泄洪闸下难有玉砾冲出。自然和人为的因素叠加所致，如此下去，无须多时，玉河不再。

玉龙喀什河和喀拉喀什河依旧奔流。在阿拉克地区交汇成和田河，流入塔克拉玛干33万平方千米的浩瀚大漠。"万条江河归大海"，投入大海怀抱，从此获得新生。玉河流入固化的海洋，化为沙漠深处的甘泉，滋润了沙拐枣的红果，罗布麻的小花和千年胡杨的绿叶，最终悲壮地消失了自己……

嗟乎！立于昆仑之上兮，望我玉河。天苍苍，野茫茫，水漫漫。玉河不见玉兮，有河殇。玉河不复见兮，唯有河殇！

玉石之路

在中华文明史中"丝绸之路"几乎是妇孺皆知的。两千多年前汉武帝派张骞两次出使西域，从长安（今西安）起程，经甘肃、新疆到达中、西亚并联结地中海沿岸的欧洲地区。从此这条欧亚大陆的交通大动脉，成为中国、印度和希腊三种主要文化交汇的桥梁。由于中国通过这条路运到欧洲的商品主要是丝绸，故19世纪末德国地质学家李希霍芬将其称为"丝绸之路"，并得到世界公认。

然而鲜为人知的是，张骞所走的这条"丝绸之路"恰是在古代的一条"玉石之路"上拓展出来的。感谢上苍对中华民族的眷顾，亿万年前喜马拉雅山地质板块无比剧烈的运动，造就了世界上独一无二的瑰宝——和田玉矿。2002年6月，中科院考古所和中央电视台联合组织探险考察队，跋涉昆仑山脉，进塔克拉玛干大沙漠，对和田玉矿点、白玉河籽料原生地及古代玉石运输路线进行实地勘察。考察队在沿途发现了大量玉石标本和古代先民活动的遗迹，寻找到许多有关"玉石之路"形成和发展的证据。

考古证实大约在三千多年前新疆一带就有采玉、琢玉的部落，并开始有和田玉流入中国内地。河南殷墟商代妇好墓出土了700多件玉器，对其中300件玉器进行分析，材质大多是透闪石，其中也有一部分是来自新疆的和田玉。妇好是商王武丁的妻子，中国历史上有据可查的第一个女性军事统帅。她生前曾率领一万三千多人的军队，攻打西部的鬼方国，战胜后掠夺到很多玉石及其玉雕制品。

一千七百多年前的西晋时期，在河南汲县战国墓中出土了一批古简，其中有一篇《穆天子传》，记载了近三千年前的周穆王驾八骏马车西巡游猎之事。其从中原出发，途经甘肃、内蒙古和新疆，最终抵达昆仑山西麓。当时仍是母系社会的部落首领西王母，不仅款待周穆王，还赠他八车宝石，留下一段佳话。周穆王返途中，又在一些采玉、琢玉的部落处获取不少玉石，满载而归。这也许是和田玉由新疆进入中原最早并较可信的史籍。郭沫若先生作诗云："国玉出昆山，西巡竹纪年。中原王母迹，献玉贺平安。"

古代先民从昆仑山和田一带，由近及远地向东西两翼延伸，把和田玉运到很远的地方。向东经甘肃、宁夏、山西，入河南；向西经乌兹别克斯坦，到地中海沿岸的欧亚各国。此即最早的"玉石之路"。周穆王西巡路线，就是这条古道的东线。

专家依据甘肃青海地区齐家文化、陕西的仰韶文化等一些史前文化遗址出土的许多和田玉器，推测很可能在五六千年前就有了"玉石之路"的雏形。

"玉石之路"在汉武帝时被重新开发利用，商贩们从中原向西域运去大量的丝绸和药材，归来时又带回大量的玉石和当地特产。因运输玉石取此道而闻名，汉武帝在甘肃驿站设置"玉门关"，玉石到此便是进入国门了。唐代为保证商路畅通无阻，在龟兹设立安西都护府，在于阗（产玉地）筑城屯兵。以后历代这条古道上以玉帛交易为主的经济文化往来益加繁荣，有诗为证："归随汉使千堆宝，少答朝王万匹罗"（唐·杜甫）；"采玉河边青石子，收来东国易桑麻"（元·维吾尔族诗人马祖常）。

数年前，笔者到过玉门关遗址。一座用黄土夯筑而成的四方形小城堡突兀地耸立在戈壁滩砂石岗上。大漠落日，思绪无限。沉重的驼铃声伴着苍凉的羌笛声依稀地在耳边响起，玉门关如同一个饱经风霜的老人，正向人们诉说着发生在"玉石之路"上的许许多多故事……

寻找卑南文化的玉图腾

　　卑南文化遗址位于中国台湾的东海岸，面积达 90 万平方米。其文化遗存的年代距今为 5300—2300 年前（台湾学者对其上限年代稍有分歧），距今 3500—2300 年前为其兴盛期。1930 年被发现以来，它是台湾目前所发现的最大最完整的史前人类遗址。经考古专家分析认为，卑南文化与浙江的良渚文化、福建的昙石文化和江苏的青莲岗文化有许多相似之处。

　　风格独特的卑南玉器。经对 1500 多座墓的考古发掘，现已知在卑南文化遗址共出土玉器 13000 余件，其主要可分为装饰类、工具类、武器类等三大类。装饰类玉器最多，主要有头饰、耳饰、胸饰、腕饰和坠饰。工具类主要有玉锛和玉凿。武器类最少，主要有玉矛和玉镞。至今没有发现属于礼器类的玉器。

　　卑南遗址出土玉器中数量最多、型制丰富的是"玦"。在已发掘的 1523 座墓中 692 座有陪葬品，其中 442 座出土"玦"，占百分之六十三点八。经发掘所得共有 1300 余件，占出土玉器的百分之十。按"玦"的造型来分，主要有六款：1. 带有缺口的细身环形玉片；2. 带缺口的细身环外对称有四个小乳突的玉片；3. 方形玉片，中间近上端有一小孔，孔下为一长缺口，缺口两边各有一个稍大的圆孔，三孔呈"品"字形分布；4. "几"字形玉片，上端平，近顶端中间有一小孔，孔下为一长缺槽，下端向左右展开（海峡两岸许多学者将此称作"凤"字形，笔者认为更像"几"字）；5. 长方形玉片，中间近顶端有一小孔，孔下为一长缺口；6. 圆形玉片，中间近上端有一小孔，孔下为一长缺口。以上六款，1、2 两款占大多数。这些"玦"出土时都在人头骨的耳朵部位。许多专家因此认为"玦"是耳饰。这种玉器雕琢精细，打磨光滑，无论哪一款型制，都展示出个性美，它是一种深受卑南人喜爱的饰物。

　　卑南遗址出土玉器中数量最少，型制奇特的是"人兽形玉器"。这种"人兽形玉器"在卑南文化遗址和属于圆山文化的芝山岩遗址共出土了 13 件（其中卑南文化遗址只出土了 3 件），加上在台北十三行征集到的一件，目前总共才发现了 14 件。卑南遗址出土的三件"人兽形玉器"，在型制上很有代表性。1. 双人兽形玉器：玉片一面雕出左右并排的两个人的身体轮廓，人的双手叉腰，手臂和身体之间成镂空状。双腿分开，双足各自踏在一块平板上。此两人的头共同顶着一个侧身的怪兽，怪兽有角，尾巴上扬，此玉器人兽合一，兽在双人之上，构思虽怪异，却很生动；2. 单人兽形玉器：此玉佩人的身体外形与双人兽形玉器中的单个人相同，只是其头部被一个团身的怪兽所代替，兽首人身，怪兽身体呈环状，中间镂空，怪兽尾巴下方有一缺槽，似环形"玦"；3. 多孔人兽形玉器：此玉器也是兽首人身，兽首与单人兽形玉器相同，只是人身变形，为多孔组成。这种玉器台湾主流学者将其定名为"人兽形玉玦耳饰"，认为其用途与"玦"

一样是台湾史前人类夹在耳朵上的饰物。如果按台湾学者的说法，把"人兽形玉器"也归入"玦"一类中，那么卑南文化的"玦"就有七款型制。

笔者以为："人兽形玉器"是卑南文化玉器中最有特色和最具神秘感的玉器，极可能就是卑南文化的图腾标志。在我国许多史前文化的部落图腾，大多是以某种动物为标志，如红山文化中的玉龙。发展到后来也有以人兽相结合的图案作标志，如红山文化的"人兽复合体"的圆雕件。卑南文化的"人兽形玉器"也是属于此类性质的图案，其也许寓意"天人合一"和"人神相通"。

现对卑南遗址出土的三件"人兽形玉器"进行一个比对：单人兽形玉器和多孔人兽形玉器，这两件玉器上半部为兽首，下半部为人的身体或是人身的变形。其怪兽尾巴下方有一个缺槽，可勉强算其为"玦"。而那件双人兽形玉器就完全没有"玦"的这个特征，兽身的中间部位有一个孔，可用系绳穿挂，应是一件佩饰。卑南先民视"人兽形玉器"为圣物，部落巫师在进行祭祀仪式时，佩在胸前，能与上天和神灵进行沟通；夹在耳垂，能更清楚聆听神灵的声音，具有无比的法力。只是已发现的"人兽形玉器"尺寸比较小，如果以后有类似的大件玉器发现，可以摆放或者悬挂，那就更能说明问题了。

卑南文化 —— 兽首多孔形玉器

卑南文化 —— 单人兽形玉器

卑南文化 —— 双人兽形玉器

读《台湾玉经》

"中华民族素有玉石情结，国人爱玉是骨子里的。"这是笔者多年前写的，并在以后授课时常作为开场白的一句话。在海峡对岸，与中国内地同祖同宗的台湾同胞，也同样有着深深的爱玉情节。以弘扬中华文化为己任的，首推震旦集团的陈永泰先生，在台北和上海都有他的震旦艺术博物馆。馆中设有中国古代玉器展厅。喜欢玩老玉，并有深刻研究的，非李更夫先生莫属。李先生可以算是我国收藏高古玉器的老前辈了，20世纪90年代初就出版了《释玉》《玉器鉴定全集》两部书，大陆在20世纪80年代后期出现的最早一批高古玉器的收藏家，有不少人就是读着这两部书成长起来的。1996年春笔者到台湾省亲，曾去台北南京东路四段李先生的"增益堂"去请益和欣赏他的收藏品。热衷于玩新玉，并著书立说的要数台东的朱晓慧女士了，内地知道她的人不多。2013年笔者与家人跟团作台湾环岛游，下榻于台东娜鲁湾大酒店，酒店旁边有个玉器店就是她开的，笔者抽闲便去那里以玉会友，与店老板一见如故，于是她就送了自己写的《台湾玉经》（二卷本），读罢颇有心得。

《台湾玉经》的书名颇传统和自信，听说作者为此着实花了一番心思。作者从小就受到中华文化的熏陶，她幼年生活的花莲，是台湾著名丰田玉的产地。寿丰乡那里有条大溪，20世纪50年代上游冲下许多小玉石，正在附近和平国小读书的她常与同学课余时间好奇地下溪床捡拾，除了丰田玉籽外，甚至还会有各种颜色的水晶，去一次就会有一大堆收获，大家都不知道如何处理，就全交给老师了。在台湾有很多玩"台东玉"的玉友，几乎人人都有一部自己的玉石经，作者感叹："这条玉石文化的道路长远又断断续续，唯有用玉之经，承之、传之。"

第一卷《台东玉》，介绍台湾东部沿岸有近二十处地方出产各类玉石，名称繁多。如：梅花玉、菊花玉、年糕玉、化石玉、黑胆玉、白玉髓、西瓜石、蓝宝石、总统石、碧玉和紫玉等。这些好听的名字大多是当地玩玉者所取的俗称，科学归类主要就是碧玉、玉髓、珊瑚贝壳化石和蓝宝石四大品种。总统石其实就是一种黑色底张、上面有深红色龙凤花纹的碧玉籽料，它最稀有珍贵、一石难求，据说已有"一两总统百两金"的交易记录。作者觉得："在这玉石的天地里，是如此的广阔。千奇百怪，五彩缤纷，玉中有画，画中有诗"，深感"一玉一世界，一玉一菩提，遨游其中，无限宽广"。

第二卷《玉石文化》，探索台湾的玉石文化的历史，发现"在台湾，几千年前人们就已经用玉打造了如此多的佩饰及生活用具"，作者还与几个玉友尝试重蹈前人田野考古之路。台湾东海岸不仅有著名的三千多年前的"卑南文化"，还实地考察了"长滨文化"和"麒麟文化"等史前遗址，那里曾出土了许多诸如针、斧、刀、锛、镞和纺轮等玉石器具。"长滨文化"至少可追溯到 15000 年前，其与内地南方同时期的旧石器晚期的文化遗址非常相似，经专家考证其源于内地。"卑南文化"以形状各异的小型佩饰器玉玦为特色；"麒麟文化"亦称"巨石文化"，以大型祭祀石器阴阳石为特色。他们一拨人跋山涉水在寻找历史遗痕，拍摄了不少照片，也记录了许多有关台湾玉石文化的故事，让读者也有深临其境的感受。

时下台东玩新玉的，大多崇尚原始简单，返朴归真。他们用采拾来的各类玉石制成类似远古的纺轮、锛、斧和镞等小器物，很少抛光打磨，系绳的小孔也是模仿古人两面对钻，中间有交错的台痕，称之"日月孔洞"。作者解释："日月为阴阳，日是白天，月是黑夜，孔洞为贯穿，气从日月孔洞入，则发出调和吉祥之气，日夜吉祥。"挂在胸前或腰间有辟邪护身之功能。他们还把台东海岸捡来的小玉石，原汁原味的不作任何加工，仅是打个小孔穿缀成"腕珠"；若有大小相配合适的，一二十颗串成葡萄状，悬挂厅堂，更显雅致吉祥。作者有诗云："葡萄生台东，浪下几颗摘，愿君多采撷，此物最相思。"唐代诗人王维的《相思》韵味扑面而来，让读者感到无比熟识与亲切。

读《台湾玉经》，从中读出了海峡两岸中国人与生俱来、心灵神会的爱玉情结，其不受任何意识形态的约束和影响，因为它是中华民族融于血脉之中的文化基因。

《台湾玉经》（第一卷）

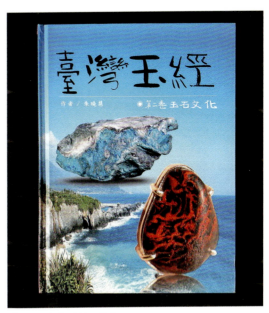

《台湾玉经》（第二卷）

名传千古"夜光杯"

儿时就背诵过唐代诗人王翰的《凉州词》："葡萄美酒夜光杯，欲饮琵琶马上催。醉卧沙场君莫笑，古来征战几人回？"打那时起，就一直对"夜光杯"充满好奇。只知道有"夜明珠"，难道"夜光杯"也是夜里会发光的杯子吗？

后来读了点书，知道"夜光杯"之名源于西周。周穆王当政时，西域有一产玉小国，为求庇护就向周穆王进贡和田玉。第一年送，穆王悦；第二年再送，穆王漠然；第三年送什么呢？因穆王善酒，于是小国就挑选上等和田白玉，用一流工匠，精雕细琢了喝酒的玉樽。明月之夜，白玉映照，晃动斟满酒的玉樽，波光粼粼，煞是好看，穆王乃大悦。汉代东方朔在《海内十洲记》中称："杯是白玉之精，光明夜照。"此即"夜光常满杯"。

我十余年前去甘肃敦煌游，见到商店里有售一种酒泉"夜光杯"。甘肃自古就有"金张掖，银武威，玉酒泉"之说。此杯采用酒泉西南面祁连山四千米雪线以上的"墨玉之精"，用纯手工，经三十几道工序雕琢而成。这种杯子纹饰天然，薄如蝉翼，内外平滑，玉质透明鲜亮，如在月色皎洁的夜晚，把酒缓缓倒入杯里，执杯轻轻晃动，杯休顿时熠熠生辉，也会呈现"琼浆玉中月色波光"之妙趣。

酒泉"夜光杯"是唐人一首边塞诗无意成就的，从资料可查已有近五百年的生产历史。明末清初鼎盛期，时有玉作坊十几家。日后渐衰，到民国时仅剩三家。建国初期，对玉作坊进行公私合营，成立酒泉夜光杯厂，逐步恢复生产。1957年肃州区一玉雕老艺人出席全国工艺美术老艺人代表大会，代表酒泉人民向毛主席敬献了一对"夜光杯"。2006年6月，酒泉"夜光杯"被列为国家级非物质文化遗产名录。现在有传统和仿古两大类，几十种款式，不仅有墨玉做的，还新增有碧玉、黄玉和白玉的，其墨如漆、碧如翠、黄如栗、白如脂，异常美丽。经测定玉石中含有一些稀有元素，用作水器和酒具，对高血压、贫血有辅助疗效。酒泉"夜光杯"现已成为甘肃开发旅游产业的"老字号"拳头产品。

去年夏天，我到本市青浦一藏家处鉴赏玉器。百余平方米的展厅里摆满了从史前文化期到明清时期的各种古玉器，其中有几件东西还是可圈可点的。临了，主人有点神秘地关闭灯光，只见有件玉器在黑暗中闪着淡淡的绿光。主人不无得意地告知：这就是"夜光杯"。打开灯来细察：此杯呈黄绿色，高约十五六厘米，雕工虽一般，却是件大开门的汉代云纹高足杯。汉玉中确有用发光萤石琢磨成的小器物，而做成高足杯的少见。此类发光的萤石在我国广东、湖南等地均有发现。因其玉质较粗，润度不好，且这种萤光是否有害尚不得而知，故真正古玉玩家少有问津。欣喜的是终于见到儿时猜想中的"夜光杯"了。

对王翰的《凉州词》有不同的解读。有人认为是临阵前夕的一次军宴，读出悲境；有人认为是大捷凯旋后的一次畅饮，读出豪情。其实任何的理解都无关紧要，重要的是诗人给我们留下了一只名传千古的"夜光杯"。"夜光杯"是和田白玉的，是酒泉墨玉的，是发光萤石的，或许还有其他说法和想象。其实任何材质都无关紧要，重要的是对中华民族与生俱来的玉石情结的探索和传承。

请举起我们心中的"夜光杯"，斟满生活的美酒，为博大精深的中国玉文化干杯！为"夜光杯"副刊六六大顺，更出风采干杯！

（注：1946年上海《新民报》（晚刊）创刊，副刊"夜光杯"随之诞生，此文章发表于2012年5月的"夜光杯"副刊上，正好是其66岁生日。）

妇好藏玉

妇好是距今 3200 年前殷王武丁的配偶，是中国历史上著名的文武双全的女中豪杰，笔者以为她还是中国第一个玉器收藏大家，这从妇好墓中出土的玉器可以佐证。

1976 年考古发掘的妇好墓，是迄今发现的唯一保存完整的商代王室陵墓，在出土的 1928 件随葬器物中，其中玉器就有 755 件，这是迄今为止商代单墓中出土数量最多、品种最丰、制作最精的一批玉器。商代是中国玉文化史上玉雕工艺的第二个高峰期。商代王室贵族都有爱玉藏玉的嗜好。《逸周书》记载："商王纣取天智玉琰五，环身厚以自焚，凡厥有庶吉，焚玉四千。凡武王俘商旧玉亿有百万。" 纣王兵败赴死自焚还要用玉器裹身，商代玉作业之发达，商王室藏玉之多令人不可思议。

妇好藏玉中最有特色和引人注目的玉器有三件：

神秘的踞坐玉人。踞坐是商代的一种礼仪姿态的坐相，两膝着地，臀部坐在小腿上。共有四件完好的圆雕踞坐玉人，其中一件高 7 厘米，白色玉质，深褐色沁，脸庞狭长，宽鼻小口，神情肃穆。头梳长辫盘于头顶，戴箍形束发器，身穿长袍，腰系宽带。脸部、衣饰雕琢得非常细致，近于写实。让人诧异的是在此玉人的身后左侧腰部插入一件下端带卷云纹的柄形器。学界为此争论不休，至今没有定论。最初的考古报告推断可能是妇好随身携带的青铜钺武器。后来有人认为此是商代一种与主人身份相匹配的礼仪装束，此玉器称"珽"，就是"大圭"的一种，最长 3 尺。窃不以为然：圭是礼器的一种，"剡上为圭"（《说文》），是一种上端尖锐，下端平直的片状玉器。这件柄形器即使插入腰间的未知部分是尖状的，下端却是卷云纹，因此它不符合圭的型制。也有人认为是形似鸟类羽翼状的通天法器，"天降玄鸟而生商"，妇好也许还兼商朝廷祭师之职，祭师身负玄鸟尾羽，当神力倍增。这种型制的踞坐玉人非常罕见，收藏界有称其为"刀人"，意寓插入腰背间的柄形器是把刀。笔者有幸收藏到两件，一件大小和器型与妇好的这件玉人基本相同，似乎出于同一玉匠之手；另一件踞坐玉人的尺寸稍大，造型和纹饰大致相同，但柄形器稍小，下端呈 T 字状，却是从右侧插入后背的腰部。此柄形器下端呈 T 字状，显然与鸟类羽翼状的通天法器之说相悖。笔者常会对着此柄形器琢磨发楞：因为柄形器的前端不是插入在玉人左右两侧腋下的腰间，而是直挺挺地插入左右两侧后背的腰部，难道此似刀的物件是穿过衣袍深入肉身里了？如是在此处的衣袍上连着一个相似的装饰物，此物件须比较轻巧，否则其后端会坠下来的。这个问题让人百思不得其解，与圈内玉友探讨也说不清楚。学界有观点认为此玉人是妇好的形象，笔者不敢苟同。如果妇好专门让宫廷玉匠为其量身定制的玉人，肯定不会克隆多个，而且柄形器的模样和插入位置也不会有太大的差异。在民间收藏中看到过一件商代大玉璧，两面布满纹饰，还各雕刻了四个跽坐玉人，腰背间的卷云纹柄形器格外醒目，更证明了此跽坐玉人并非妇好的形象。

天下第一玉凤。妇好藏玉中仅有一件片状玉凤，通高13.6厘米、厚0.7厘米，呈黄褐色。凤体修长，稍有弯曲，灵动有致，引颈回首，振翅欲飞。学界许多人对此玉凤赞美有加，认为其印证了"天命玄鸟，降而生商"的传说，凤鸟是殷商先民的崇拜物。笔者对商代玉器的纹饰和雕琢风格作过较深的研究，还曾数次参观过妇好博物馆，对妇好藏玉了然于心，可以断定此玉凤非商代之物，而是属于石家河文化的玉器。至于外来文化的玉器如何成了妇好的收藏，推测可能来源于商朝分封方国的进贡或战争的掠取。

龙纹大玉簋。簋是青铜器中常见的器皿，有作盛放食物的容器，也有作祭祀的礼器。妇好收藏了一青一白两件玉簋，青色的玉簋出土时，簋内放了骨勺和铜匕，当是食器。另一件灰白色的大玉簋高11厘米多，重1.26千克，经红外光谱仪检测为方解石大理岩材质，有黄色沁斑。圆唇侈口，深腹微鼓，平底圈足。簋体外部满饰花纹，上部是三角形纹。中部饰三组变体龙纹，大鼻子，臣字眼。下部是菱形和小三角形纹。此玉簋的器型和纹饰与同时期的青铜簋非常相近。是考古发现的年代最早、体型最大的玉雕器皿件。过去业界大多认为器皿的雕琢，需要掏膛，工艺难度较大，只有在铁质琢玉工具出现后，才能顺利加工。在只有青铜工具的商代，就加工出如此精美的龙纹大玉簋，让人觉得眼睛一亮，说明商代的玉雕技艺已经达到了相当高的水准。

商——跽坐玉人（白玉）：高9.8厘米，宽3.8厘米。

商——跽坐玉人（（白玉）：高7.4厘米，宽2.2厘米。

玉痴乾隆

本人曾写过一段文字："中华民族素有玉石情节，国人爱玉是骨子里的。"历代帝王也爱玉，玉痴数乾隆。

据史料记载：清宫遗存古玉器达万余件，其中大部分是在清代乾隆年间收藏的。乾隆帝嗜好战汉古玉器，尤爱谷纹玉璧。乾隆时期每年三次有常贡，并允许上贡古玉器的官员可以随时进贡，乾隆帝还重金奖励进贡古玉器的官员。他每得到珍贵古玉，总是细心研究，亲自鉴别定级，分成甲乙丙三个等级，并分别配置木座、木匣保存。他还时常题诗吟咏，或对其用途加以考证，或对古人加工技艺赞不绝口、或表示获得古玉器时的愉悦心情。据不完全统计，乾隆一生写下咏玉诗近 800 首。其中咏叹谷纹玉璧的诗就有 54 首，全部收入《御制谷璧诗册》中。

窃以为从所知乾隆帝收藏的战汉玉璧中，要数 2015 年 4 月在香港苏富比春拍上的那件汉代"延年"吉语龙凤纹出廓白玉璧最为精美。此璧高 30.8 厘米、璧径 23.8 厘米。台北故宫博物院玉器专家邓淑苹女士对其有过研究和描述：玉璧呈白色和黄褐色，质地甚为温润。璧分内外圈，内圈琢排列整齐的乳钉纹。外圈镂雕四龙一凤及篆体"延年"二字，上方出廓，镂雕二龙。她把此玉璧断为东汉，认为从其体量和雕工来看，当是宫廷御用之物。笔者对此件玉璧进行了仔细研究，认为：玉璧为白色玉质，通体布满黄褐色沁，有多处开窗，露出玉质底张。此玉璧的雕工极其精细，特别是中间饰有谷纹的底子非常平，堪比如今的"电脑工"，但却是大开门的汉代之物。现在学界有不少人大多把镂雕带有"宜子孙""长乐""益寿"等吉语的古代玉璧定为是东汉之物，在民间收藏中也偶能看到不同尺寸的类似玉璧，也非常华丽，装饰意味也很强烈，笔者以为其年代应是战国晚期和西汉的，主要的区别是螭、龙和凤的纹饰和神态不尽相同，看得多了，也就能分辨出来。笔者藏有数件战国的带"长乐"等吉语款的出廓璧，可以对比欣赏。乾隆三十五年（公元 1770 年），乾隆帝喜得这件汉代的宫廷宝物后，龙颜大喜，诗兴又发，写了《咏汉玉延年佩》："璧围鄂琢刻玲珑，上有双螭盘容容；绦袚可佩裡六宗，三代法物玉府充。文曰延年延喜同，果然阅世出土中，伊谁所用思无穷。"此诗后来被收录于《清高宗御制诗全集》。乾隆帝还命玉工将诗刻在玉璧的外缘上，并为玉璧定制了紫檀木插屏，屏芯背面也刻上这首诗。笔者一直纳闷：如此珍贵的宝物怎么会流入于民间，最后被香港苏富比征集到，业内估价高达三千万到四千万港元。

乾隆帝对玉的痴迷，成就了清代宫廷玉器工艺的大发展，"乾隆工"成为中国玉文化史上的巅峰期。乾隆二十三年（公元 1758 年），乾隆帝用两年的时间，就平定了长达六十八年的准噶尔部落的叛乱，新疆正式归入清政府管辖，从此和田玉源源不断被运到北京，为清代玉作业的发展奠定了基础。乾隆帝有诗为证："和阗驻我兵，随取皆瑶琼。" 从乾隆二十五年后的近四十年里，是清代玉作业的鼎盛期。乾隆帝网罗江南制玉高手，集中到清宫玉作坊"如意馆"，对玉工拟定奖惩措施，对玉器生产从出图、定画稿、制木型、选料、雕刻到最后的打磨等都是全过程地关注，有时还亲历亲为。当时乾隆工的玉器可分为两大类：一是仿古玉，以商周青铜器和战汉玉器为蓝本； 二是时作玉，就是依据当时人们的审美情趣创作玉器。据悉在北京故宫博物院玉器库房就藏有清代本朝玉器两万件左右。现存放在故宫"乐寿堂"的"大禹治水图"玉山子，高2米多，重达5吨，是中国玉文化史上的旷世巨作，体现了乾隆工制玉技艺的最高水平。玉料从出产地新疆密勒塔山运到北京，路上走了近四年。再运到扬州，从山子的设计到完工，又用了八年。乾隆帝还亲笔题字："密勒塔山玉大禹治水图"，并令玉工刻于玉山子的背面，以此件玉雕作品寄托了这位在文治武功上都颇有建树，自封"十全老人"的治国理念和人生情怀。

"玉痴"也有短板，乾隆帝不识良渚玉器。2019年故宫博物院在武英殿举办了"良渚玉器与古代中国"的展览，其中有一批清宫遗藏的良渚玉器，囿于考古史料等原因，在乾隆帝及其身边的"金石专家"，把这些出土于江南太湖周边吴越地区的精美玉器，都断定为秦汉时期的东西。乾隆帝为良渚玉璧题《咏汉玉素璧》诗："古色千年穆且沉，肉径五寸好分三。"他们把良渚玉璜当成是打击乐器，把玉琮当成了辇车上套在抬杆上的玉石饰物，以至被改作成花瓶和香薰盆子等。乾隆83岁时，才发觉自己原来的看法错了，有诗为证："近经细绎辋头错，遂以成吟一再详。"

《三礼》论玉

　　《三礼》是指《周礼》《仪礼》和《礼记》，是中华文化中儒家有关"礼"的三部经典。《周礼》为《三礼》之首，偏重政治制度，《仪礼》偏重行为规范，《礼记》偏重对具体礼仪的解释和论述。这三部经典虽然成书年代不同、作者不同和内容不同，但相同的是都有关于玉的记载和论述，证明以玉为礼是中华文化中一个世代相传的重要礼制。正如清代学者邵懿辰在《礼经通论》中所说："礼本非一时一事而成，积久复习，渐次修整，而后臻于大备社会也好，先秦三代也罢，乃至春秋历国历朝，其用玉盛况虽不尽完全相同，但其中蕴含的国人用玉精神和用玉理念始终是一致的。"它也是研究中国玉文化必须涉及的课题。

　　《周礼》世传为周公旦所著，其实可能是在战国时整理归纳的。所以学界有人认为：《周礼》制度大多属空想，绝大部分即使不出于虚构局限性，也会掺杂战国时代的色彩。因此不能将其作为研究古玉器的理论依据。笔者以为此说过于偏颇。其实《周礼》中关于玉的品种、型制规定、礼仪用法等内容大部分在周代以前已经有了。在商代妇好墓出土了 700 多件玉器，从出土位置来分析，无论是礼器类、装饰类、仪仗类等的用玉规矩，无不包含了礼的精神。其中两件玉璧，苍璧在东，白璧在西，完全与《周礼》相吻合；其墓中还出土了较多的琮、圭等玉器，而在殷墟平民墓中罕见玉器，说明当时已有用玉的等级区分。这些最有力的考古实例，可以证明《周礼》中的用玉礼制是在传承了商代的用玉习俗基础上，加以发展和固化的。

　　《周礼》中最重要的关于"六器""六瑞"的论述是中华用玉礼制的核心。"以玉作六器，以礼天地四方。以苍璧礼天，以黄琮礼地，以青圭礼东方，以赤璋礼南方，以白琥礼西方，以玄璜礼北方，皆有牲币，各方其器之色"。"以玉作六瑞，以等邦国。王执镇圭，公执桓圭，侯执信圭，伯执躬圭，子执谷璧，男执蒲璧"。不同的礼器在祭祀天地四方时和君臣等级使用中都有严格的明文规定。学界也有人认为，苍黄青赤白黑六色明显带有阴阳五行的学术色彩。五行始见于《尚书》，成熟于《黄帝内经》。以此作为《周礼》中的用玉理论源自于战国的论据。笔者以为：五行的起源问题至今是学界争论不休的悬案，《黄帝内经》中关于方色的对应关系是：东方青，南方赤，中央色黄，西方白色，北方黑色。只有五种方色，为何不能因此理解为战汉时期的阴阳五行学说曾受到过周代玉礼制中对应天地四方的六种方色的影响呢？

　　《仪礼》记载了周代的觐、聘、冠、婚、丧等十六种主要的仪节，其中对不同场合的用玉都有具体规定。如朝觐的礼仪：众诸侯去朝觐天子的前一天，入住在王城外的馆舍，并要在王城四周筑土坛，在上下四方设立木制神明像，用玉装饰，"设六玉，上圭下璧，南方璋，西方琥，北方璜，东方圭"。天子会派使者用玉去慰劳（使者"遂执玉"）。朝觐当日，众诸侯拜见天子时，先要将进献的圭玉置于丝垫上（"朝以瑞玉，有缫"），再跪拜，尔后再把圭玉献给天子（"侯氏坐取圭，升致命，王受之玉"），有一整套繁琐的用玉礼节，皇室中有专人负责引导。

《礼记》也有不少关于用玉的礼仪。如"受珠玉者以掬"，意思是说：当人在接受珠或玉时，应当身体先前倾，作掬躬状，两手平举至头部以上而承之。如"持玉亦不趋"，意思是说：端着玉器时，不能走得太快，步履要稳健庄重。

《礼记》中孔子对玉有许多解读，其核心思想是"君子比德于玉"。孔子认为玉有十一德，"夫昔者君子比德于玉焉：温润而泽，仁也；缜密以栗，知也；廉而不刿，义也；垂之如坠，礼也；叩之，其声清远以长，其终诎然，乐也；瑕不揜瑜，忠也；孚尹旁达，信也；气如白虹，天也；精神见于山川，地也；圭璋特达，德也；天下莫不贵者，道也。"诗云："言念君子，温其如玉，故君子贵之也。"孔子把君子标榜为贵重的玉，还说："有斐君子，如切如磋，如琢如磨。"意思是：有位文质彬彬的君子，其研究学问如加工玉器，不断切磋；修炼自己如打磨美玉，反复琢磨。以玉作比喻，道出了治学和修身的真谛，成为中华民族勤勉励志的千古名句。

古人用玉的基本理念可归纳为：1.鉴玉尚质。现代人鉴定玉，大多把颜色放在首位，白玉最佳。古人则是"首德次符，"把玉的质地（德）放在第一位，颜色（符）放在第二位，因此可以理解为何许多战国玉器用青玉雕琢。2.用玉尚慎。古人用玉讲究身份和场合，不同的玉器代表不同的寓意，不能违规。3.执玉尚谨。古人崇尚玉器，因为它体现了不同的礼仪，执玉必须用双手置于胸前，姿势要端庄，表情要肃穆。

《三礼》论玉内容丰富，值得一读。

"玉德"谈

"玉德"是中国玉文化之精髓。"德"字始见于西周金文，周王朝提出"德"的标准是："施实德于民。"用现在通俗的语言可理解成"为老百姓办实事，做好事"。

"玉德"的观点源自春秋时期。先圣孔子（鲁国人）处在当时礼崩乐坏的社会背景下，为顺应统治者宽惠使民和实行仁政的需要，运用抽象思维和比附方法，最早将玉所具有的温润、缜密、锐廉、坚刚、清扬等质地美的自然属性，进行演绎发挥并将其人格化。认为玉有"仁、智、义、礼、乐、忠、信、天、地、德、道"十一德。孔子提出"君子比德于玉""言念君子，温其如玉"。"比德"的思想反映了儒家的道德感悟。而"温"则体现了儒家"恪守中道"的哲学观，是对人的品质的最基本的要求。主要表现在处世的温良恭俭让，对人的宽宥，处理事情的适度和符合礼的规矩。从此"玉德"便成了君子品德修养和行为规范的最高准则。

在此时期，还有齐国管子"仁、智、义、行、洁、勇、精、容、辞"的"九德说"；赵国荀子"仁、智、义、行、勇、情、辞"的"七德说"。表述虽不一，内涵大同小异。

东汉的许慎总结归纳春秋诸家对"玉德"的各种说法，以"仁、义"两字为核心，添注了时代的信息，在《说文解字》中提出了"仁、义、智、勇、洁"的"五德说"。他认为玉是非常温润柔和的，可恩泽万物，这是"仁"；玉的纹理清晰，自外可知内，表里如一，这是"义"；玉如被敲击，其声舒扬悦耳，可传得很远，这是"智"；玉的韧性和硬度都很好，不折不扰，这是"勇"；玉有断口，但边缘不锋利，不伤害他人，这是"洁"。许慎的"五德说"是我国历史上对"玉德"最后的、也是最言简意赅的诠释。

"玉德"观念萌芽于西周，形成于春秋，成熟于两汉。此后历代关于"玉德"的解读似乎趋于淡化，但与"玉德"有关的为人处世的品德修养和行为规范，几千年来一直潜移默化地影响着这个民族的价值取向和审美意识，形成了其传承奉守的道德观。

我们研究"玉德"，对其扬弃并赋予新释义，颇有现实意义。荀子曰："吾观玉之美德，犹如镜鉴，可以照人。然世事纷乱，人欲横流，想独善其身难矣，以玉比德者甚少。"

2001年9月，中央颁布的《公民道德实施纲要》，强调要坚持传统与弘扬时代精神，要继承中华民族几千年形成的传统美德，加强我国公民的道德建设。笔者以为"玉德"应是中华传统美德最合适的代名词。

去年十二月，有"玉石之都"美称的广东揭阳市，在新闻媒体的协助下，开展穿越历史的道德传承，寻找具有"仁爱、信义、智慧、勇敢、廉洁"的"玉德"人物活动，最终广州佛山的拾荒阿婆陈贤妹等十位草根人物光荣当选。小人物的义行善举，展示了人间的真情大爱，筑起了中华民族的道德高地，激发了几多国人对心中道德法则的敬畏和共鸣！

我们呼唤"玉德"的回归，期盼"玉德"在新的历史进程里与时俱进，更加发扬光大，不断完善升华。从而成为社会和谐有序、文明进步的重要精神支柱。

古玉撰英

红山文化 —— 龙纹璧（正面有龙纹）：璧径 30.5 厘米，最厚 0.6 厘米。

红山文化 ——玉龙：高 26 厘米。

红山文化 ——
龙纹璧（背面）

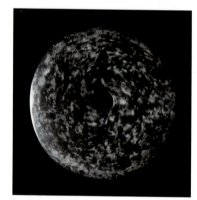

红山文化 ——猪龙：高 9.2 厘米，宽 8.6 厘米，最厚 2.3 厘米。

红山文化 ——猪龙：高 11.5 厘米，宽 9.7 厘米，最厚 2.8 厘米。

红山文化 ——（陨石）手托猪龙巫师造像（正面）
高 30.4 厘米，宽 12.8 厘米，最厚 9.9 厘米。

红山文化 ——（陨石）手执权杖巫师造像（正面）
高 30.2 厘米，宽 13.8 厘米，最厚 5.8 厘米。

（陨石）手托猪龙巫师造像（背面）上有文字 2 个。

（陨石）手执权杖巫师造像（背面）上有文字 2 个。

红山文化 —— 太阳神复合体：（巴林鸡血石）2件，图左：
高20.6厘米，宽8厘米，最厚6厘米，图右：高19.2厘米，
宽8厘米，最厚5.6厘米。

红山文化 ——（陨石）太阳神复合体：（嵌红绿松石）
高29.6厘米，宽11.6厘米，最厚5.9厘米。

红山文化 —— 人顶勾云形佩：高24厘米，宽9.1厘米，
厚0.2厘米。

红山文化 —— 玉鹗4件：单件最高4.8厘米，最宽4.2
厘米。

良渚文化 —— 鸟立祭坛纹玉琮：高 74.5 厘米，上射 9.0 厘米，下射 7.5 厘米，27 节。

良渚文化 —— 神徽纹玉琮：高 9.2 厘米，上射 28.8 厘米，下射 28.3 厘米，重 18.1 千克。

良渚文化 —— 神徽双鸟纹玉璧：璧径 14.8 厘米，厚 0.8 厘米。

良渚文化 —— 神徽纹玉璜：长 12.6 厘米，高 5.3 厘米，厚 0.4 厘米。

良渚文化 —— 七孔刀：长 45.3 厘米，宽 9.4 厘米，最厚 1.6 厘米。图中：玉刀上的鸟立祭坛纹，图下：玉刀上的神徽纹。

良渚文化 —— 神徽纹玉环：环径 13.8 厘米，最厚 0.9 厘米

良渚文化 —— 神徽纹玉龟：长 7.3 厘米，宽 5.2 厘米，最厚 0.8 厘米。

良渚文化 —— 玉钺：长 15.1 厘米，宽 9.5 厘米，厚 0.9 厘米。

良渚文化 —— 玉钺：长 13.1 厘米，宽 9.4 厘米，厚 0.9 厘米。

良渚文化 —— 神徽纹玉勺：长 20.4 厘米，宽 6.0 厘米。

齐家文化 —— 玉人（嵌绿松石）：高24.5厘米，最宽6.2厘米。

齐家文化 —— 狩猎纹玉璜：长15.4厘米，高6.6厘米，厚1厘米。

齐家文化 — 鹿纹钺：长 19.2 厘米，最宽 10.2 厘米，最厚 0.8 厘米。

齐家文化 —— 玉璋：长 53.4 厘米，最宽 8.0 厘米，最厚 0.6 厘米。

龙山文化 —— 玉圭：长 36.3 厘米，最宽 7.2 厘米，厚 0.8 厘米。

齐家文化 —— 五孔玉刀：长 41.6 厘米，最厚 0.8 厘米。

石家河文化 —— 神人面饰：高 11.6 厘米，最宽 10.2 厘米，厚 0.2 厘米。

石家河文化 —— 神人面饰2件：图左高9厘米，最宽5.4厘米，厚0.3厘米。图右高8.7厘米，最宽5.8厘米，厚0.3厘米。

夏——鱼瓶：（青玉）高 19.2 厘米，最宽 11.8 厘米，
最厚 8.6 厘米

夏——鱼瓶：（青玉）上有文字 10 个。

夏——鸟尊：（青玉）高 16.2 厘米，最宽 13.8 厘米，
最厚 8.1 厘米。

夏——鸟尊（青玉）上有文字 9 个。

夏 —— 玉璧：（青玉）璧径 18 厘米，最厚 0.3 厘米，A
面上有兽面纹。

夏 —— 玉璧：（青玉）B 面上有文字 8 个。

夏 —— 玉璋：（青玉）长 35 厘米，最宽 9.3 厘米，厚 0.3
厘米，上有文字 6 个。

商 —— 虎食蛇圆雕：（白玉）长 5.8 厘米，高 3.3 厘米，
宽 4.9 厘米。

商 —— 立象圆雕：（白玉）长 7.3 厘米，高 3.2 厘米，厚 2.3
厘米。

商 —— 羊驮玄鸟圆雕：（白玉）长 10.2 厘米，高 7.6，
宽 3.4 厘米。

商 —— 玉鞢（白玉）：高 3.2 厘米，
鞢径 3.2 厘米。

商 —— 夔龙纹玉璧（白玉）：璧径 14.3 厘米，厚 0.6 厘米。

商 —— 圭形玉器:（黄玉）长 19.1 厘米，宽 8 厘米，厚 1.8
厘米。

商 —— 青铜柄玉铲（白玉）长 22.6 厘米，最宽 13.3 厘米。

商 —— 双虎纹立人牌饰：（白玉）高 10.2 厘米，宽 5.3
厘米，厚 0.5 厘米。

商 —— 龙鱼纹立人出廓壁：（白玉）高 13 厘米，壁径 9.7
厘米，厚 0.6 厘米。

商 —— 鹿虎纹出廓璧一对（白玉）：高 22.6 厘米，壁径 14.3 厘米，厚 1 厘米。

商 —— 鹗尊：（白玉）高 19.1 厘米，最宽 15.6 厘米，最厚 10.8 厘米。

商 —— 鹗尊：（白玉）尊底有金文 8 个：休、作、用、牟、文、考、尊、壶。

西周 —— 玉鹿一对：（白玉）高 5.3 厘米，厚 0.4 厘米。

西周 —— 凤鸟纹出戟碗：（白玉）高 4.2 厘米，碗径 13.8 厘米。

西周 —— 凤鸟纹牛尊：（白玉）长 15.1 厘米，高 12.3 厘米。

春秋 —— 鹰龙纹人面佩：（白玉）高 11.2 厘米，宽 8.8 厘米，厚 0.4 厘米。

春秋 —— 蟠虺纹玉璧一对：（白玉）璧径5.9厘米，厚0.8
厘米。

春秋 —— 龙虎纹重环出廓璧一对：（白玉）高12.3厘米，
璧径9.9厘米，厚0.8厘米。

战国 —— 玉龙一对：（青玉）长11.5厘米，高3.8厘米，
厚0.4厘米。

战国 —— 九龙纹重环璧（白玉）：璧径15.8厘米，厚0.7
厘米。

战国 —— 玉璧2件（红玉）：左图龙纹重环璧：璧径6.7厘米，厚0.6厘米，右图龙纹出廓璧：高6.8厘米，璧径5.7厘米，
厚0.6厘米。

战国——玉豆一对：（青玉）高18.6厘米，足径8.7厘米。

战国——龙纹出戟玉觚一对：（白玉）高10.5厘米，觚口径7.9厘米，足径6厘米。

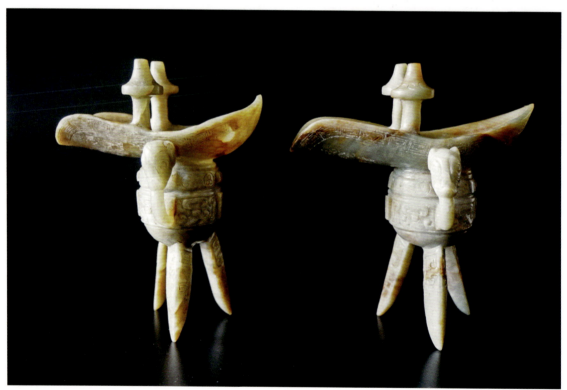

战国——玉爵杯一对：（青玉）最高16.4厘米，最宽14.4厘米。

战国——龙凤纹玉龟一对：（白玉）长5.3厘米，宽3.7
厘米，厚0.8厘米。

战国——玉灯盏一对（黄玉）：高6.5厘米，盏口径8.6
厘米。

战国——玉灯盏一对：（俯视图）

战国 —— 鸟首兽纹玉瓶：（羊脂白玉）高 22.5 厘米，宽 8.8 厘米，厚 4.4 厘米。

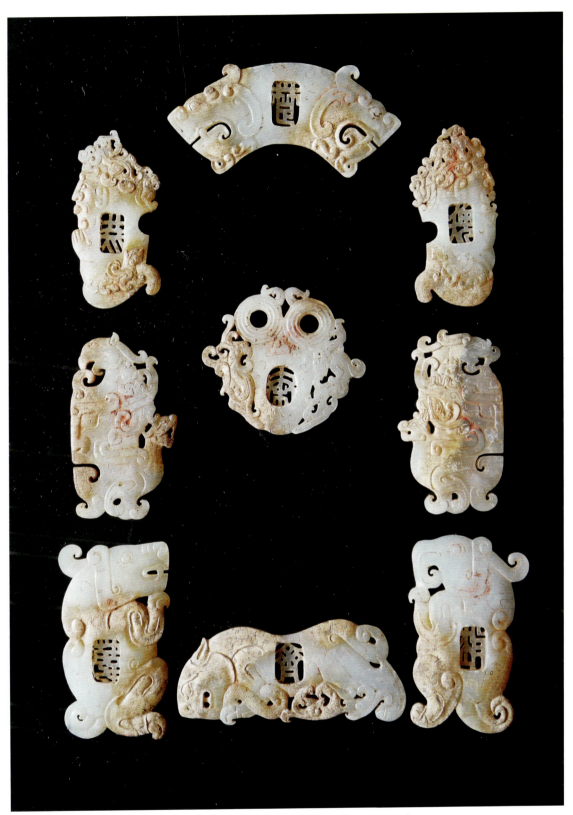

战国 —— 战国七雄组佩 9 件：（白玉）单件最高 8.0 厘米，最宽 9.2 厘米，厚 0.4 厘米。

战国 —— 立人一对：（红玉）高 6.8 厘米，宽 3 厘米，厚 0.4 厘米。

战国 —— 龙纹重环璧：（红松石）璧径 17.7 厘米，厚 0.8 厘米。

战国 —— 龙纹环一对：（白玉）外径 5 厘米，厚 0.6 厘米。

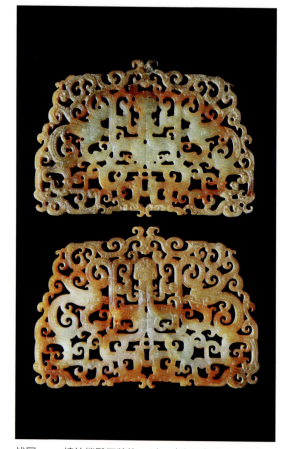

战国 —— 龙纹璧一对：（白玉）璧径 7.8 厘米，厚 0.4 厘米。

战国 —— 螭纹缕雕玉牌饰一对：（白玉）高 9.8 厘米，宽 13.2 厘米，厚 0.5 厘米。

战国——"螭食螭纹"玉佩：（白玉）高 9.2
厘米，宽 14.5 厘米，厚 0.6 厘米。

战国——螭纹玉剑饰一套：（白玉）剑璲（左上）长 14.5 厘米，剑首（右上）外径 7.6 厘米，剑珌（左下）高 8.6 厘米，
剑格（右下）宽 9.6 厘米。

战国 —— 凤鸟尊（白玉）A 面：高 26 厘米，最宽 22.2 厘米，厚 7.6 厘米。

战国——凤鸟尊：（B面）

秦——双龙纹璜：（青白玉）高 8.2 厘米，宽 15.9 厘米，
厚 0.6 厘米。

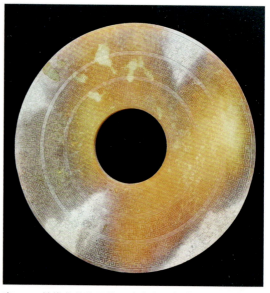

秦——单线龙首纹玉璧：（青白玉）璧径 17.0 厘米，
厚 0.5 厘米。

汉——螭纹高足杯一对：（青玉）高 13.5 厘米，杯口径 7.6 厘米。

汉 —— 龙凤纹四环玉瓶（白玉）B面：
重 4.85 千克。

汉 —— 龙凤纹四环玉瓶（白玉）A面：高 44.6 厘米，宽 20.2 厘米，厚 7.0 厘米。

汉——嵌宝玉瓶（白玉）：高 22.5 厘米，宽 11.3 厘米，厚 6.3 厘米。

汉——全镂雕龙纹"宜子孙"出廓璧（黄玉）：高35厘米，璧径21.5厘米，厚0.8厘米。

汉——马踏飞燕圆雕一对：（白玉）高 14.8 厘米，长 21.0 厘米，最厚 4.9 厘米。

汉——马踏飞燕玉环：（A面）环径 5.8 厘米，厚 1.5 厘米。

汉——马踏飞燕玉环：（B面）

汉——立熊：（白玉）长 5.3 厘米，高 4.3 厘米，厚 2.1 厘米。

汉——立熊：（红玉）长 7.8 厘米，高 5.3 厘米，厚 3.8 厘米。

汉 —— 有翼卧兽：（白玉）A面：长5.5厘米，高3.1厘米，厚2.2厘米。

汉 —— 有翼卧兽：（白玉）B面

汉 —— 七螭穿云纹璧：（白玉）璧径19.6厘米，厚0.8厘米。

汉 —— 舞人龙纹圭形玉器：（青白玉）高23.0厘米，宽9.6厘米，厚0.7厘米。

汉 —— 舞人龙纹斧形玉器：（青白玉）高17.6厘米，宽11.8厘米，厚0.5厘米。

汉 —— 四灵纹玉胜一对：（白玉）高3.6厘米，宽5.2厘米，厚1.1厘米，玉胜上有吉语：长宜子孙 延年益寿。

汉 —— 龙凤纹"宜子孙"玉牌饰一对：（左白玉、右红玉）高15.3厘米，宽13.5厘米，厚0.5厘米。

汉 —— 人马图"宜子孙"出廊璧（白玉）：高 31.8 厘米，
璧径 21 厘米，厚 0.7 厘米。

汉 —— 杯盘组合酒器 2 套：（青白玉）A 套高 18 厘米，
盘径 16 厘米。

汉 —— 杯盘组合酒器：B 套高 18.1 厘米，盘径 16.2 厘米。

汉 —— 杯盘组合酒器（单套 4 件）

汉——龙凤纹鸡心佩：（青玉）高11.1厘米，宽7.8厘米，厚0.4厘米。

汉——龙凤纹鸡心玉璧（白玉）：璧径11.5厘米，厚0.5厘米。

汉——"长乐"双璜玉璧：（白玉）A面：璧径12厘米，厚0.2厘米。

汉——"长乐未央"龙凤纹玉璧（白玉）：璧径11.6厘米，厚0.6厘米.

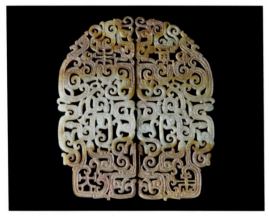

汉——"万寿""未央"龙凤纹组合玉牌饰：（白玉）高19.8厘米，宽17.6厘米，厚0.5厘米。

汉——螭纹出齿玉璧（白玉）：璧径11.2厘米，厚0.5厘米。

汉——高浮雕狩猎纹出廓璧：（白玉）高 16 厘米，璧径 10.3 厘米，最厚 0.8 厘米。

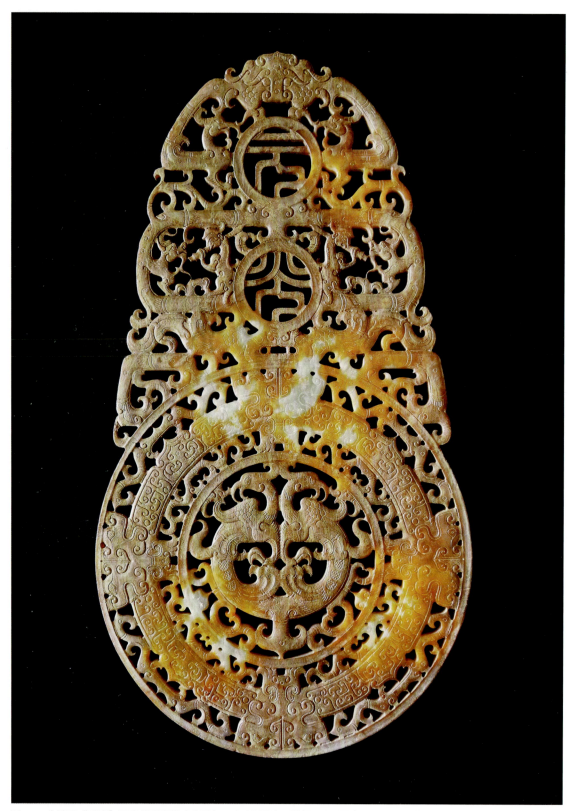

汉——全镂雕"元光"凤鸟纹出廓璧（白玉）：高 36 厘米，璧径 18.8 厘米，厚 0.8 厘米。

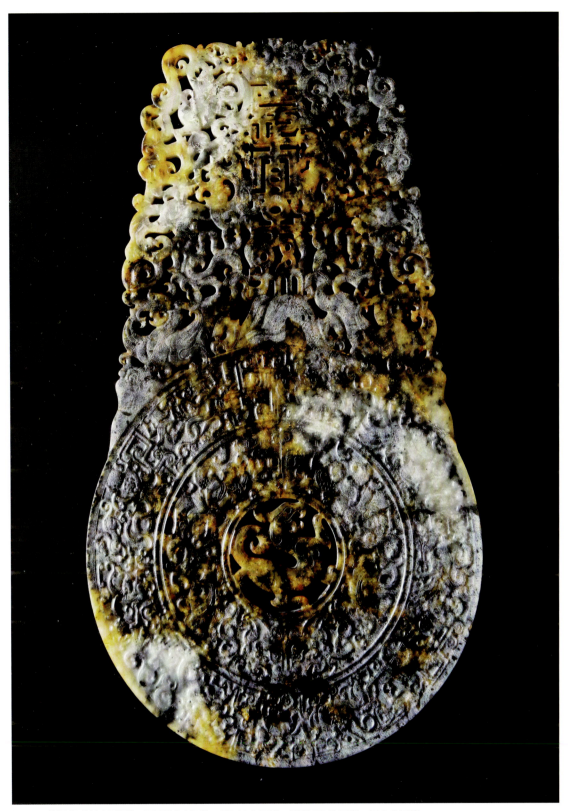

汉 —— 龙凤纹"长宜子孙"出廓璧（白玉）：高 41.0 厘米，璧经 23.6 厘米，厚 0.9 厘米。

汉 —— 全镂雕龙凤纹"长乐"出廓璧（白玉）高 35.2 厘米，璧径 22 厘米，厚 0.8 厘米。

良渚"玉石文"考

编辑引言

　　良渚玉器是中国古代文明起源的重要标志，是中国古代文明的重要源流，对夏商周文明的形成和发展，产生了深远的影响。2019 年 7 月 6 日，良渚古城遗址被正式列入世界遗产名录，标志着中华五千年文明被世界广泛认可。文字是文明的代表性符号，据我了解，近百年里，在良渚文化的区域内，不断有带着文字的玉器出现并被一些民间的古玉爱好者所收藏。

　　本书作者近二十年来不仅收藏了许多良渚铭文玉器，更是花费了大量心血对它们进行探索研究。本人曾有幸对作者所藏的上百件良渚铭文玉器一一上手细看，这些良渚玉器上的铭文，无论是从刻工、琢痕，还是从它的字形、神韵来看，我们都无法否定它们的真实性，因为这些文字表象绝不是那些作假者所伪造得了的。也许当初的这些文字尚未成熟，但今天从甲骨文与金文的身上，我们却依稀能感觉到它们的影子。试想，当年的良渚古城已具有相当的规模，而要管理这么大的城池，如果良渚先人仅靠"结绳""画图""原始刻符"等信息进行传递，那简直是不可想象的，相信一定已有良渚文字在当时发挥了很大的作用。

　　本书作者已经率先为探寻良渚古玉文字打开了一扇大门，我们期待着有更多的学者进入其中，从而为中华文明的溯源工程奠定更加扎实的基础。

—— 本书责任编辑吴志刚

良渚“玉石文”

　　良渚“玉石文”乃笔者一家之言，不揣浅陋略作阐释。

　　良渚“玉石文”是指书契在良渚文化玉石器上的文字，以文字载体来命名，与殷墟“甲骨文”（书契在龟甲、兽骨上的文字）相对应。笔者在数十年高古玉器的鉴藏实践中，曾上手过数以千计的良渚玉石器，惊奇地发现在一些琮、璧、钺、璜、龟、鸟、手镯、璇玑和式样繁多的佩饰件上书契了奇特的字符，少则两三个，多则十几个、几十个的，有件良渚大璧的两面共有92个字符。类似的字符在良渚黑陶上也看到过一些，但总觉得比较散乱随意，远不及玉石器上的端正规矩。笔者拙见：可称其为良渚“玉石文”。

　　良渚“玉石文”是比较成熟文字。根据中国汉字的产生、发展和演化的规律：最原始的文字是从图案开始的，从比较写实的，发展成抽象的图案，再成为更抽象的“象形符号”。但是生活中的许多实体或抽象的事物，是无法用图案来表达的，于是就出现了专为表达某种特定意思的“表意符号”，这种符号整齐规范，原始人类在交流传播过程中约定俗成，最后形成了简单文字的特征，汉字就此“萌芽”。《说文解字》将汉字构造规律概括为“六书”：“象形、指事、会意、形声、转注、假借”。考古发现在100多个史前文化遗址中，出土过有刻画符号的陶器，最早的是河南贾湖遗址距今已有8000多年历史，惜仅有十几个刻画符号，尚无法深入研究。而浙江良渚文化遗址却有惊人的发现，尤其是在庄桥坟出土的两件石钺，上面的刻符中有重复两个符号构成的6字短句，被学界认定为“良渚原始文字”。笔者有幸收藏了一些刻有文字的良渚玉器，虽无法解读上面的文字，但经粗浅研究也有所收获：这些文字全都由抽象的笔画构成。基本笔划有横、竖、撇、捺、折五种；这些文字的刻画程序也是先上后下，先左后右，与我们现在写字的方法完全相同；文字大多是有规律地排列，从右往左地竖着写，组成句子，短则几字，长则二三十字；在同一句子中和不同句子中偶有重复的字体出现，似有某种表意功能；不同雕刻风格的玉器上的字体形状是不一样的，有的字较硬朗，横平竖直，有的字带弧度，笔划流畅。类似不同的字体至少看到过近十种，可能是不同良渚族群雕琢的玉器，并将文字书契其上，当是良渚贵族所为，也许承载着重要信息，足以证明良渚“玉石文”已经发展到文字的高级阶段了。

　　良渚“玉石文”生发出的研讨。汉字起源应是多元的，3500年前的中原殷墟“甲骨文”是我国最早的成熟的文字，被公认为汉字的源头。而早于其1000多年的良渚“玉石文”应是我国迄今发现最早的文字，其渊源于环太湖流域的江南地区。良渚“玉石文”与殷墟“甲骨文”属于两个区域，其间没有直接的传承关系。在良渚文化后期有部分族群北迁到中原一带，两者有可能会产生联系和影响，因为在殷墟“甲骨文”中看到了良渚“玉石文”的一些影子。在良渚文化圈内同时产生了多种字体的良渚"玉石文"，其表意的功能是否相同、相互之间有无交流沟通等都不得而知。良渚"玉石文"有后续的演化和直接传承吗？难道其也随着良渚文化的突然消失而一起消失了？

对于良渚"玉石文"的考证，我们充满了文化自信。纵然它的字意至今不能破解，对它的研究几乎是张白纸，也都无法否认良渚"玉石文"客观存在的事实。古印度、古埃及和古巴比伦都发现了距今 5000 年前后的象形文字，我们中国不仅有传承有序的殷墟"甲骨文"，而且在近 5000 年前就有了较成熟的良渚"玉石文"。中国源远流长的古文字史在世界四大文明古国中同样是毫不逊色的！

2019 年 7 月 7 日作者刊登在上海《新民晚报》"夜光杯"专栏上的文章。

良渚"玉石文"之考释

  良渚良渚"玉石文"是指书契在良渚文化玉石器上的文字，以文字载体来命名，与殷墟"甲骨文"（书契在龟甲、兽骨上的文字）相对应。

  笔者才疏学浅，经过三十多年古玉器的收藏实践和对中国玉文化的探索研究，于 2019 年 7 月 7 日在上海《新民晚报》"夜光杯"副刊上发表了《良渚"玉石文"》的文章，此乃一家之言。因恰是我国良渚古城遗址申遗成功的第二天，故此观点提出后，引来众多的关注和讨论。现再作些补充考释。

一、良渚玉石器上的图文字符学界其实早就有所认识

  1996 年为纪念良渚文化遗址发现 60 周年，浙江省文物局编著的《良渚古玉》一书中就记载："现已发表的刻有图画文字的刻画符号的玉器，似共有 18 件。法国 1 件、美国 5 件、英国维多利亚博物馆 2 件、北京中国历史博物馆 1 件、故宫博物院 3 件、首都博物馆 1 件、上海博物馆 1 件、浙江省博物馆 1 件、台北故宫博物院 2 件、余杭 1 件。"尽管当中有几件分节式玉琮是良渚文化的典型玉器，但由于都是传世之器，学界对这类带刻画符号玉器文化属性的认定持谨慎态度。只有"余杭 1 件"是考古出土的，其在 1990 年余杭安溪百庙山良渚文化遗址中被发现。这件正反两面都带有刻画符号的玉璧，与美国弗利尔美术馆收藏的 4 件刻铭玉璧相似，多年谜团终破解。考古证实：有些良渚玉石器上是刻有图文字符的。

  良渚文化时期有没有文字也是学界长期以来的重要议题。不少专家学者对此都持乐观态度：早在 20 世纪 30 年代初，浙江收藏家何天行获得一件有 9 个刻文的蛋圆形黑陶盘，他认为这些刻文是远古文字符号，此器在 1936 年的省立西湖博物馆展览时引发学界关注。后来又送到中央考古研究院上海办事处，近代著名文化学者、时任中央研究院院长的蔡元培先生看后也推定：这是原始的文字。良渚先民有"以玉事神"的习俗，因此当代研究良渚文化的专家牟永杭认为："在良渚文化时期，出现若干与巫术活动有关的某种文字的可能性也不是不可以想象的。""我们不妨将良渚文化时期看作文字出现的前夜，这个时期也就是曙光已经出现，人类文明即将到来的阶段。"著名历史考古和文字学专家李学勤认为："良渚文化的陶器和玉器上，业已发现好多刻画符号，有象形的、有抽象的，还有几例是若干符号连成一串的，不承认其为文字是很困难的。"上海博物馆前馆长马承源在上博建馆五十周年的学术研讨会上，更是掷地有声地说：

"良渚文字，在中国文字产生过程中应占有一席之地。"

二、开展对良渚"玉石文"的考释是为了寻找中华 5000 年文明史的证明

史学界的主流观点认为：公元前 21 世纪禹建立的夏朝，标志着我国历史上第一个国家的产生。我们每个国人几乎从小学的历史课本中就学过并知道：中华民族有 5000 年的文明史。国家的产生是文明的标志，可是夏朝至今才 4000 年。西方学界甚至国内也有人认为：从商代使用甲骨文开始，中国只有 3500 年的文明史。

国家出现的最重要的标志有三个：阶级的产生、城池的出现和文字的使用。良渚文化的年代为距今 5300—4300 年，持续发展约 1000 年，在原考古学中属于新石器晚期史前社会。但随着考古的发现，良渚文化时期已经出现了文明的曙光，笔者认为可能已经跨入了文明的门槛，出现了良渚古国。理由是：从对良渚墓地的考古发现，其墓葬的规格和随葬品情况大相径庭，贫富差距非常明显，足以证明阶级已经产生；良渚古城遗址的申遗成功，城池的出现已得到联合国教科文组织的认可。良渚的城池已经十分发达了：城内有宫殿、祭坛、居住区、手工作坊区等，四周有城墙、护城河及水利工程，可以说良渚古城的规模当时在世界上是独一无二的。

现在必须找到良渚文化时期文字使用的证据。因为"文字的使用是文明伊始的一个最准确的标志（《古代社会》美国路易斯·亨利·摩尔根）"，国际上许多社会学家还把文字的使用列为文明社会出现的最重要的标志。

笔者以为现已发现的良渚"黑陶文"和其他刻画符号至多属于"前文字"性质，在中华文字发展进程中，处于原始记事符号到文字产生的过渡阶段。我们必须探寻更让人信服的良渚时期文字使用的证据。

笔者在长期收藏实践与对中国玉文化的探索研究过程中，终于发现并提出了良渚"玉石文"的观点。

良渚"玉石文"的主要载体是良渚玉石器，良渚陶器上刻字的也有一些，但字体原始且少，也较凌乱不成体系。竹木牙骨等其他材质的载体上有没有？记得在收藏初期，曾在浙江某藏家那里见过一段刻有良渚纹饰和几个字符的兽骨，迄今为止再没有见到过其他的载体了。推测即使有，量也不会多，且大多已腐朽不堪了。

三、笔者认为：良渚时期已经出现并开始使用文字，良渚"玉石文"是比较成熟的文字

我国汉字发展的历程漫长，从较为写实的图案到抽象的图案，再到更抽象的象形符号的初级阶段，最后发展到较为成熟的表意功能文字的高级阶段。良渚"玉石文"明显属于表意功能的文字。它的笔画通常有横、竖、撇、捺、折五种，刻划程序也是先上后下，先左后右，与现在汉字的书写大抵相似。虽然至今还无法对其进行释读，但笔者通过对"玉石文"在良渚玉石器上变化多端的表现形式的研究，认为可佐证其是比较成熟的文字。如：在大多数尺寸较小的玉石器上只有几个字，这可能是简单表意的句子；在一些尺寸稍大的琮、璜、璧上多有一二十个字，有的还围成圈，或上下两行、左右两排地排列，且字数相同，类似我们现在汉字的对联，这也许就是比较复杂的表意句子，甚至可能是在表达某种祈愿。还见到过在良渚玉器的中央雕刻神人兽面纹（良渚文化最典型的图案），上下、左右对称地刻着成行的"玉石文"，有极强的装饰效果，构图之美，让人惊叹。少数大尺寸的玉璧正反两面刻了几十乃至100多个字，其中多处出现相同的字甚至词（两个单字的组合），这可能就是复杂的记事功能。这么多的字，也许就是一篇文章，在记录某件事或者某个具体的诉求。玉琮是良渚文化最重要的玉器之一，其标准器的四角都刻有神人兽面纹，有单节的，也有多节的。但是在民间收藏品中见过素面的单节良渚玉琮，其四角没有神人兽面纹，只是在玉琮的四个面上刻有神人兽面纹或神鸟立祭坛等纹饰，除此之外通体刻满"玉石文"，这可能就是专为记事而定制的玉琮。

更让人不可思议的是居然还有良渚玉册，一部玉册有十来片，玉板的上下两端中间钻有小孔，可以用细绳穿缀连接。每片玉板上刻着简化的神人兽面纹或鸟纹，并大致同等量地刻着"玉石文"。全套玉册少则100多个字，多则200来个字，猜测上面也许记录了良渚族群里的重要历史信息，也许是良渚先民祭拜天地时的祈祷文牍。学界主流观点认为：我国的玉册始见于战国，兴盛于南唐，并成为当时祭祀及封禅的主要玉器。后来发现在甲骨文中也有"册"字，参照传世文献的相关记载，推测商代已有了竹木简册，只是至今尚无出土实物证明。对于良渚玉册的出现让人惊讶不已，但经仔细鉴定，确是大开门的良渚玉器无异。

笔者发现良渚"玉石文"有多种风格，至少看到近十种不一样字体的"玉石文"，有的圆润流畅，有的粗拙凝重，也有的飘逸简练，区别明显。在我国环太湖流域地区，现已发现良渚文化遗址300多处。众多的良渚部落其文明程度的进展也是不一样的，其中以良渚、余杭、安溪等地最为发达，并先后出现了玉器加工业，也先后创造了文字。但由于各个部落的情况不同，因此其玉器和文字的精美程度也是完全不同的。通常是玉器精美的，刻在上面的"玉石文"也很漂亮。笔者以为其"责任者是领导"，因为这些部落的酋长通常是玉器制作的能工巧匠，甚至还可能是不同"玉石文"的创造者。在环太湖流域良渚文化的这块沃土上，风格繁多的"玉石文"不断滋长，其不仅是比较成熟的文字，而且还普遍地发展。笔者甚至还发现即便是同一种风格的"玉

石文"也会有一些不同的刻法。就像现在我们写同一个汉字,每个人的写法是有差异的。推测当时不同风格的"玉石文"已经在一定范围里得到传播和认同,大家约定俗成地用相同的一个字或词组表达某种含意。

四、开展对良渚"玉石文"的考释是项艰巨的学术工程,研究的首要条件是获取足够多的刻有图案和文字的良渚玉石器

商代笃信占卜,事无大小都求决于卜法,因此留下了大量刻字的甲骨片。甲骨文发现120年来共考古出土了20万片左右,迄今共整理出甲骨文单字4500多个,已释读出1500多个,为研究商代的历史提供了丰富的文字资料,但这只是世界文字发展史上的个案。古印度的印章文,至今才发现刻在石头、象牙和陶土上的各类印章2500多件,发现字符400多个。

良渚玉石器有刻画符号的考古出土很少,2015年5月,上海人民出版社出版了一本《良渚文化刻画符号》的书,这是学界首次以图录形式将良渚文化刻符系统地集中发表。全书共收录带有刻画符号的器物554件,符号总数656个。平均每件器物上的刻符才1个多一点,况且基本上大多为象形图案,多数称不上是"玉石文"。良渚玉石器早在春秋时代就有出土,最迟到清代乾隆年间,曾被古玩界长期当作商周之物的良渚玉石器已大量出土。余杭安溪地区的农民冬天挖玉成风,几乎把卖玉当作一种副业,良渚玉石器从此开始大量流入于民间和流失到国外,猜测其中应不乏带有"玉石文"的。笔者在数十年的收藏实践中,于民间的收藏圈内发现不少刻有良渚"玉石文"的器物,且单件器物上的字数也较多,本人也有幸收藏了一些。甲骨文发现120年来,为便于释读研究,出版了诸如《铁云藏龟》《殷墟书契》等许多拓印甲骨文的书籍。对良渚"玉石文"进行释读研究也须如此。因此建议有关部门可通过中国收藏家协会的管道向民间征集带有"玉石文"的良渚玉石器,有的"玉石文"刻痕极细浅,根本无法用传统的墨拓法,可采用现代微距摄影技术将"玉石文"的原始面貌反映出来,整理成册,作好基础资料的准备。"玉石文"是刻在良渚玉石器上的,其材料的获取和加工的复杂有相当大的难度,其存世数量肯定是远远少于甲骨文。但相信每一个热爱中国玉文化、有爱国情怀的收藏家一定会欣然响应,届时当会有惊喜。

对良渚"玉石文"的考释,还有一个重要的研究课题,就是它的后续发展和演变。考古证实,良渚文化后期因受洪水等特大自然灾害影响,良渚先民无法生存,分成两支向外迁徙。一支溯长江而上,分别进入陕西黄土高原和四川盆地,给当地文化的发展,尤其是蜀地的三星堆文化带来很大影响。另一支往北,融入了中原的华夏部落联盟,从此便销声匿迹。良渚"玉石文"也不见踪影,它到哪里去了?是就此消失了?是演化成夏朝的文字了?还是对商代甲骨文产生

了潜移默化的影响了？良渚"玉石文"的下落之谜等待我们去研究探讨。

五、中华文化博大精深，汉字是中华文化史上最伟大的发明

坚定文化自信，首先就是坚定汉字自信。笔者要充满自豪地强调一句：坚定汉字自信，首先还要坚定良渚"玉石文"自信。

如何破解良渚"玉石文"是一门极其艰难的学术课题。学界过去对原始文字的释读有个传统的办法：就是借助对商代甲骨文和殷周金文的知识，从中分析和寻找答案。窃以为采用这个办法的前提是要有一定数量的原始文字传承下来，后人才有可能在这些古文字的基础上继承发展并创造出新的文字。何天行对其所发现的 9 个刻在陶器上的良渚原始文字也采用上述办法，并认为已分别从甲金文中找到几个同形字，此结论有点牵强，似乎可以探讨。因为现在学界公认上述那件刻文蛋圆形黑陶盘是孤品，且至今没有从其他器物上再看到类似的原始文字。可以推测这种原始文字肯定没有得到大量传播和传承，甚至这几个原始文字也许是某个制陶者的偶尔为之。即使认为其与甲金文有某些相似之处，也许是某种巧合。但是良渚"玉石文"却不一样，其玉石之载体埋在地下不易腐损，能从 5000 年前传承至今，它在民间收藏界有一定数量的实物存在，大多字迹清晰可见。商周历代的文字的创造和发展有可能会受到"玉石文"的影响，因此传统的释读方法可以继续试用，并可利用计算机对"玉石文"的数据进行处理，归纳分析，有利提高效率，获得更多信息。"玉石文"是良渚先民留下的"天书"，对它的释读将会是一个漫长的世纪工程，虽然其短期内无法破解，但存在于世的良渚"玉石文"实物已足以证明、并让国人坚定地相信：中华良渚先民在 5000 年前就创造了比较成熟的文字。

今年是甲骨文发现和研究 120 周年，习近平总书记非常重视，还作了重要指示："新形势下，要确保甲骨文等古文字研究有人做，有传承。"我们不仅要继续开展对有着 3500 多年历史的甲骨文的深入研究，还要加紧启动对早于甲骨文 1000 多年的良渚"玉石文"这个新发现的古文字的探索研究，其意义极其重大。因为它将告诉世人：不仅中华 5000 年文明史毋庸置疑，它的曙光从良渚升起，而且良渚文明还是东方文明、乃至世界文明的圣地。

2019 年 11 月 30 日

附：12件（套）良渚玉器的实物照片，一共刻有相同字体的"玉石文"915个。（尺寸以厘米标注）

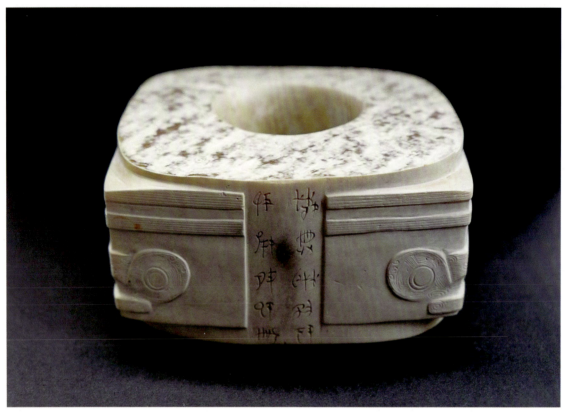

玉琮：高5.6厘米，上射径11.2厘米，下射径10.8厘米，玉琮四周及上下端面共刻"玉石文"129个。

玉琮其中一面"玉石文"

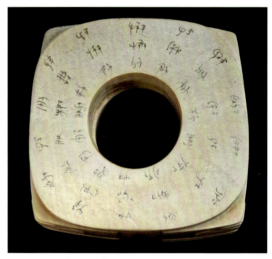

玉琮下端面"玉石文"

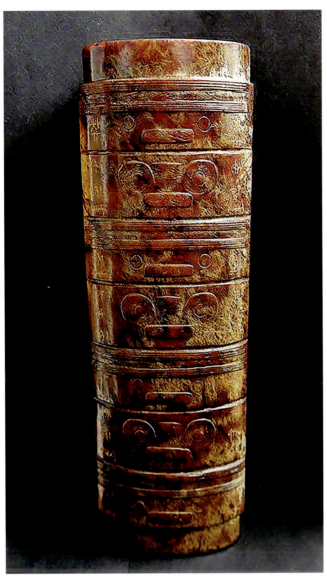

玉琮：高 23.8 厘米，上射径 7.8 厘米，下射径 7.2 厘米，共刻"玉石文"94 个。

玉琮：高 21 厘米，上射径 11.2 厘米，下射径 10.3 厘米，刻"玉石文" 77 个。

玉琮：高 7.5m 厘米，上射径 12.6 厘米，下射径 12 厘米，共刻"玉石文"40 个。

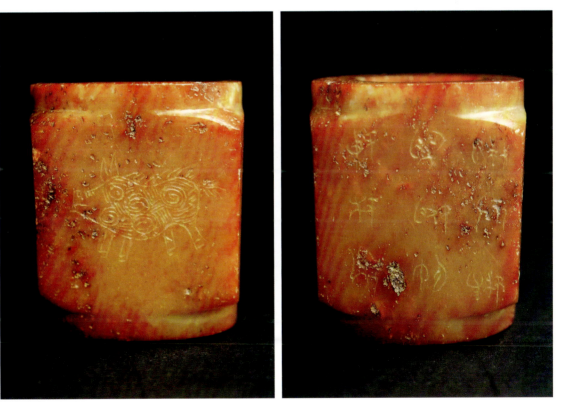

玉琮：高 5.6 厘米，上射径 5.1 厘米，下射径 4.8 厘米，共刻"玉石文"18 个。

玉鸟：宽 26.2 厘米，长 13.2 厘米，最厚处 1.8 厘米，分 A 面和 B 面，共刻"玉石文" 78 个。

玉发冠：冠高 6.1 厘米，冠径 8 厘米，共刻"玉石文" 24 个。

玉猪：长 24.8 厘米，宽 6.3 厘米，高 5.8 厘米，共刻"玉石文"21 个。

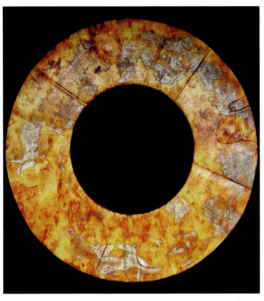

玉环：环径 25 厘米，最厚处 0.8 厘米，两面共刻"玉石文"64 个。

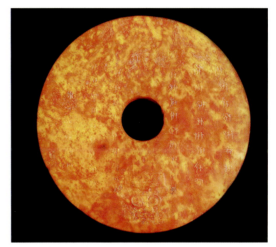

玉璧：璧径 27 厘米，最厚处 1.2 厘米。（A 面）A、B两面共刻"玉石文"97 个。

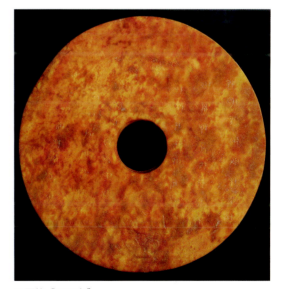

B 面的"玉石文"

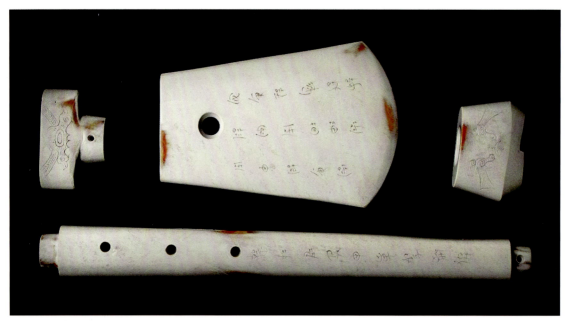

玉钺（全套）总长 34.3 厘米，共刻"玉石文"58 个。

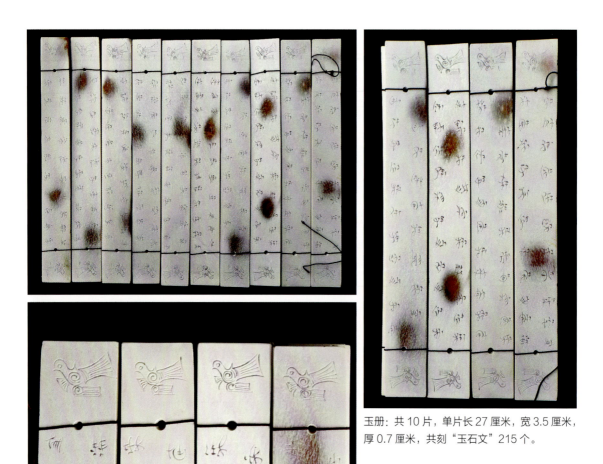

玉册：共 10 片，单片长 27 厘米，宽 3.5 厘米，厚 0.7 厘米，共刻"玉石文"215 个。

良渚"玉石文"是中国汉字的主要源头

随着对良渚"玉石文"探索和研究的深入，笔者又有了一些新的发现和重要收获。

一、良渚"玉石文"的客观存在和字体的多样化毋庸置疑

自从笔者在上海《新民晚报》上发表了《良渚"玉石文"》的研究文章后，近年来在民间收藏圈关注良渚玉器的人似乎更多了，原来对良渚玉器上有刻符和文字熟视无睹的藏友，也开始寻觅搜集。还时有一些资深藏家在手机上发图片或带来刻有"玉石文"的良渚玉器让笔者鉴赏。良渚玉器是史前文化遗址中考古出土最多的玉器，让人惊喜的是在民间收藏中不仅有大量的良渚玉器实物，而且还不乏契刻有"玉石文"的良渚玉器。有些良渚玉器品质之精、体量之大几乎颠覆了我们的传统认识。如高58厘米21节的良渚玉琮的四面立槽上刻有"鸟立祭坛"图案和72个"玉石文"；直径40厘米的良渚大玉璧上两面刻着良渚神徽和鸟纹，还有近300个"玉石文"；宽51厘米的良渚大玉璜两面也刻着良渚神徽和鸟纹，也有250多个"玉石文"；真是叹为观止。虽然契刻有"玉石文"的良渚玉器至今尚没有得到国家考古资料的证实，但其在民间的客观存在这是不争的事实。

良渚"玉石文"有许多不同的字体。各种字体的风格有明显的差异，很容易区分。推测这些不同字体的"玉石文"应该是不同良渚部落各自创造的文字。笔者结合自己的藏品和民间众多的藏品研究后发现，不同字体的"玉石文"的存世量多寡不一，存世较少的字体也往往较稚拙，可能是良渚早期的文字。其中有一种比较成熟字体的"玉石文"的良渚玉器存世量较多（见照片"不同字体的良渚玉石文"字体一）。凭借经验，可以对其作些推测分析：如我们现代人同样写一个汉字，每个人的手势是不一样的。这种字体在不同器型的玉器上有着不同的书写风格，显然是不同的人所刻；这些不同书写风格的玉器往往其器型、雕工和纹饰风格也有较大差别，可以证明其应该不是同一良渚部落所加工的玉器。上述那种存世量较多的字体，不仅书写风格较多，而且玉质和沁色也有较大的差异，可以证明其出土地相距甚远。通过收藏者对这种字体玉器购得获取地的介绍，因此推测这种字体的"玉石文"也许已经在良渚文化区域里得到了比较广泛的流行。笔者因此也发现：良渚文化的区域范围已经不只是以往传统说法的环太湖流域为中心，它的中心区域可能还要更为广阔，北达江苏吴江、常州、扬州、徐州，西至浙江临安，安徽宁国、广德、郎溪，南抵浙江宁波、绍兴、余姚、上虞等地。

二、良渚"玉石文"后人是无法造假的

由于良渚"玉石文"迄今为至尚无国家田野考古资料的充分证实,所以有很多专业人员都不相信它在民间收藏界确有存在的客观事实。无奈又对这些大开门的良渚玉器没法否定,于是有些人就草率地认为这些文字是后人添刻上去的伪作。其实只要对这些玉器稍加研究,就会发现良渚"玉石文"后人是无法造假的。

良渚"玉石文"的契刻技艺无法伪造。良渚玉器的纹饰非常精细华丽,在四五千年前的新石器晚期就开创了我国微雕工艺之先河。良渚玉器竟然能在1毫米内刻画出3至5根阴刻线;还有一种在收藏界被称作"眉毛工"的,即是每条细阴线居然是由无数根细密的1毫米左右的阴刻斜线叠加而成。而且用力似乎非常一致,如纯是手工刻画无法达到如此跳刀的效果。更让人匪夷所思的是细阴线和"眉毛工"的阴刻斜线都必须用40倍以上的放大镜才能看清楚。良渚先民是如何用肉眼从事此微雕作业的?纵使古人视力好,他们又是用什么工具来加工的?最早的说法是用鲨鱼牙在经过软化处理的玉石上雕刻。后来在良渚玉作坊遗址考古发现了一些小石片,其材质有黑曜石、燧石、石英和水晶等,硬度等同或略高于玉石,因此人们推测这些小石片是良渚先民进行玉器微雕的工具。也有人猜测良渚先民可能用硬度更高的天然金刚石来雕刻。说法不一,至今没有定论。还有一些人认为"眉毛工"是现代电动工具所作,此纯是毫无机加工知识的信口开河之说,笔者可以非常肯定地说:"眉毛工"当今任何现代化的工具都无法仿制。在中国玉文化史上古代先民留给我们太多的不解之谜:早于良渚文化、迄今五六千年前的凌家滩文化的玉器也非常引人瞩目。在其玉人上的钻孔中发现了只有0.15毫米的玉芯,有关专家认为如此极精细的管钻就是用现代化高科技手段也无法加工出来,更何况是以往的认识中古代玉作业上常用的竹子和骨头材质的管钻。若非考古出土,肯定无人会相信这是5000多年前凌家滩先民所为。经对有关良渚玉器的仔细鉴定和长时间研究,笔者发现不同字体的良渚"玉石文"的刻工也大多用纯"眉毛工"的契刻技艺,有的用细阴线工和"眉毛工"相结合的契刻技艺;还有一些"玉石文"由于线条上灰皮厚重,无法看到刻痕。猜测良渚文化区域里众多的部落,或许都拥有了某种至今未知的雕刻工具并掌握了这鬼斧神工般的"跳刀斜阴线"契刻技艺。

良渚"玉石文"如果作伪是能够鉴定出来的。且不说现存世在民间收藏界大量玉质不同、器型众多、雕刻风格迥异的良渚玉器,要在其上伪造出不同字体的"玉石文"来,显然是不可能、也是不符合逻辑的。退一万步说,假设真有所谓高手能利用镭射雕刻等高科技手段伪造出"玉石文"的契刻技艺,但一定伪造不出真品"玉石文"洒脱的线条和书写风格上自然古朴的神韵;伪造不出附着在"玉石文"上面的包浆、灰皮、沁色等种种入土数千年的痕迹。民藏界大有良渚玉器的鉴定高手,很容易能看出破绽,辨别真伪。近些年来笔者上手鉴定过民间收藏的许多良渚玉器,发现只要是到代真品,其上若有"玉石文",都是成器时所刻,绝无后人补刻和造假之嫌疑。

三、良渚"玉石文"其中的一种字体已被部分识读和破释

笔者深知：发现与提出良渚"玉石文"只是万里长征的第一步，研究探索的路程将是漫长的。尤其重要的是对这些不同字体的"玉石文"进行释读，从中获取史前人类的信息。凭借自己粗浅的古文字知识，总觉得在一些"玉石文"中能隐约看到商周甲金文的影子，有时还能硬生生地辨识出几个字来。但若要作较深度释读是一件非常艰难的学术研究，是一项世纪工程。甲骨文自1899年发现以来的120多年里，经过几代古文字学者的不懈努力，整理出4500左右的单字，只辨识出不到一半的字来，现在还在继续研究和释读。于是我选择了似乎甲金文影子较明显的一种"玉石文"字体，并精心挑选了一件刻有良渚神徽和"鸟立祭坛"纹的良渚玉璧（见照片"不同字体的良渚玉石文"字体二，玉璧），上面共有96个"玉石文"，还专门请多位上海古玉器鉴定高手共同掌眼把关后，再交给胞弟徐梦嘉帮助作深度释读。徐梦嘉是海内外知名的古文字学者、书画篆刻家，从2012年起在上海《新民晚报》开设"梦笔寻踪"古文字研究专栏，笔耕至今，影响广泛。

释读良渚"玉石文"是非常艰难的学术研究，需要非常专业和广博的知识，诸如文字理论、字形、上古音和训诂学知识。面对良渚玉器上成句连篇的"玉石文"，首先是释字，借用前人的研究成果和从商周的甲金文中对比寻找，并以此反推确认；对那些从来没有见过的新字，研究者只能根据自己的经验，从古文字的排列规律、字形、通假等特点来识别。接下来是释意，要把单独的古文字连接成句子，表达出文意，也许更难。古人的语境与现在不同，史前良渚先民的语境更是古文字学中一个完全陌生的领域，研究者也只能凭借自己积累的古文字知识进行推断和解释。因此对良渚"玉石文"的释字和释意每个古文字学者都会自有一说，不尽相同，相信经过长年的研究探讨，最终会形成共识。

徐梦嘉认为：此良渚玉璧上的96个字，显然已是一种比较成熟的文字，不少字有着后世的甲金文与小篆形构。他识定其中有甲文34个，金文17个，小篆5个，另有40个字属于非甲金文和小篆字形。96个字中有重复11个。玉璧上96个字现已经被全部识出和破释，并"根据所释字的本义与衍义，将相关字分类置位，如此读出了96个字组就的内容，"因此其文意也得到大体的解读。我认为良渚先民以玉璧礼天，此玉璧上96个文字内涵丰富，描述了良渚先民的居住生活、农耕劳作和庆贺丰收等场景，表达了祈求上苍护佑的心愿。

玉璧釋字

（一）

形 明 字 戌 田 男 田 字

友 令 須 非 細 到 父 惑

秋 度 或 敬 區 廿 分 千

（二）

勿 混 采 米 聞 隹 叉 畑

尚 向 好 印 鼓 召 至 幼

庢 品 好 薔 似 苦 好 洽

（三）

河 丙 河 字 仅（僅）手 芻 光

比 比 為 日 歸 畑 母 同

升 敬 智 異 賜 如 巫 似

（四）

達 工 姓（晴）眾 賜 明 示 惑

雲 共 作 物 姒 物 仔 莫

泄 追 依 好 班 朝 凹 得

注：

一. 識定甲骨文34個（黑體字表示），金文17個（楷體字表示）；小篆5個（小號字表示）。另破釋40字非甲金小篆字形。96字中重複11字：明、田、男、字、惑、敬、好、好、好、河、比（同字不同朝向兩款）。

二. 字形"仅"是僅的金文寫法（堇也是僅的先文）。破釋字舉兩例：1.有款字形如"姓"，姓是晴的或體；2.字形上屮下口釋作"苦"，因為"香"甲文是口食禾與黍（小篆香之口改作甘，口中短橫表示香甜食物可長時間含在嘴裏。苦辣食物不会含在嘴裏），那麼口食草（或苦菜）自然"苦"。

這是巫師祭祀咒語，置入需要的文字，排列無序，念念有詞。96 字根據字本義（個別衍義）放進文中。

玉璧釋意

在河的流域（河、區）世代繁衍生息（父、母、字 、字、仔、比、幼、好）的先人已經脫離蒙混（眾、混），從洞穴走出來，蓋了有窗戶采光好（尚、好），有幾間居室的房子（座），晚上用油燈照明（光、明、明）。18

族長安排下（令、召、如），男人們（男）起早貪黑（日、朝、莫、歸）在分割平整（四）出的一塊塊的田地（田、田、卄）裏共同艱辛勞作（同、工、共、友、苦）。他們選擇培育五穀（采、形、似、分、米）。也強迫俘虜幹活（印、千、仅）。開始飼養豬（豖、好），用牛拉耒耜耕田（勿、物），还馴服野象搬運重物（為）。30

遺有一些男人在部落疆界守護（戍、或）；捕捉鳥禽（非、佳）；林間狩獵（追、至、到 ）；打捞河裏的魚貝類（河、叉、丙、得）。女子紡紗織布（姒 、依、細、須、好）；人们还手工雕琢各種用途的玉器（比、手、度、作、班）；製造石刀、石斧、石錘、石針、石鏃（度、達、至 ）。24

生活勞動中有了困难疑惑（惑、惑），祭祀祈求（示、敬、敬）神靈幫助，賜與力量（賜、賜、巫）。不要旱災水患（畑、沺），永遠風調雨順（洽、牪、雲），並給与力量智慧（巫、形、智）。16

秋天（秋），五穀豐收（升），放入糧倉儲存（嗇、向）。品勞動果實（品），戴面具跳舞（異），擊鼓慶賀（鼓、聞）。8

徐夢嘉 2021.1

四、良渚"玉石文"是中国汉字的主要源头

关于中国的汉字最早源头自古就有"仓颉造字"之说：在距今 4700 年左右的黄帝时期，史官仓颉"观鸟迹虫文始制文字，以代结绳之政"。但学界大多认为这只是个传说，他可能是"见鸟兽蹄选之迹，知分理之相别异也"，于是从中受到启发，便把散落于民间的一些图画符号搜集整理和使用，在汉字的创造中起到了重要作用。但是这些初创的文字究竟啥模样，迄今仍是个谜。

郭沫若认为：甲骨文是中国最早的成熟文字，但不是最早的文字。从中国原始文字诞生到甲骨文必定经过 2000 年以上的发展。这个论述正在被不断地得到新的证明。迄今考古发现在

甲骨文之前的最古老文字有：1. 贾湖刻符。出土于 8000 多年前的河舞阳遗址。据说在龟甲等器物上所发现的 21 种刻符，已识出 11 个字，是属于反映易学中的离、坤两卦之象的汉字。2. 半坡陶符。出土于 6000 年前仰韶文化的陕西西安的半坡遗址。在陶钵口沿上发现近 30 种刻符，但至今无法辨识。3. 夏代水书。出土于 3800—3500 年前的河南二里头夏墟遗址。据说已发现在陶器上的 24 种刻符，经由贵州当地民间十几个"水书先生"分别独立辨识，几乎已被全部辨识。学界有人认为这是一种属于"表意"的文字。4. 良渚陶文。2003 年出土于 5000 多年前的良渚文化遗址的浙江平湖庄桥。发现在一些陶器上有刻画符号，但尚不能辨识。学界大多认为其至多是原始文字，与甲骨文不是同一体系的。

2000 年年初，有文化学者在民间收藏界发现了一些出土于山东、内蒙古等地的兽骨片上有刻符，经研究认为应是属于 3300—4600 年的龙山文化的器物，被发现的研究学者定名为"骨刻文"。据说已经被辨识出几百个字，并认为这是属于以记事为主的文字。

笔者以为：上述前四种古文字，考古出土的时代特征清楚，无奈文字符号太少，几乎无法开展系统的研究，而且有的古文字其年代早于甲骨文几千年，当中有很长的空白期，两种文字之间似乎无法构成直接的联系；民间发现的"骨刻文"虽有一定的数量，据说有些字已被部分辨识，并且还发现了这种文字的创造规律。但这些兽骨片的年代须经过严密的科学测定才能得出正确的结论，况且还更有待获得到国家考古资料的充分证实。

良渚"玉石文"的情况与上述古文字的情况不同。契刻有文字的良渚玉器在民间收藏界有大量存在已是不争的事实，文字的数量很多，有的一件玉器上就刻了两三百个字，足以提供综合归纳研究。"玉石文"的载体是良渚玉器，其时代特征非常明显，上面大多雕刻有良渚神徽、飞鸟和"鸟立祭坛"等良渚文化的代表性纹饰。因此窃以为也许无须作科学测定，仅凭借民藏界古玉器鉴定高手的眼学，一眼便可鉴定出真伪。笔者经与上海收藏界的多位古玉器鉴定高手讨论研究，综合分析后认为：上述那件良渚玉璧上的"玉石文"可能属于良渚中晚期的，推测也许还有比它更早的"玉石文"。

国家考古资料证明，良渚后期因受洪水等自然灾害的影响，良渚先民分两支向外迁移，其中大部分人迁往北方，最后融入中原的华夏部落联盟。经考古发掘已从江苏大汶口文化的花厅遗址和黄河流域的龙山文化遗址中发现了不少良渚文化的玉器，时间上能与此后的夏商时期相衔接。从上述那件良渚玉璧 96 个"玉石文"的释读研究结论可以证明，其中有一半多的"玉石文"已被商周的甲金文所沿袭传承。甲金文属于同一体系的文字，只是文字载体不同，几乎同时出现在夏商之际，甲文盛行于晚商，金文盛行于周代。因此推测，良渚"玉石文"不仅是商周甲金文的直接源头，而且也是中国汉字的主要源头。

五、开展对良渚"玉石文"的研究是中华文明探源工程的重大课题

中华文明探源工程确定了四个最重要的区域中心遗址：浙江良渚、陕西石峁、山西陶寺和河南二里头。笔者拙见：良渚古城遗址已经申遗成功，如果再加上对良渚"玉石文"的考证认定，那么中华文明之源非浙江良渚莫属。近年来党和国家领导人对考古工作和古文字研究作了许多重要讲话，是鞭策我们去重视和开展对良渚"玉石文"考证和研究工作的强大动力。

　　因此建议国家有关部门不仅要积极开展"田野考古"，以期尽早通过考古发掘，寻找到相关契刻有"玉石文"的良渚玉器，还可以开展赋予新内含的"社会考古"，主动去寻找遗落在民间和被众多收藏家"保管"的契刻有"玉石文"的良渚玉器。采取国家文博部门与民间收藏界良渚玉器鉴定高手相结合的方法，组成专业小组，对这些存世的良渚玉器进行科学考证。坚信广大爱国的民众和收藏家定会一呼百应，为中华文明探源工程作出积极的贡献，它的效果肯定会更好。并且还可以借此从民间调查获取相关的线索，从而推进良渚文化的"田野考古"工作。我们有理由相信：良渚"玉石文"被国家有关部门考证认定的那一天定会提早到来！

2021 年 2 月

不同字体的良渚"玉石文"

【字体一】

玉琮高 27.2 厘米，上射径 8.9 厘米，下射径 7.9 厘米，
共刻"玉石文"65 个字。

玉琮正面

玉琮侧面

玉钺高 25 厘米，上宽 11.5 厘米，下宽 14.5 厘米，最厚 0.6 厘米，共刻"玉石文"60 个字。

玉钺正面

玉钺背面局部

玉琮高 11.8 厘米，上射径 10.3 厘米，下射径 9.8 厘米，
共刻"玉石文"70 个字。

玉琮正面

玉琮侧面

玉琮侧面

玉璧直径 22 厘米，最厚处 1.2 厘米，共刻"玉石文"96 个字。

玉璧正面

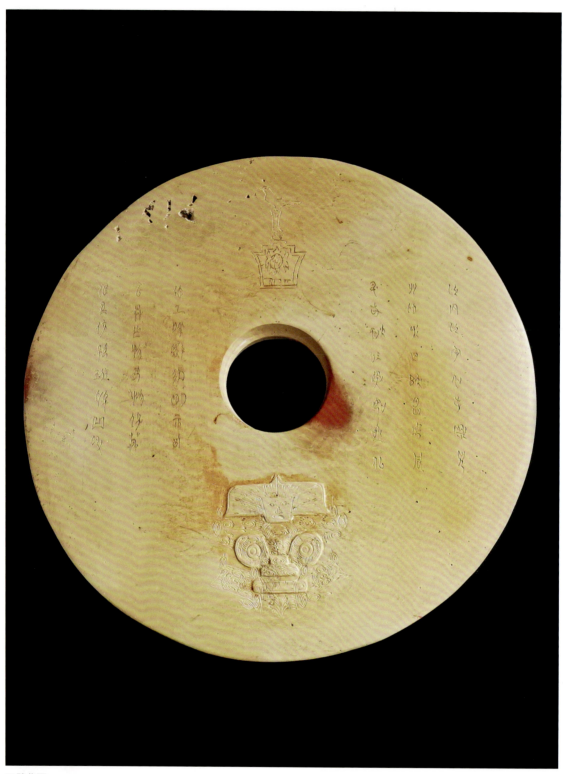

玉璧背面

玉钺长 18.5 厘米，上宽 11.5 厘米，下宽 14.3 厘米，最厚 0.6 厘米，共刻"玉石文"60 个字。

玉钺正面

玉钺背面

【字体三】

玉鸟、玉璜、玉刀三件套

玉鸟正面，高 4.6 厘米，宽 7.2 厘米。

玉鸟背面共刻"玉石文"5 个字

玉璜正面，高 3.5 厘米，宽 7.5 厘米。

玉璜背面共刻"玉石文"5 个字

玉刀正面，高 8.2 厘米，宽 3.6 厘米。

玉刀背面共刻"玉石文"2 个字

【字体四】

玉钺长 21.5 厘米，上宽 8.9 厘米，下宽 13.6 厘米，最厚 1.6 厘米，共刻"玉石文"20 个字。

玉钺正面

玉钺背面

三叉形器高 6 厘米，最宽 8.6 厘米，最厚 1.6 厘米，共刻"玉石文"5 个字。

三叉形器正面

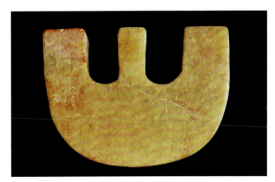

三叉形器背面

玉璜高 6 厘米，最宽 10.7 厘米，最厚 0.6 厘米，共刻"玉石文"6 个字。

玉璜正面

玉璜背面

【字体五】

玉龟长 8.6 厘米，宽 5.9 厘米，最厚 0.9 厘米，共刻"玉石文"26 个字。

玉龟正面

玉龟背面

玉龟正面局部

坠形器高 8.1 厘米，最宽 4.3 厘米，最厚 1.3 厘米，共刻"玉石文"13 个字。

坠形器正面

坠形器背面

【字体六】

斧形佩一对，左：高 9.2 厘米，上宽 6.1 厘米，下宽 5.8 厘米，共刻"玉石文"24 个字。右：高 9.3 厘米，上宽 6.1 厘米，下宽 5.6 厘米，共刻"玉石文"31 个字。

斧形佩一对正面

斧形佩一对背面

【字体七】

玉册，共 11 片，单片长 22.3 厘米，宽 4.6 厘米，厚 0.8 厘米，共刻"玉石文"264 个字。

玉册全册正面

玉册局部

良渚"玉石文"是殷墟甲骨文之祖

近几年来，笔者一直在研究和探索良渚"玉石文"与殷墟甲骨文之间的联系。平时也会将一些刻有"玉石文"的良渚玉器进行分析比对，并用自己浅薄的古文字知识尝试进行释读，多有心得。有时还会将一些甲金文影子似乎较多的良渚玉器上的字，请知名的古文字学者、胞弟徐梦嘉帮助作释读。他说："作为一家之言，他可以试着识解一下这些玉器上的字。"因为对古文字的释读常会意见纷纭，有些无法统一的意见只能留给历史与后人裁断。对此情况笔者有自己的观点：在对良渚"玉石文"一些字的释读中允许有不同的说法，此属于正常的学术争议。但对释读所提供的原始资料（良渚玉器及其上面契刻的"玉石文"）必须是毫无争议的。后来他对笔者提供的一件良渚玉璧（见下图）上的 96 个"玉石文"进行研究释读，识定 96 个字中有 11 个字重复，其中有甲文 34 个、金文 17 个、小篆 5 个，另有 40 个字属于非甲金文和小篆字形，他不仅将字全部识出，而且文意也得到大体解读。基于此重要的学术成果，笔者综合自己的研究观点，撰写了《良渚"玉石文"是中国汉字的主要源头》的文章。

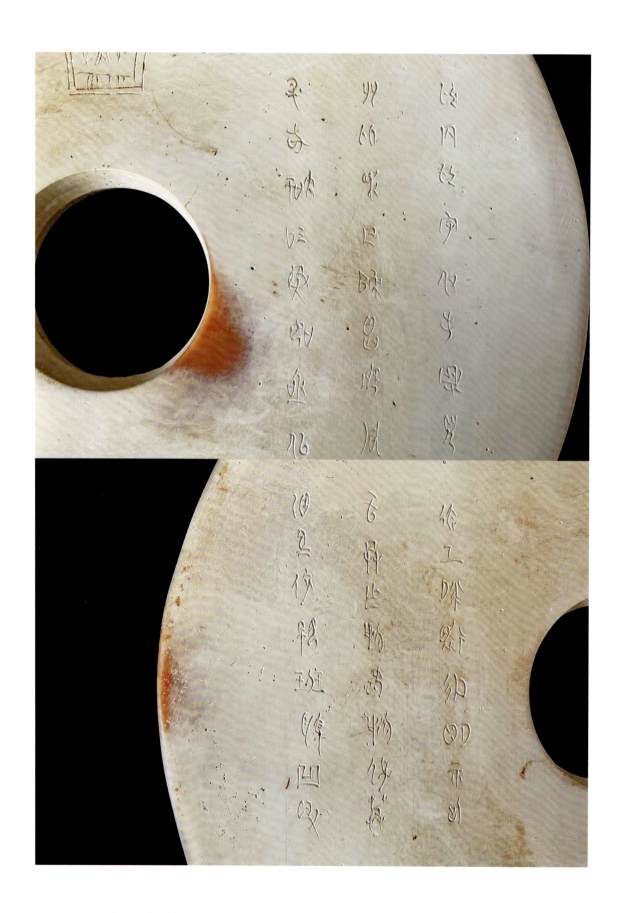

笔者珍藏有一件良渚文化的平首玉圭（见下图），其两面均刻有良渚神徽纹和双鸟纹，还有 30 个"玉石文"，是一件非常精美的良渚玉器。玉圭的器型其源于新石器时代的石铲，笔者以为玉圭是捧执在手中的，其型制的特点必须是有孔洞的一端在下面，上端或是平首或是尖首。如是素面无纹饰的，因为无法判断端面的上下，称其为玉圭或玉铲均可。如果是有纹饰的，能够分清上下端面就必须加以区分。这件平首玉圭上面有简化的良渚神徽纹，稍看就知道是孔洞在上的，严格地说应该是玉铲，现在本文亦称其为玉圭是随民藏界大流的说法。让人费解的是，此玉圭的两面共有 6 行字，其中只有 1 行字是按良渚神徽纹的方向刻写的，其他的"玉石文"都刻倒了。此玉圭上 30 个"玉石文"基本上都和甲骨文一样，徐梦嘉已经全识出。由于其中有个别字不太规范，于是他便用手写方式将甲骨文对应出来。

将心保國安
丰丰絲幽白
宅月書四自
丰

行契先傳竹
火將卿得協
聽水雲作畫

注：此玉圭上的文字基本与甲骨文同（可比照右图的甲骨文）。1."对"（對）字存疑。2.先字与括号中的楚简接近。3."得"字上从目（甲文从貝），与括号中的战国文字接近。4.玉圭每面下的"丰"字存疑（甲文始丰、豐是两个字，汉字简化后统一作"丰"）。

不久前，笔者又找出两件早年同时收得的良渚玉器（见下图），一件是尖首玉圭（这是件正宗的玉圭），一件是左右两端有牛鼻孔的圆雕器物（这种良渚玉器的器型从未见过）。

玉圭上有 8 个字，圆雕器物的两面各有一个字。笔者马上就识出了玉圭上面的 4 个甲骨文，另外 4 个字也像是甲骨文，但一时间识不出来。由于玉圭上的字受到沁色灰皮的影响，手机拍摄照片无法看清。我就用钢笔将上面 8 个字按其在玉圭上排列的状况描绘下来，拍照发给胞弟，很快就收到回复，他说必须看到文字的照片。并嘱我用家里厨房中的山药粉涂抹在字上，再拍照发过去。第二天收到了他的完整的释读：卜夌月人 雨州山天。意思是："祈愿（卜）在名为夌的地方，天高月明，风调雨顺。青山绿洲，人民富庶。"几天后我们碰头，当面看了东西，那件类似挂件的圆雕器物上的两个字也当场释读出来：廾北。"廾"字今作"拱"，意思是："拱手向北方祭拜"。徐梦嘉经研究考证明确告知：此两件玉器上的 10 个字与殷墟甲骨文完全一样，大开门。

笔者根据 10 个"玉石文"的字意分析断定：这两件玉器当是良渚先民在进行隆重的祭祀先祖仪式上用的重要礼器。小圆雕件是件可以悬挂起来的表示祭祀对象的玉器，尖首圭是供奉于祭台或捧执在巫师手中的表示祭祀内容的玉器。

细察这件尖首玉圭，其雕工非常精细，两面都有相同的纹饰，正面上是鸟纹，中是神徽纹，下是鱼纹；反面是鱼纹在上，鸟纹在下，神徽纹居中。此三种纹饰是良渚玉器中最主要的纹饰，神徽纹（神人兽面）笔者认为它不仅是良渚古国的国徽，也是世界上最早的国徽，其是良渚玉器上最重要的纹饰。鸟是良渚先民的图腾，他们生活在我国的江南地区，靠近东海，东海是鸟的国度，传说中有"人面鸟首"之神，鸟被视作是天地之间的信使，是良渚先民与神灵沟通的媒介。良渚先民傍水而居，鱼是人类最早认识的动物之一，它们能潜入人类无法探知的江湖海底，也被视作神物。上述三种纹饰同时出现在一件良渚玉器上是十分罕见的，而且其雕工非常精细，足见此件良渚玉圭的等级极高。

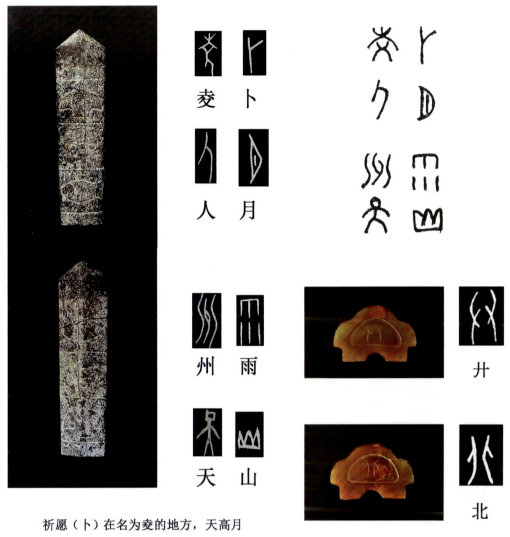

祈愿（卜）在名为烄的地方，天高月明，风调雨顺。青山绿洲，人民富庶。

拱手向北方祭拜

这件尖首玉圭上8个祭祀文字，其起首第一字是"卜"。"卜"字从商代开始至今字形从未变过。

当代学界都以为"卜"字其始于甲骨文，归为独体象形字。商代人用火灼龟甲，根据其裂纹来测凶吉，此乃"问龟卜"（《周礼·大卜》）。东汉许慎《说文解字》："卜，灼剥龟也，象灸龟之形。"有说："卜"字长竖代表龟甲，短斜画代表燃烧的木炭条；还说："卜"字的长竖画和短斜画似龟甲的裂纹形状，代表龟兆。对此笔者一直纳闷：许慎也许并没有见到过甲骨文的实物，也无从知道商代龟卜的全过程，如何会有这么详细的解释？此后凡有"卜"组成的词如："卜卦""卜算""卜度"等皆是其原意的延伸。而今"卜"字出现在早于商代1000

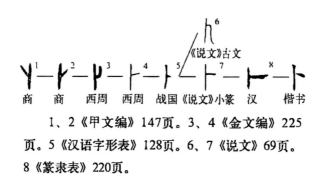

商　商　西周　西周　战国《说文》小篆　汉　楷书

1、2《甲文编》147页。3、4《金文编》225
页。5《汉语字形表》128页。6、7《说文》69页。
8《篆隶表》220页。

多年前良渚玉器的祭祀文字中，对此问题不知应作如何解释？从现有考古资料中得知良渚玉器多鸡骨白，有说其可能与良渚先民在祭祀活动的焚玉习俗有关。但这件精美的尖首玉圭保存完好，玉质肥润，显然没有作过焚玉；况且良渚时期有无"玉卜"也不得而知。笔者因此认为：现在唯一可知的是对"卜"字的起源，其初形初义的解释均需要重新研究探讨。徐梦嘉对尖首玉圭上8个祭祀文字进行释义，把"卜"字放在括号里，不作实体字释，此是非常严谨合理的学术态度。小圆雕玉器上的两个字，起首的"廾"字属于相对构体字形，字形似左右手相对，呈捧物状。其字形甲、金、篆至今相通。

现已证实，"廾"字早在5000年前的良渚文化时期就已经创造出来了，并且释义也相同。

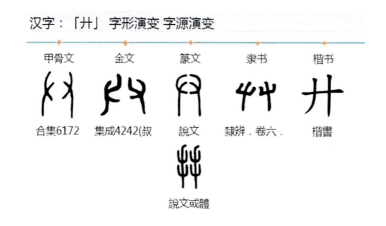

汉字：「廾」字形演变 字源演变

甲骨文　金文　篆文　隶书　楷书

合集6172　集成4242(叔)　說文　隶辨.卷六.　楷書

說文或體

从近几年对以上四件良渚玉器（玉璧、平首玉圭、尖首玉圭和小圆雕玉器）上面"玉石文"的释读与研究，可知在良渚文化的中后期，众多良渚部落已经出现了文字，许多部落之间开始以这些文字进行交流沟通。以上四件玉器上的文字明显是三种不同书写风格的字体，显然是属于三个不同部落的文字，但他们不仅在契刻上与殷墟甲骨文的笔画比较相同，线条细瘦硬直，而且还有许多字如：州、山、雨、人、月、作、保、物等，殷墟甲骨文与这些"玉石文"非常相似，如出一辙。甲骨文发现与研究已经120多年了，现在所知甲骨文在表意上除了有单字外，已经有了词组，甚至还有简单的句式。笔者经初步研究发现："玉石文"的表意都是单音节，一个字就是一个词，表达一个意思，其字与字的组合方式、说话的语境也与现在完全不同，有时显得断断续续。因此识出"玉石文"后，还要对相关的字进行释义，从而获取良渚文化时代的各种信息，这是一个非常有意义和艰难的研究课题。

笔者对比不同字体和不同书写风格的"玉石文"，发现有一种字体的"玉石文"特别多（见下图）。本书前面文章《良渚"玉石文"之考释》所附的12件（套）良渚玉器上的915个"玉石文"也属同一种字体。

这种字体如同行书，颇有中锋用笔的感觉，线条大多带以弧度，非常圆润流畅，并能明显看出刻写时的起笔与收笔。观察其结字，以方形和长方形为主，还能看到有左右结合的字体，有时左边或右边部分只占字体宽度的三分之一，可能就是我们现在所讲的是字的"偏旁"。有时在一件良渚玉器上就刻有几十上百个文字，从整体的章法来分析，行气相通，上下呼应，疏

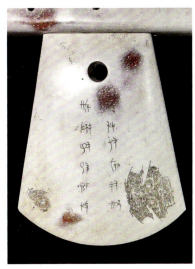  

密有致。可见这种字体的"玉石文"已是一种比较成熟的文字了。笔者曾为此类字体专门在收藏圈内作寻踪调查，得知其流通分布的地域也较广，不仅浙江桐乡、南浔、绍兴、上虞有发现，甚至在安徽广德、郎溪，江苏常州、震泽等地也有发现。笔者还在一个藏家那里发现了非常罕见的刻有此种"玉石文"字体的良渚陶鬲和骨雕件。

陶鬲的三条腿上共刻有28个字；陶鬲上的字体比较清楚（见下图）左边那条腿中间那行有4个字，第一个是"拜"（金文），第二个字是"典"（甲文），一眼便能辨识。骨雕件左右两旁各刻着3个字不甚清楚，中间是"双凤朝阳"的图案（笔者简称为"双鸟纹"）。"双凤朝阳"的图案在良渚玉器中常见：其左右两边是相对飞翔的凤鸟，中间是蒸腾的云层，云层上的两个小圆圈代表冉冉升起的太阳，云层下的一个小圆圈代表消沉落下的月亮。笔者以为：此

图案可能源自浙江距今 7000 年左右的河姆渡文化的图腾"双凤朝阳"，并与山东距今 6000 年左右的大汶口文化出土的陶尊上的图案有异曲同工之妙。

　　此陶尊的刻画图案：下面是五峰山，中间是云层，最上面是太阳。有不少古文字学者认为：这是个象形字"旦"。"旦"就是早晨的意思，上边的"日"是太阳，下边的"一"是云层和山的简化。所以笔者认为良渚文化"双凤朝阳"的图案中间也是一个象形字"旦"。推测这种字体的"玉石文"，也许是当时良渚族群间流行的主要文字。假以时日通过对于此种字体的深度研究释读，一定会有更多意想不到的收获。

良渚陶鬹

良渚骨雕

大汶口文化陶尊和上面刻画的"旦"字（山东莒县陵阳河大汶口文化墓葬遗址出土）

　　这个刻画在陶尊上的符号，很像一幅描绘早晨的图画：太阳越过高山，穿过云层，慢慢升了起来。多数文字学家说这是"旦"字③。"旦"就是早晨的意思，上边的"日"是太阳，下边的"一"是山和云的简化。"旦"字在不同的地点都有发现，说明它有了传播信息的功能。文字学家们还说，这个原始图形文字是氏族的图腾。（见扉页彩图）

良渚晚期的先民"拱手向北方祭拜"，是在祭拜带着本部落的玉器和文字向北方迁徙，最后融入黄河流域中原部落的祖先吗？良渚"玉石文"是如何被中原部落沿袭继承与广泛传播的？我们相信将来一定会得到国家田野考古的证明。学界大多认为玉圭源于史前文化中的石铲，开始都是平首的，到了商代之后才出现了尖首玉圭。到了西周时期玉圭不仅是祭祀器具，还成了等级和权力的象征。已有研究发现商代的玉器有不少可从良渚玉器中找到原型，良渚玉圭大多是平首的，本文这件尖首玉圭的出现颠覆了过去的认知。其不仅证明商代的尖首玉圭可能源自良渚玉圭，或许也能证明长江下游的良渚部落与黄河流域的中原部落在文化（包括文字）上有着前后传承的关系。

以上论述，乃是笔者一孔之见。推测在良渚文化后期，有许多良渚部落先后北迁至黄河流域地区，而其中有一些部落的文字（如玉璧上 96 个"玉石文"的这种字体）被中原部落部分认同和接受；有一些部落的文字（如本文重点论述的这三件玉器、系两个部落所创造和流通的两种风格的字体）则被中原部落基本认同和接受。此后在黄河流域地区进行传播流通的过程中，还可能有过整理归纳和发展完善，这些良渚"玉石文"的字体经过世代传承和演化，最终在商代晚期以"甲骨文"的形式表现出来。笔者认为：现已经可初步证明，并相信今后定会有更多的研究资料将继续证明：良渚"玉石文"是殷墟甲骨文之祖。

2022 年 1 月

良渚"玉石文" 惊天下

——良渚"玉石文" 发现与提出者徐梦梅先生专访

徐梦梅先生是我国知名的收藏鉴赏家、中国玉文化学者。2019年7月7日上海《新民晚报》"夜光杯"副刊率先发表了他的玉文化论文《良渚"玉石文"》，引起了社会各界的很大反响和热议。我们作为上海收藏界的成员、中国玉文化的爱好者，有幸对其进行了专题采访。

我们采访的第一个问题、也是大家最感兴趣的，就是发现良渚"玉石文"的经过。徐梦梅先生自幼受到家庭的熏陶，对中华悠久的历史文化有着浓厚兴趣。20世纪80年代中期，偶尔在一个古玩市场获得一只小的古玉杯，上面有一丝丝的红沁和会变化的白色灰皮，让他高兴不已。那时民间收藏古玉器的人极少，几乎无人能看懂此玉杯。后来经多方请教，考定此小玉杯可能是宋代之物。从此徐梦梅先生便与高古玉器的收藏结缘。在收藏中他偶然发现有一些古玉器上有各种图文刻符，虽看不懂，但认为可以研究，于是只要遇见合适的就会收一些。他判断：这些带图文刻符的古玉器有史前文化期的，也有战汉和明清时期的。对良渚文化器物上的图文刻符，徐梦梅先生在20世纪80年代末就有所发现。他在浙江的一个收藏家那里看到：一段兽骨上面刻有简略的良渚神人兽面纹和十几个字符，后来又在杭州的某古玩店看到过一件良渚玉镯，上面有良渚鸟纹并刻了几个字，店主说是当地一个富人家的后代卖出来的。徐梦梅当时正处于收藏初期，故对此类物件不是很在意。后来随着鉴赏能力的提高和研究的深入，便开始关注和收藏这些有图文刻符的良渚玉石器，经过量的积累和对藏品的多年研究，终有心得，在国内率先提出了良渚"玉石文"的观点。

我们问及为什么会冠以"玉石文"的名字？徐梦梅先生告诉我们，基于两个理由：一是在古文字学研究中，通常以文字的载体来命名。如良渚早期的原始文字"黑陶文"（刻在陶器上的文字）、商代的"甲骨文"（刻在龟甲和兽骨上的文字）、商周的"钟鼎文（金文）"（刻在青铜器的钟和鼎上的文字）、先秦的"石鼓文"（刻在鼓形石头上的文字），还有古印度的"印章文"（刻在石头、象牙和陶土材质印章上的文字）等；二是迄今他发现的几种字体的良渚文字几乎全部都刻在良渚文化的玉石器上，尚没有看到有其他材质的载体。

徐梦梅先生说："虽然我发现并提出了良渚'玉石文'的观点，民间许多资深收藏家也认同我的观点和相关藏品，但我们都知道，良渚'玉石文'这个重大发现要得到国家文博部门的认定是要有个过程的。"2019年年末，他去上海大学参加一个文化讲座，席间有上海澎湃新闻人物专访组的记者，他们得知徐梦梅先生的良渚"玉石文"的信息后，非常兴奋，准备登门采访，还问能否对这些良渚玉石器拍照？他们回去后，把此采访课题转给了文化类的记者。有关记者当晚即与他联系，加了微信，看了有关资料，表示很感兴趣，但先要向领导汇报一下。第二天记者回复：

领导问此类良渚"玉石文"国家博物馆认可了吗？徐梦梅先生回答：没有。并询问：我是中国收藏家协会会员、中国文物学会会员，请这两个部门的专业委员会来认定行吗？对方回答：不行。于是采访一事就搁了下来。

徐梦梅先生告诉我们：国家文博部门对民间收藏界的一些重要发现的认定是非常谨慎的，他们对非考古出土的东西基本上不认可。何止是高古玉器，还有古代陶瓷器、青铜器等皆是如此，这早已是我国收藏界议论纷纷的不争事实。因此有许多中华瑰宝遗落在民间，甚至流失到海外，让国人痛心疾首。迄今为止尚无刻有良渚"玉石文"器物的考古发现。1992 年在浙江余杭安溪百亩山考古出土的刻符大玉璧，其上刻的只是"鸟立坛柱"等图案，没有"玉石文"，因此不少体制内的文博人员对此类良渚玉石器大多认为是民间臆造的伪品。徐梦梅先生建议：对良渚"玉石文"的认定可采用国家文博专家和民间收藏家相结合的办法。因为民间收藏家中有不少是良渚玉石器的鉴定高手。他相信：只要经过努力，终会等到这一天的到来。他表示将继续深入研究良渚"玉石文"，准备随时接受国家文博部门的"考试"，让藏品说话，并愿将这些藏品捐给国家博物馆作为研究良渚"玉石文"的实物资料。

在采访中徐梦梅先生还展示了他的部分藏品，让我们拍照。只要稍有古玉器鉴定知识和眼力的人都不难看出，这些全是大开门的良渚玉器，上面的"玉石文"也是与玉器同时所刻，并非老玉新工。其中有件据说是晚清出土，在民间流传了 100 多年的椭圆形良渚玉琮，雕工极精、红沁自然、玉质糯熟、包浆浑厚，可谓是罕见之物，琮体上刻有 94 个"玉石文"，让人惊叹不已。我们在民间也见到一些藏家有类似刻有图案字符的良渚玉石器，只是这些人大多出于好奇和喜欢，没有作深入的思考，因此往往熟视无睹。而徐梦梅先生却不然，与共和国同龄的他在收藏之余，潜心研究中国玉文化，2005 年他在上海三联书店出版了《古玉新经》，还被国内一些地方博物馆作为工具参考书，此书率先提出了"中国玉文化申遗的观点"。2012 年开始他应约在上海《新民晚报》"夜光杯"副刊上撰写中国玉文化的研究文章，获得好评，发现良渚"玉石文"是他近年最重要的研究成果。徐梦梅先生也因此在 2019 年 9 月其母校（上海市机械工业学校）60 周年校庆时，被评为 8 名优秀毕业生之一。无独有偶，我国近代古文字学研究史上的一些重要事件均源于民间收藏界文化人士的发现：如商代"甲骨文"的发现者王懿荣是晚清的收藏家和金石学家；良渚"黑陶文"的发现者何天行是民国年间良渚陶器的收藏家和上海复旦大学文学专业的在读生。

我们为徐梦梅先生，为中国民间收藏界的这个重大发现"鼓与呼"；我们期盼国家文博部门能加强对良渚"玉石文"的关注和考证；我们期待良渚"玉石文"惊天下的时刻早日到来，为中华 5000 年文明史增添灿烂的篇章。

蒋忠华

2020 年 2 月 20 日

良渚铭文玉器荟萃

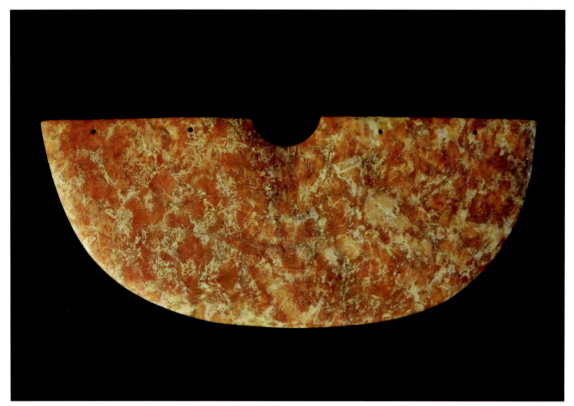

良渚文化 —— 神徽双鸟纹玉璜：最宽 51.6 厘米，高 20.5 厘米，厚 1.8 厘米，上有"玉石文" 238 个。

良渚文化 —— 神徽双鸟纹玉璜（局部图）

良渚文化 —— 神徽双鸟纹玉璜（局部图）

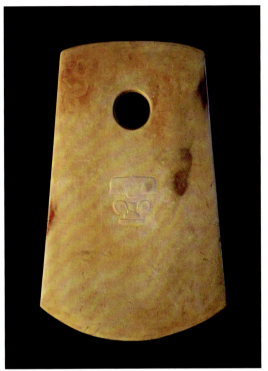

良渚文化 —— 神徽纹钺：长 32.6 厘米，宽 21.2 厘米，厚 0.6 厘米，上有"玉石文"90 个。

良渚文化 —— 鸟立祭坛纹玉圭：长 33.2 厘米，宽 8.9 厘米，厚 0.9 厘米，上有"玉石文"42 个。

良渚文化 —— 鸟立祭坛纹鸟首钺：高 14.8 厘米，宽 17.2 厘米，厚 2.0 厘米，上有"玉石文"28 个。

良渚文化 —— 双鸟纹玉琮：高 8.6 厘米，上射 14.3 厘米，下射 13.7 厘米，上有"玉石文"51 个。

良渚文化 —— 绳结纹玉圭 长 23 厘米，宽 8.8 厘米，厚 0.6 厘米，上有"玉石文"14 个。

良渚文化 —— 双鸟神徽纹玉枕：长 22.6 厘米，宽 10.0 厘米，高 5.6 厘米，上有"玉石文"52 个。

良渚文化 —— 神徽纹玉枕：长 11.2 厘米，宽 4.6 厘米，高 3.8 厘米，上有"玉石文"21 个。

良渚文化 —— 神徽纹玉枕：长 27.7 厘米，宽 10.0 厘米，高 6.8 厘米，上有"玉石文"72 个。

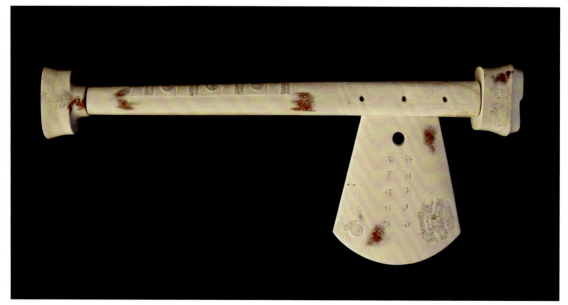

良渚文化 —— 神徽鸟纹玉钺：（全套）总长 55.2 厘米，上有"玉石文"32 个。

良渚文化 —— 玉琮 2 件：图左高 5.8 厘米，上射 6.7 厘米，下射 6.3 厘米，上有"玉石文"20 个。图右高 6.2 厘米，上射 7.4 厘米，下射 6.8 厘米，上有"玉石文"21 个。

良渚文化 —— 三叉形器纹发冠：高 6.9 厘米，冠径 5.6 厘米，上有"玉石文"26 个。

良渚文化 —— 玉头骨一对：图左双鸟纹玉头骨；高 16.8 厘米，宽 8.7 厘米，厚 8 厘米，上有"玉石文"26 个。图右神徽纹玉头骨；高 16.2 厘米，宽 9.3 厘米。厚 8.6 厘米，上有"玉石文"38 个。

良渚文化 —— 神徽纹玉龟壳一对：图左长 7.2 厘米，宽 4.2 厘米，上有"玉石文"10 个。图右长 7.6 厘米，宽 4.5 厘米，上有"玉石文"9 个。

良渚文化 —— 玉龟壳：高 15.5 厘米，宽 17.8 厘米，厚 7.4 厘米，上有"玉石文"60 个。

良渚文化 —— 鸟立祭坛纹六角瓶：高 9.2 厘米，瓶口径 10.3 厘米，上有"玉石文" 36 个。

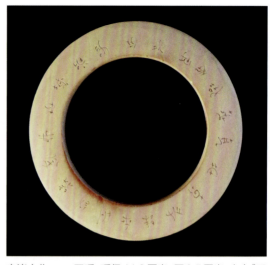

良渚文化 —— 玉瑗：瑗径 11.3 厘米，厚 0.5 厘米，上有"玉石文" 41 个。

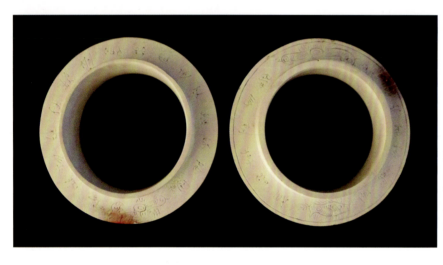

良渚文化 —— 凸领瑗一对：图左鸟纹凸领瑗 高 3.1 厘米，瑗径 11.5 厘米，上有"玉石文" 29 个。图右鸟豕纹凸领瑗；高 2.4 厘米，瑗径 11.3 厘米，上有"玉石文" 29 个。

良渚文化 —— 束发冠一对：图左：高 4.2 厘米，冠径 6.1 厘米，上有"玉石文" 16 个。图右：高 4.4 厘米，冠径 6.1 厘米，上有"玉石文" 16 个。

良渚文化——神徽纹玉琮：高 10.9 厘米，上射 19.3 厘米，下射 19.0 厘米，重 10.5 千克，上有"玉石文"102 个。

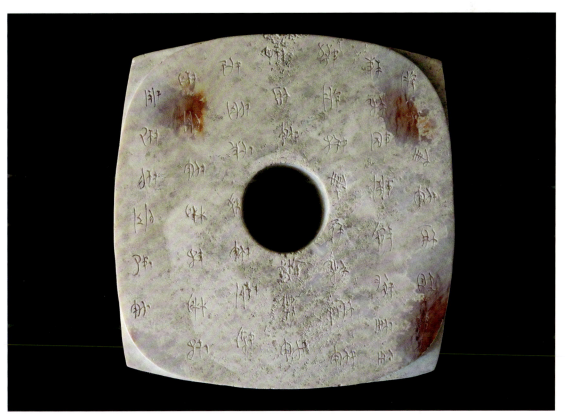

良渚文化 ——神徽纹玉琮（俯视图）

良渚文化 —— 神徽纹玉璧: 径璧 28.5 厘米, 厚 0.6 厘米, 上有"玉石文"126 个。

良渚文化 —— 神徽纹玉璧(俯视图)

良渚文化 —— 玉璧: 璧径 24.2 厘米, 厚 0.7 厘米上有"玉石文"126 个。

良渚文化 —— 玉璧(俯视图)

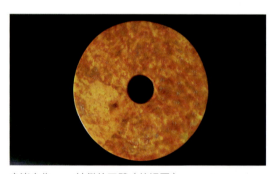

良渚文化 —— 神徽纹玉璧: 璧径 27 厘米, 厚 2.2 厘米, 上有"玉石文"97 个。

良渚文化 —— 神徽纹玉璧(俯视图)

良渚文化 —— 神徽纹玉璧: 璧径 12.6 厘米, 厚 0.6 厘米, 图 A 面上有"玉石文"10 个。

良渚文化 —— 神徽纹玉璧: 图 B 面上有"玉石文"19 个。

良渚文化 —— 手镯: 镯径 10.2 厘米, 上有"玉石文"14 个。

良渚文化 —— 三叉形器: 高 4.6 厘米, 宽 7.8 厘米, 上有"玉石文"10 个。

良渚文化 —— 八角玉琮: 高 22 厘米, 上射 9.6 厘米, 下射 9.6 厘米, 上有"玉石文"80 个。

良渚文化 —— 玉勺: 长 7.9 厘米, 宽 3.6 厘米, 上有"玉石文"8 个。

良渚文化 —— 鱼形玦: 玦径 14.9 厘米, 上有"玉石文"24 个。

良渚文化 —— 神徽纹玉鸟：高27.6厘米，宽44.5厘米，厚2.0厘米，上有"玉石文"170个。

良渚文化——神徽纹玉鸟：高 25.6 厘米，宽 44.2 厘米，厚 2.1 厘米，上有"玉石文" 167 个。

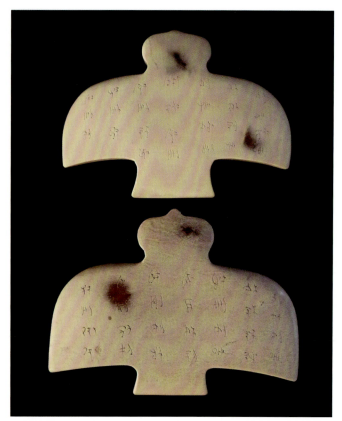

良渚文化 —— 玉鸟一对：上高 11.7 厘米，宽 16.6 厘米，厚 15 厘米，
上有"玉石文" 26 个。下高 12.3 厘米，宽 17.9 厘米，厚 1.6 厘米，
上有"玉石文" 28 个。

良渚文化 —— 鸟立祭坛纹铃形玉器一对：左高 7.6 厘米，底径 4.9 厘米，上有"玉石文" 8 个。右高 6.7 厘米，底径 5.3
厘米，上有"玉石文" 8 个。

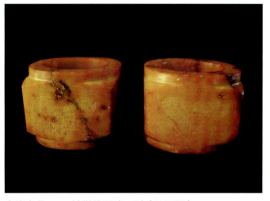

良渚文化 —— 神徽纹玉琮一对：（A面图）左高5.7厘米，上射6.6厘米，下射6.3厘米，上有"玉石文"24个。右高5.2厘米，上射6.8厘米，下射6.5厘米，上有"玉石文"24个。

良渚文化 —— 神徽纹玉琮一对（B面图）

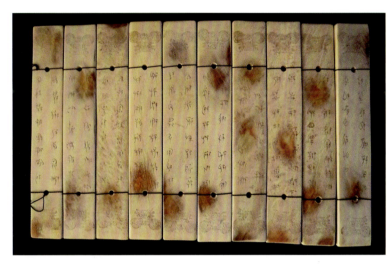

良渚文化 —— 玉册：（10片）单片长22.2厘米，宽4.7厘米，厚0.5厘米，全册共有"玉石文"265个。

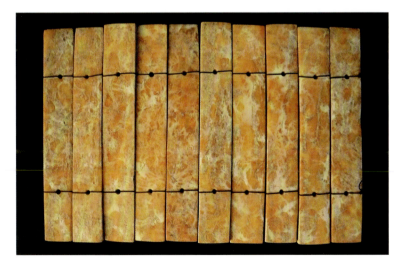

良渚文化 —— 玉册：（10片）单片长23厘米，宽3.2厘米，厚0.4厘米，全册共有"玉石文"140个。

良渚文化 —— 套琮（3件套）大琮高 6.4 厘米，上射 9.1 厘米，下射 8.9 厘米，上有"玉石文"16 个。中琮高 6.4 厘米，上射 5.3 厘米，下射 5.2 厘米，上有"玉石文"16 个。小琮（玉勒）高 6.4 厘米，上射 2.8 厘米，下射 2.5 厘米，上有"玉石文"4 个。

良渚文化 —— 套琮（排列图）

良渚文化 —— 龙纹壁：壁径 17.4 厘米，厚 0.9 厘米，图 A 面上有"玉石文"21 个。

良渚文化 —— 龙纹壁：图 B 面上有鸟立祭坛纹。

良渚文化 —— 神徽纹玉壁：壁径 28.3 厘米，厚 18 厘米，上有"玉石文"182 个。

良渚文化 —— 神徽纹玉璧：璧径 42 厘米，厚 2.8 厘米，上有"玉石文"298 个。

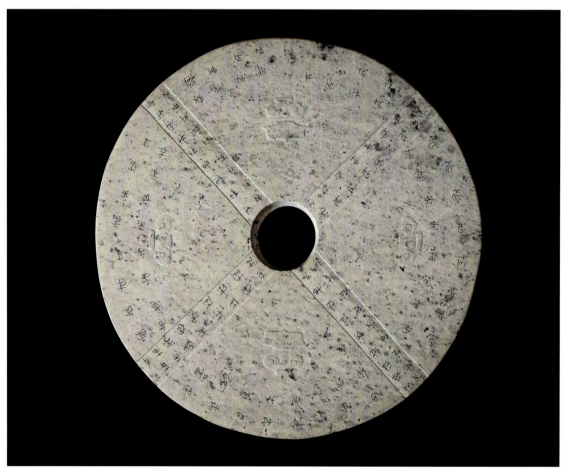

良渚文化 —— 神徽纹玉璧（俯视图）

徐梦梅先生在清点良渚玉琮上的"玉石文"字数

跋

　　笔者于 2005 年春在上海三联书店出版的中国玉文化研究专著《古玉新经》囿于当时的各种因素，总觉得有不少遗憾之处。经历了十多年的积累和准备，《古玉今论——兼良渚玉石文考》终于问世了。书中有很多文章都曾在《新民晚报》的"夜光杯"专栏上发表过，不少观点纯是个人心得，权当抛砖引玉。

　　笔者在 30 多年的高古玉器的收藏实践活动和对博大精深的中国玉文化知识的探索研究中发现并率先提出了良渚"玉石文"的观点，无疑是近些年来自己的最大收获。

　　回顾发现与提出良渚"玉石文"观点的经过，内心总是充满着伯乐一顾、天遂人愿的感受。从 2012 年 2 月初起受邀在"夜光杯"上写关于中国玉文化的短文，根据撰写计划，2019 年中期恰好在写关于良渚文化的玉器。笔者那次同时发给报社 3 篇文章，并告诉其中《良渚"玉石文"》是本人近年来的最大研究心得。责任编辑史佳林博士独具慧眼，当即选用，并刊登于当年 7 月 7 日"夜光杯"的专栏中。此前一天正是良渚古城遗址申遗成功之日，真是无巧不成书。此文章后来在网上发布后被众多网络平台转发，《今日头条》的编辑还主动与笔者取得了联系，此后写的几篇研究良渚"玉石文"的文章均被广泛传播。我国知名文化学者、出版家和评论家、年近 90 高龄的江曾培先生，还因此在《东方网》发了一篇《中国玉文化的追梦人》的文章，评论了笔者曾说的人生暮年有一个梦：争取在良渚"玉石文"

上有新的研究成果，他文章结尾的"这个梦也是我们大家的梦"，着实让人倍感亲切和振奋。

　　良渚"玉石文"的观点在国内民间收藏圈里引起了很大反响，尤其是受到上海收藏界朋友的纷纷认同和鼓励，有的还把自己收藏的刻有"玉石文"的良渚玉器展示出来，品种之多让人惊叹。上海有两个收藏组织，一个是上海市收藏鉴赏家协会，另一个是上海市收藏协会。这两个协会中聚集了不少民间（包括鉴定古玉器）的高手。让笔者荣幸的是能代表上海市收藏鉴赏家协会接受上海电台财经频道的采访，并于2021年正月初四在"春节话收藏"节目中宣讲中国玉文化知识和良渚"玉石文"的观点。笔者在受访中说："刻有文字的良渚玉器是中华民族的国宝，我们民间的收藏家都是护宝人和保管者。一旦此观点被国家有关部门证实，我会把这些国宝捐献给国家。"上海市收藏协会学术委员、资深鉴藏家吴志刚先生也收藏了一些精美的刻有"玉石文"的良渚玉器，他曾指着一个刻有80个字的良渚六角玉琮说："将来这些文字如能解读出来会颠覆很多认识。"意想不到的是吴先生还是上海文化出版社审读室主任，本书能受到出版社的重视，他是主要的推手。在本书的编写过程中，为使包括良渚铭文玉器在内的历代古玉图片资料更加充实完整，上海古玉收藏家曹玉茂先生等人还为此精挑了不少藏品供选用。

　　现今世界公认的最古老的文字有三种：两河流域的古苏美尔人刻在泥板上的"楔形文"，距今约5500年；古埃及人写在纸草上的"纸草文"，距今约5000年；中国3000多年前的商朝人刻在龟甲和兽骨上的"甲骨文"。中国的汉字是世界上唯一从数千年前传承至今没有中断过的文字。现在民间发现了5000年前的新石器后期良渚人刻在玉石器上的"玉石文"，它将为中华文明的探源工程提供新的证据。

　　2019年岁尾上海市收藏鉴赏家协会开年会，知名文化学者陈鹏举会长在与笔者握手时说了句心照不宣的话"要有一个过程"，其所言极是。甲骨文于1899年在民间被发现，最后得到国家田野考古认定，经历了几十年的时间。因此相信良渚"玉石文"从发现到被国家田野考古的认定，也是要有一个过程。我们期待国家有关部门与民间收藏界联手合作，能缩短这个认定的过程。

　　最后笔者要对在良渚"玉石文"的探索研究和本书出版过程中给予支持帮助过的收藏家、文化学者表示衷心的感谢。我们还要跨越时空，拱手遥谢5000年前的良渚先民，中华民族的文明史因良渚"玉石文"而更显精彩。

玉得楼主　徐梦梅

2022年2月16日

图书在版编目（CIP）数据

古玉今论：兼良渚"玉石文"考 / 徐梦梅著. --
上海：上海文化出版社，2022.7
ISBN 978-7-5535-2525-9

Ⅰ．①古… Ⅱ．①徐… Ⅲ．①古玉器－研究－中国
Ⅳ．①K876.84

中国版本图书馆CIP数据核字(2022)第090176号

出 版 人 姜逸青

责任编辑 吴志刚

装帧设计 王 伟

图片摄影 蒋忠华

扉页题字 徐梦嘉
封底篆刻

书 名 古玉今论：兼良渚"玉石文"考

作 者 徐梦梅

出 版 上海世纪出版集团 上海文化出版社

地 址 上海闵行区号景路159弄A座3楼 邮编：201101

发 行 上海文艺出版社发行中心 网址：www.ewen.co

上海市闵行区号景路159弄A座2楼206室 邮编：201101

印 刷 浙江影天印业有限公司

开 本 787×1092 1/16

印 张 18.75

版 次 2022年7月第一版 2022年7月第一次印刷

书 号 ISBN978-7-5535-2525-9/K.283

定 价 280.00元

敬告读者 如发现本书有质量问题请与印刷厂质量科联系 电话：0571-28972772